# 변화하는 사람이 이긴다

끊임없는 혁신의 힘

# 변화하는 사람이 이긴다

## 끊임없는 혁신의 힘

2021년 6월 1일 초판 인쇄
2021년 6월 4일 초판 발행

지은이 | 곽근호
교정교열 | 정난진
펴낸이 | 이찬규
펴낸곳 | 북코리아
등록번호 | 제03-01240호
주소 | 13209 경기도 성남시 중원구 사기막골로 45번길 14
우림2차 A동 1007호
전화 | 02-704-7840
팩스 | 02-704-7848
이메일 | sunhaksa@korea.com
홈페이지 | www.북코리아.kr
ISBN | 978-89-6324-768-7 (03320)

값 16,000원

# 변화하는 사람이 이긴다

## 끊임없는 혁신의 힘

곽근호 지음

북코리아

프롤로그

# 변화를 향한 출사표

2020년 11월 20일 A+에셋은 GA 업계 최초로 한국거래소(KOSPI)에 상장했다. 2007년 7월 20일 창업한 후 13년 4개월 만에 이루어낸 괄목할 만한 성과다. 설계사(TFA)들과 임직원들이 고객의 이익과 행복을 최우선으로 삼는 착한 영업에 전력하며 쉼 없이 혁신을 추구한 결과라 자평한다. 내가 이전에 쓴 책 제목처럼 '착한 사람이 이긴다'라는 것을 구체적 성과로 입증하게 되어 기쁘다.

우리의 성취를 축하하는 사람들이 많다. 모두 고마운 분들이다. 그러나 축하 인사를 받기에는 아직 이르다. 우리는 이제 도약의 첫 계단을 겨우 내디뎠을 뿐이다. 나아가야 할 길이 까마득하다. 그 길이 무엇인지를 이야기하고자 하는 마음에 이 책을 쓰게 되었다. A+에셋은 잠시도 안주하지 않고 처음 시작하는 결기를 품고 새로운 변화에 나섰다.

그런 점에서 이 책은 변화를 향한 출사표라 할 수 있다. 《삼국지》

에 나오는 전설적인 전략가 제갈공명은 자신이 섬긴 주군 유비가 세상을 떠난 후, 유비의 아들로서 촉한의 2대 왕인 유선에게 한 편의 상소를 올린다. "반드시 북방을 수복하라"라는 유비의 유지를 받들기 위해 위나라 정벌에 나서면서 쓴 글이다. "이 글을 읽고 눈물을 흘리지 않으면 충신이 아니다"라는 말이 전해질 정도로 제갈공명의 절절한 충정이 담겨 있다. 제갈공명이 출사표를 쓰던 심경으로 이 책을 썼다. 출사표에 견줄 수 없을 졸필이지만, 그 비장함과 절박함만은 제갈공명 못지않으리라 감히 확신한다.

우리가 원하든 원하지 않든 모든 것은 변한다. 기업 세계의 변화는 현기증이 날 정도로 빠르다. 여기에 코로나바이러스 감염증(coronavirus disease, COVID)이라는 전 세계적인 감염병은 변화를 가속화했다. 제조업과 금융업이 주도하던 기업 세계의 판도가 달라졌다. 모바일을 중심으로 한 플랫폼 기업들이 앞자리를 차지했다. 스마트폰 없는 일상은 상상할 수 없을 정도로 현대인의 삶도 바뀌었다.

보수적인 특성의 금융업 세계도 예외는 아니다. 영업점 없이 인터넷으로만 존재하는 은행과 증권회사가 활발하게 고객을 끌어들이고 있으며, 스마트폰을 통한 비대면 거래와 마케팅이 주류를 이루게 되었다. 대중의 투자에 대한 관점이 바뀌었다. 투기나 도박처럼 여겨지던 주식투자는 필수가 되었다. 2021년 3월에는 주식계좌 수가 4천만 개를 돌파했다. 스마트폰으로 주식시황을 들여다보는 젊은이들을 지하철이나 커피숍에서 드물지 않게 볼 수 있다. 종신보험 일색이던 보험 마케팅에서도 연금의 중요성이 차츰 강조되고 있다.

A+에셋은 이러한 변화에 대응하고자 자신을 바꾸어왔다. 코로나

19로 대면 영업이 사실상 불가능해진 위기 상황에서 뉴택트 마케팅을 도입했고, 모두가 위축될 때 오히려 성장하는 모습을 보였다. 변화한 투자 환경에도 앞서나갔다. 인공지능이 운용하는 펀드는 수십 %의 고수익률을 기록하고 있다. 노후 대비용 금융 상품 판매에도 더 적극적으로 나섰으며 빅데이터와 모바일을 통한 체계적 보험 분석을 제공하고 있다. 이런 변화가 A+에셋의 성장을 이끌었다고 자부한다.

그러나 이 정도로 충분하지 않다. 변화를 멈출 수 없다. 위대한 기업들의 공통점은 자신의 어제와 경쟁한다는 것이다. 즉, 끊임없이 변화한다. 그들은 경쟁자와 싸워 이기는 데 관심이 없다. 어제의 자신을 이기는 혁신에 중점을 둔다. 오늘보다 나은 내일을 만드는 이들은 경쟁자를 멀리 떨어뜨려놓고 달린다.

A+에셋은 이러한 위대한 변화를 쉬지 않고 이루어갈 것이다. 고객의 삶의 모든 영역에서 행복을 창조하는 서비스를 제공한다는 비전을 향해 변화를 거듭할 것이다. 그 다짐을 이 책에 담았다. 우리가 어떻게 변화해왔으며 어떻게 변화할지를 기록했다.

우리의 변화를 눈여겨보기 바란다. '착한 사람이 이긴다'라는 신념을 스스로 증명했듯, '변화하는 사람이 이긴다'라는 사실의 증인이 될 것이다. 또한 우리의 변화 과정을 함께하고자 하는 사람이 있다면 문을 활짝 열어 맞아들일 것이다. 이 책을 읽고 변화의 의지를 갖는 사람이 나온다면 더없이 행복하겠다.

"게으름은 즐겁지만 괴로운 상태다.
우리는 행복해지기 위해 무엇인가 하고 있어야 한다."
- 마하트마 간디

CONTENTS

# 1

# 대변혁의 시대

우리에게는 변화가 절박하다 | 변화는 무엇을 향하는가? | 코페르니쿠스적 전환 | 코로나19, 대변화의 촉매 | 기업 세계의 판도 변화 | 변화를 선도하라

# 우리에게는 변화가 절박하다

"변화냐 죽음이냐?"
- 잭 웰치 -

## 최강 스파르타가 몰락한 이유

영화 〈300〉을 기억하는가? 영화를 못 본 사람도 그 내용은 대략 알고 있을 것이다. 죽음을 각오한 300명의 스파르타 결사대가 페르시아 100만 대군에 당당히 맞서 싸운다. 내부 배신자가 생기지만 않았더라면, 스파르타가 승리했을 것이다. 이 역사적인 전투는 기원전 480년 테르모필레협곡에서 벌어졌다.

〈300〉에서 스파르타군은 적수를 찾기 힘든 최강으로 묘사되었다. 지금도 스파르타는 강인함과 용맹의 상징이다. 지독한 훈련을 '스파르타식'이라고 부를 정도다. 이러한 강군 스파르타도 서서히 힘을 잃어

2007년 국내에서 개봉한 영화 〈300〉의 포스터. 이 영화는 스파르타군의 강인함을 잘 보여준다. 하지만 최고의 강군으로 꼽히던 스파르타도 변화하지 못해서 몰락하고 만다.

갔다.

스파르타 쇠락의 징후는 페르시아와의 전투 후 55년이 지난 기원전 425년 드러나기 시작했다. 이때 스파르타는 그리스의 작은 섬 스팍테리아에서 아테네 동맹군과 그리스의 주도권을 두고 혈전을 벌였다.

스파르타군은 객관적인 전력에서 아테네를 압도했다. 페르시아 대군을 공포에 빠뜨린 기세도 여전했다. 그러나 스파르타는 아테네 동맹군에게 맥없이 무너졌다. 자신의 강함만 믿고 변화를 거부한 것이 원인이었다.

스파르타군은 약 40kg의 청동 갑옷을 입고 무거운 방패와 창을 든

중무장한 보병이 전력의 중심이었다. 그리고 주로 평지에서 진영을 만들어 보병끼리 부닥치는 방식으로 전투를 치러 수많은 승리를 거뒀다.

아테네 동맹군은 이러한 스파르타군의 허점을 찔렀다. 무거운 장비로 무장한 군대는 기동력이 약할 수밖에 없었다. 아테네군은 가벼운 무장을 한 채 돌과 창을 던지며 공격을 재빠르게 반복했고, 동작이 굼뜬 스파르타군은 이를 당해내지 못했다. 이 전투에서 스파르타는 패배의 치욕을 맛보았다.

스파르타군이 강성함을 유지하기 위해서는 전술 변화가 절실하다는 사실이 드러나는 순간이었다. 그러나 스파르타는 중무장 보병 전술을 계속 고집하며 변화를 거부했다. 결과는 더욱더 뼈아프고 치명적인 패배였다.

기원전 371년 스파르타는 그리스의 패권을 노리며 성장하는 신흥국 테베와 맞붙었다. 병력으로는 스파르타가 압도적이었다. 테베의 군대는 스파르타의 60% 수준에 지나지 않았다. 그러나 스파르타군은 교란 전술을 펼치며 압박하는 테베군을 감당하지 못했다. 스파르타군은 전 병력을 동원하고도 치욕적인 패배를 맛보았다. 레욱트라 전투라 불리는 이 결전 이후 스파르타는 급속한 쇠퇴의 길로 접어들었다.

스파르타는 왜 중무장 보병과 전통적인 진용을 고집하며 전술 변화를 거부했을까? 그들은 소용돌이치는 역사의 격변 속에서 변화의 절박성을 깨닫지 못했을까? 그렇지 않다. 스파르타도 중무장 군대의 단점을 잘 알고 있었다. 페르시아와 맞서면서 빠른 군대의 위력을 실감하기도 했다.

그런데도 변화를 거부했다. 부유한 자유시민 중심으로 군대를 편

고대 그리스의 주도권을 둘러싼 전쟁사

| 전쟁(하위 전투) | 시기 | 교전국 | 결과 |
|---|---|---|---|
| 페르시아 전쟁 | 기원전 499~450년 | 페르시아-그리스 연합군(스파르타, 아테네 등) | 페르시아 패퇴 |
| └ 테르모필레협곡 전투 | 기원전 480년 | 페르시아-스파르타 | 스파르타가 패했으나 이후 그리스 연합국 승리의 발판 마련 |
| 펠로폰네소스 전쟁 | 기원전 431~404년 | 아테네 동맹-스파르타 동맹 | 스파르타 동맹이 승리했으나 전술적 약점 노출됨 |
| └ 스팍테리아섬 전투 | 기원전 425년 | 아테네-스파르타 | 아테네 승 |
| 코린토스 전쟁 | 기원전 395~387년 | 스파르타-반스파르타 동맹 | 페르시아 중재로 평화협정 체결, 스파르타 주도권 유지 |
| 레욱트라 전투 | 기원전 371년 | 스파르타-테베 | 테베 대승, 스파르타 주도권 상실 |
| 카이로네이아 전투 | 기원전 338년 | 마케도니아-아테네와 테베 연합군 | 마케도니아 대승 |

성하는 신분 질서를 유지하려는 이유에서였다. 중무장에는 돈이 많이 든다. 그래서 비용을 감당할 수 있는 자유시민만이 군대에 들어갈 수 있으며, 그 대가로 사회에서 기득권을 누린다. 이들에게 전술을 바꾸는 것은 기존 군대 편제를 변화시키는 것이며, 신분제와 사회 질서 변화로까지 이어진다. 그래서 엄두를 내지 못한 것이다. 스파르타는 변화를 받아들이는 대신, 가볍게 무장한 보병을 서민이나 노예의 군대라고 천시하며 거부했다. 그 결과 몰락할 수밖에 없었다.

그렇다면 스팍테리아섬 전투와 레욱트라 전투에서 각각 스파르타를 누른 아테네와 테베는 어떻게 되었을까? 그들은 전술과 군사 편제 변화를 계속 이어갔을까? 이들도 그리스의 주도권을 오래 유지하지 못했다. 이들 역시 스파르타와 똑같은 이유로 쇠퇴하고 말았다. 스파르타와 싸울 때 임시방편으로 빠른 군대 전략을 썼지만, 그것을 시스템화하지는 않았다. 부유한 시민으로 군대를 구성하고 그들에게 권리를 주는 신분 질서를 깨뜨리지 못했다.

얼마 지나지 않아 그리스 북쪽에서 마케도니아가 힘을 키웠다. 그들은 그리스 특유의 사회 체계와 신분 질서를 유지하는 데 관심이 없었다. 오직 부강한 나라를 만드는 데 힘을 쏟았다. 그래서 전투를 승리로 이끌 효율성 중심으로 군대를 운영했다. 기병과 경보병 중심의 빠른 군대는 전투마다 승전보를 전했다. 기원전 338년 필리포스 2세가 이끄는 마케도니아군은 카이로네이아 전투에서 아테네와 테베 연합군을 굴복시키고 패권을 장악했다. 이 필리포스 2세의 아들이 우리에게 익숙한 알렉산더 대왕[1]이다.

## 왜 변화해야 하는가?

스파르타와 아테네가 몰락하고 마케도니아가 새로운 승자로 떠오른 과정은 변화의 절박함을 잘 보여준다. 기득권에 집착해 변화를 거부하면, 변화를 받아들인 자에 의해 역사의 뒤안길로 쫓겨난다. 변화하지 않으면 망한다. 변화를 거부하면 생존할 수 없다.

지구 역사가 시작된 후 수많은 생명 종이 생태계에서 자취를 감추었다. 지구 환경이 변화하면서 기후가 바뀌고 먹을거리가 사라질 때 이에 맞추어 변화하지 못한 것이 멸종 원인이다. 큰 덩치와 엄청난 힘을 지닌 공룡은 지구의 지배자가 될 수 없었다. 추위와 줄어든 먹을거리라는 환경 변화에 맞추어 자신을 변화시키지 못했기 때문이다. 공룡은 멸종이라는 비참한 최후를 맞아야 했다.

인간사로 초점을 좁히면 변화를 이룬 민족이나 국가가 그렇지 못한 민족이나 국가를 쫓아내고 역사의 중심을 차지했다. 기업 세계에서도 시대와 고객에게 맞추어 변화한 기업만이 생존과 번영을 누릴 수 있었다. 개인도 마찬가지다. 기득권과 관성, 고정관념의 틀을 깨지 못하고 변화를 이루지 못하는 사람은 늘 뒤처져 생존을 염려해야 한다. 안전을 보장할 것처럼 보이던 울타리가 실제로는 무덤이었다.

왜 변화해야 하는가? 변화는 생존의 필요충분조건이기 때문이다. 로버트 하퍼 목사는 "당신이 변화를 거부하는 순간이 당신의 죽음이 시작되는 순간이다"라고 말한다. 변화는 개인적 성향이나 취향이 아니다. 하고 말고를 선택할 수 있는 인생의 옵션도 아니다. 살아남기 위해서는 무조건 변화해야 한다.

## 얼마나 변화해야 하는가?

1993년 6월 7일, 이건희 회장이 독일 프랑크푸르트 켐핀스키 호텔로 삼성그룹 경영진 200여 명을 불렀다. 내가 삼성그룹 비서실 경영진

이건희 회장이 독일 프랑크푸르트 켐핀스키 호텔에서 200여 명의 임직원에게
품질경영의 중요성을 역설하고 있다.

단팀에 근무하고 있을 때였다. 이 회장은 그해 2월 LA 시찰에서 큰 충격을 받았다. 삼성전자 제품이 먼지만 쌓인 채 판매장 구석에 처박혀 있는 것을 본 것이다. 어느 전자 매장에 가도 싸구려 3류 제품 취급을 받고 있었다. 이 회장은 6월 4일 도쿄에서 일본인 임원과 회의 후에 고심을 거듭했고 중대한 결단에 이르렀다. 그 결심을 밝히고자 경영진을 소집한 것이다. 그 자리에서 이 회장은 삼성그룹의 운명을 바꿀 위대한 연설을 했다.

*"국제화 시대에 변하지 않으면 영원히 2류나 2.5류가 된다. 아무리 잘해도 지금처럼 하면 기껏해야 1.5류다. 절대 1류가 될 수 없다. 마누라와 자식 빼고 다 바꾸자."*

'프랑크푸르트 선언'으로 알려진 이건희 회장의 담화는 삼성그룹

뿐만 아니라 한국 경제계 전체에 깊은 경각심을 주었다. 이후 삼성그룹은 '양(量)'이 아닌 '질(質)' 중심으로 기업 체질을 바꾸었고, 한국을 넘어 세계 최고 수준의 기업으로 성장했다.

나는 위대한 변화를 통해 세계적 기업으로 우뚝 선 삼성그룹의 일원이었고, 비서실 경영진단팀에 근무하며 직접 이건희 회장으로부터 "변화하지 않으면 다 망한다"라는 육성을 듣고, 그 녹음 파일을 정리한 업무를 한 것에 큰 긍지를 느낀다. 이건희 회장과 삼성그룹의 변화에 대해서는 뒤에서 더 자세히 다루겠다.

우리가 변화한다고 했을 때, 그 폭을 어떻게 정해야 하는가? 이건희 회장의 선언에 답이 있다. "마누라와 자식 빼고 모두" 바꾸어야 한다. 바꿀 수 없는 천륜을 빼고는 다 바꾸라는 말이다. 어중간하게 나아지는 것은 큰 의미가 없다. 전면적으로 변화해야 한다. 뼛속까지 바뀌어야 진정한 변화다.

삼성과 LG가 스마트폰 시장에서 격차가 벌어진 원인을 분석한 책을 읽은 적이 있다. 애플이라는 강자가 새로운 시장을 펼치자, 기존 강자 삼성과 LG는 모두 추격자 처지가 되었다. 그러나 두 기업의 대응은 달랐다. 삼성은 '1위'를 차지하겠다는 철학으로 전면적 변화를 시도했고, LG는 '시장 리더십'이라는 모호한 목표를 내세우며 변화에 소극적으로 대응했다.[2] 그 결과는 우리가 잘 아는 것처럼 나타났다. 삼성전자는 애플과 더불어 세계 스마트폰 시장을 양분하고 있지만, LG전자는 결국 2021년 1월 스마트폰 시장 철수를 결정했으며 이어서 4월 5일에는 완전한 사업 철수를 발표했다.

전면적이고 근본적인 변화를 '혁신(革新)'이라고 부른다. 가죽

'혁(革)'과 새로울 '신(新)'을 합친 말이다. 가죽을 벗겨서 새롭게 한다는 뜻이다. 뱀이 매년 자신의 껍질을 바꾸지 못하면 그 껍질에 갇혀 죽는다. 가죽을 벗겨내는 고통을 감내하고 완전히 새로운 존재로 바뀌는 것, 바꿀 수 있는 모든 것을 다 바꾸는 것, 이것이 바람직한 변화의 폭과 정도다.

"조금만 바꾸면 된다"라는 말에는 현실에 안주하고 싶은 욕망이 담겨 있다. 핑계를 대며 변화를 거부하는 것과 마찬가지다. 그리고 '약간의 변화'는 실제로 가능하지 않다. 이것을 목표로 삼으면 변화에 대한 절박성이 떨어지고 실천이 따르지 않기 때문이다.

LG전자에서 은퇴한 후 한국전력공사 CEO가 된 김쌍수 회장은 대대적인 조직 변화를 이루었다. 그리고 UAE 원전 프로젝트를 수주함으로써 한국을 세계 다섯 번째 원전 수출국 반열에 올려놓았다. 그의 변화에 대한 철학은 "5%는 불가능해도 30%는 가능하다"이다. 작은 변화를 목표로 하면 이뤄지지 않는다. 전면적 변화를 시도해야 바꿀 수 있다. 작은 폭의 변화를 시도하면 아무것도 바뀌지 않기에 실패하고 만다. 전면적인 변화를 시도해야 마음가짐이 바뀌고 도전의식이 생겨 실천으로 이어진다.

얼마나 변화해야 하는가? 이 물음에 간단히 답할 수 있다. 완전히 바뀌어 새로운 존재로 다시 태어날 정도로 변화해야 한다.

# 변화는 무엇을 향하는가?

"변화하지 않으면 성장할 수 없다.
성장하지 않으면 진정으로 사는 것이 아니다."
- 게일 쉬이(미국 작가) -

## 변화의 목표

생존이라는 절박한 과제 앞에서 끝없이 변화해야 하는 것이 모든 인간의 숙명이다. 그렇다면 변화의 종착지는 생존 그 자체인가? 답은 "아니다"이다. 생존은 변화의 강력한 계기이며 동력이지만, 변화의 목표가 될 수 없다.

변화는 '성장'을 지향해야 한다. 변화의 결과물은 성장이다. 역으로 말해 성장을 위해 변화해야 한다. 1993년 프랑크푸르트 선언 이후 삼성은 '변하지 않으면 망한다'라는 절박함으로 극적인 변화를 이루었으며, 그 결과는 비약적 성장으로 나타났다. 2020년 연말 기준으로 삼성그룹의 시가총액은 약 745조 원이다. 1993년보다 100배 가까이 커졌다. 매출액은 14배, 영업이익은 500배나 늘었다. 주력사인 삼성전자의 시가총액은 약 500조 원인데 과거 벤치마킹 대상이던 소니의 3배, 파나소닉의 13배, 도시바의 20배나 된다. 또한 휴대폰 시장에 진출할 당시 세계 최강자였던 모토로라와 노키아를 시장에서 몰아내며 판매량 기준 세계 1위에 등극했다.

## 변화의 역사는 성장의 역사

내가 몸담은 A+에셋도 고객과 함께 호흡하며 변화를 거듭해왔다. GA 업계 최초로 직접 상품을 기획하고 보험사에 주문해 판매하는 오더 메이드 상품을 개발해 지금까지 총 81종의 상품을 출시했다. 지금도 오더 메이드 상품이 전체 매출의 1/2에서 1/3을 차지한다. 또한 VIP 고객을 타깃으로 한 WM(Wealth Management) 본부 역시 GA 업계 최초로 도입했고 최대 규모를 자랑한다.

20여 개에 달하는 자체 교육 프로그램 등 차별화된 교육 시스템을 통해 설계사 역량 강화에 힘썼다. 또한 4차 산업혁명 시대를 대비하는 첨단 기술 역량을 갖추기 위해 인공지능 딥러닝 기술과 빅데이터를 기반으로 고객의 보장 내용을 분석하는 보험 애플리케이션 '보플'을 개발했다. 2021년 1월에는 헬스케어에 특화된 앱인 '위플'을 론칭했다.

이러한 변화에 힘입어 A+에셋은 놀라운 성장을 보이고 있다. 2015년 이후 5년간 연평균 성장률은 매출액 7.7%, 영업이익 38.6%, 순이익 34.7%에 달한다. 시장 침체로 부진에 시달리는 보험회사나 다른 GA와 비교하면 독보적인 성장세다. 보험업계 최고 수준의 보험 계약 유지율(13회차, 25회차), 최저 수준의 불완전판매율 등 질적인 지표도 매우 우수하다. 이러한 성장은 2020년 11월 GA 업계 최초로 한국거래소 코스피에 상장되며 검증을 받았다.

A+에셋은 변화를 멈추지 않을 것이다. 7개 계열사를 연계해 보험뿐 아니라 금융, 부동산, 헬스케어, 실버케어 등 고객의 삶 전체를 아우르는 서비스를 제공하는 '토털 라이프케어 플랫폼' 기업으로 변신을 추구하고 있다. 나는 이러한 목표에 한발 한발 가까이 다가설 것이다.

## 괄목상대(刮目相對)

위대한 변화는 위대한 성장을 동반한다. 성장이야말로 변화의 가장 강력한 증거가 된다. 이는 기업뿐만 아니라 개인에게도 적용된다. 변화는 개인에게 빛나는 성장을 가져다주는 절대적 요건이다. 변화를 이룩한 사람은 성장한다. 소득과 재산이 늘어나고, 지식이 쌓이고 통찰력이 깊어진다. 인품도 고매해진다.

중국 삼국시대 동오에 여몽이라는 장군이 있었다. 그는 무예가 뛰어났지만, 학식이 부족했다. 그래서 손권이 학문을 익힐 것을 권했다. 여몽은 처음에는 시간이 없다며 거부했지만, 마음을 바꾸어 책 읽기에 집중했다. 그의 변화는 놀랄 만한 성장으로 이어졌다. 시간이 흘러 여몽은 손권의 책사 노숙과 전략을 논의하면서 엄청난 식견을 보여주었

여몽(呂蒙, 178~219)은 중국 후한 말 손권 휘하의 장군으로 자는 자명(子明)이며, 예주 여남군 부피현(富陂縣) 사람이다. 바닥에서부터 치고 올라온 무인이었는데 손권의 권유로 시작한 공부가 일취월장해서 노숙이 놀랐다는 '괄목상대'라는 고사와 관우가 지키던 형주를 손에 넣은 것으로 유명하다. 그는 "선비란 사흘만 떨어져도 눈을 비비며 다시 대해야 합니다"라고 말했다. 여기서 학식이나 업적이 크게 진보한 것을 뜻하는 '괄목상대(刮目相對)'와 진보가 없는 사람을 의미하는 '오하아몽(嗚下阿蒙)'이라는 한자성어가 생겼다.

다. 노숙이 여몽의 변화한 모습에 깜짝 놀라자, 여몽은 "모름지기 선비란 사흘만 지나도 눈을 비비며 다시 보아야 합니다"라고 말했다. 이 고사에서 '괄목상대(刮目相對)'라는 말이 나왔다.

변화는 성장이다. 다른 사람이 나를 보고 '이 사람이 내가 알던 사람인가?'라고 놀라며 눈을 비비고 다시 볼 정도로 성장해야 한다. 성장하고 싶다면 지금 당장 변화에 나서자.

## 희망을 보아야 한다

변화는 어렵다. 변화의 결과가 어떠할지 미리 알 수 없기 때문이다. 앞으로 나아가고 싶어도 앞이 보이지 않는다면 한 발자국조차 떼기 어렵다. 나는 골프를 하면 앞에 커다란 호수가 보이는 것보다 안개가 자욱해 앞이 보이지 않을 때가 더 무섭다. '그린'이라는 목표 자체가 보이지 않기 때문이다. 그러나 저 멀리 목표가 보인다면, 그리로 가는 길이 보인다면, 변화의 출발이 훨씬 쉬울 것이다. 목표에 갈 수 있다는 희망이 있어서다. 희망이 있다면 변화할 수 있다.

내가 희망에 관해 감명 깊게 읽은 책이 있다. 빅터 프랭클[3]이라는 심리학자가 쓴 《죽음의 수용소에서》다. 그는 제2차 세계대전 당시 유대인이라는 이유로 아우슈비츠 수용소에 갇혀 참혹한 3년을 보내야 했다. 그 당시의 경험을 묶어 쓴 것이 이 책이다. 《죽음의 수용소에서》는 나에게 '희망'이라는 말이 어떤 것인지에 대해 다시 생각해보게 하는 계기가 되었다.

죽음의 수용소에서 끝내 살아남은 사람은 건강하거나 똑똑한 사람이 아니다. 여유가 있는 사람, 희망을 품은 사람이다. 지금 나를 괴롭히는 고통의 의미를 알고, 더 나아가 삶의 의미를 아는 사람이다. 빅터 프랭클 박사는 수용소 내에서 힘 좀 쓰며 약한 사람의 것을 빼앗아 먹는 사람이 아니라 "내 것 더 먹으세요"라고 하는 사람들이 살아남더라고 회고했다. 이 책에서 몇 구절을 추려 소개한다.

*"눈물 흘리는 것을 부끄러워할 필요가 없다. 왜냐면 눈물은 그 사*

람이 엄청난 용기, 즉 시련을 받아들일 용기를 가지고 있다는 것을 의미하기 때문이다."

"아무리 절망스러운 상황에서도, 도저히 피할 수 없는 운명과 마주쳤을 때도 삶의 의미를 찾을 수 있다는 사실을 잊어서는 안 된다."

"영화는 수천 개의 장면으로 이뤄져 있고 각각의 장면에 다 뜻이 있고 의미가 있지만, 영화의 전체적 의미는 마지막 장면이 나오기 전까지 드러나지 않는다. 삶도 마찬가지가 아닐까 한다."

# 코페르니쿠스적 전환

"마침내 우리는 태양을 우주의 중심에 둘 수 있었다."
- 니콜라우스 코페르니쿠스 -

## 하늘이 놀라고 땅이 흔들리는 변화

1543년 폴란드의 한 천문학자가 《천구의 회전에 관하여》라는 책을 발행했다. 이 책은 출판 초기에는 큰 주목을 받지 못했다. 그러다가 점점 사람들에게 알려지며 세상을 놀라게 했다. 그때까지 진리로 통하던 지구 중심의 천동설을 부정했기 때문이다. 지구가 아니라 태양이 천체의 중심이며 태양 주변을 지구가 돈다는 지동설을 주장했다. 이것은 인류 전체에게 경천동지(驚天動地)할 만한 발상이었다. 이 대담한 주장을 펼친 학자가 바로 니콜라우스 코페르니쿠스다. 그의 학설은 자연과학에서 획기적인 관점의 변화를 불러왔고, 이러한 획기적인 변화를 '코페

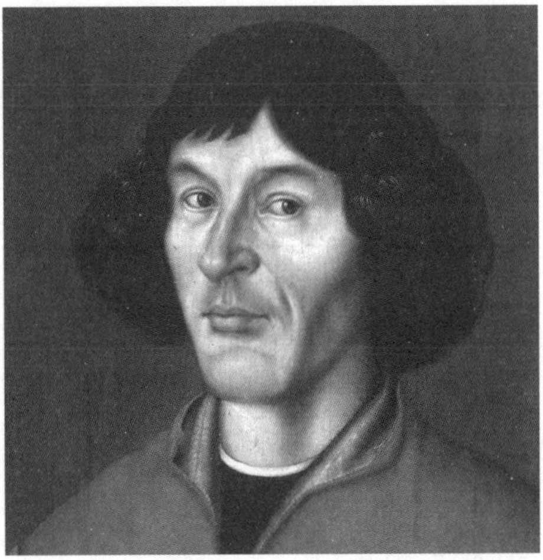

니콜라우스 코페르니쿠스(라틴어: Nicolaus Copernicus, 1473년 2월 19일~1543년 5월 24일)는 당시 진리처럼 믿어온 지구 중심설(천동설)의 오류를 지적하고 태양 중심설(지동설)을 주장하여 근대 자연과학의 획기적인 전환, 이른바 '코페르니쿠스의 전환'을 가져온 폴란드의 천문학자다. 코페르니쿠스는 아리스토텔레스 철학에 근거하여 논리적 추론에만 몰두하던 스콜라학파의 학문적 전통을 따르지 않고 천체 관측과 궤도 계산을 위주로 하던 실지 천문학자였다.

르니쿠스적 전환'이라고 부른다.

코페르니쿠스는 동시대 학자들과 다른 학문적 태도를 보였다. 그 무렵의 학자들은 자연과학을 연구하면서도 관찰과 실험 등을 거치지 않고, 아리스토텔레스의 이론을 바탕으로 논리적인 추론을 하고 이것을 근거로 결론을 내렸다. 그러나 코페르니쿠스는 이 관행을 따르지 않고 천체를 관측하고 궤도를 계산하여 실제에 접근하고자 했다. 그리고 연구 방법의 변화는 새로운 결과를 낳았다.

코페르니쿠스의 이론은 그 시대에 환영받지 못했다. 그의 책은 로마 교황청에 의해 금서 목록에 올랐다. 하지만 그의 학설은 물리학과 천문학의 획기적 진전을 가져왔고, 후대 학자들의 연구에 토대를 제공했다.

'코페르니쿠스적 전환'이라는 용어를 처음 사용한 사람은 독일 철학자 이마누엘 칸트(1724~1804)다. 그는《순수이성비판》을 통해 인식론을 정립했다. 칸트는 자신이 인간을 인식의 대상에서 인식의 주체로 전환한 것을 두고 '코페르니쿠스적 전환'이라고 평가했다. 즉, 철학에서 혁명적 변화가 일어났음을 강조하며 쓴 말이다.

## 코페르니쿠스적 전환의 시대

우리는 세계 곳곳에서 코페르니쿠스적 전환이 일어나는 세상에 살고 있다. 그리고 그 변화는 우리 일상 깊숙이 영향을 미친다. 코페르니쿠스의 태양 중심설이나 칸트의 인식론은 물리학자와 철학자 등 관련 지식인에게는 충격이었을지 모르나, 보통 사람들의 삶과는 큰 관련이 없었다. 하지만 지금 일어나는 변화들은 보통 사람의 일상과 바로 이어져 있다. 큰 변화가 너무도 빈번하게 일어나기에 이를 민감하게 의식하지 못할 뿐이다. 우리가 얼마나 달라진 세상을 살고 있는지를 열거하자면 끝이 없겠지만, 언뜻 떠오르는 일곱 가지만 이야기해보겠다.

**첫째, 인구구조가 바뀌었다.** 맬서스가《인구론》을 발표한 이후, 폭발적으로 늘어나는 인구는 전 세계의 고민거리였다. 하지만 지금은 전 세계 각국이 인구가 줄어드는 것을 염려하고 있다. 인구 대국 중국도 전통적 산아제한 정책을 폐기하고 출산 장려 정책을 채택했다. 우리나라도 마찬가지다. 40대 중반만 하더라도 "아들딸 구별 말고 둘만 낳아 잘 기르자", "잘 키운 딸 하나 열 아들 안 부럽다" 등의 표어를 또렷하게 기억하고 있다.

**둘째, 평균수명의 증가와 고령화도 엄청난 변화다.** 국민연금을 도입하던 1988년, 우리나라의 평균수명이 처음으로 70세를 넘었다. 이것을 기준으로 삼아 국민연금 수령 시기와 금액을 설계했다. 그러나 현재의 평균수명은 82.7세다.[4] 국민연금 고갈이 우려될 수밖에 없다. 2020년 말 기준 한국인의 평균 나이는 42.8세다. 불과 10년 전 37세에서 5.3세나 늘었다. 우리는 과거보다 훨씬 노화된 세상을 살고 있다. 사회의 노화 속도는 점점 더 빨라질 것이다.

**셋째, 저성장 시대로 돌입했다.** 경제는 시간이 지남에 따라 성장한다는 것은 오래된 믿음이었다. 기술이 발전하고 생산력이 증대되기 때문이다. 그러나 지금은 저성장, 마이너스 성장이 기이한 사건으로 여겨지지 않는 시대로 접어들었다.

**넷째, 저금리 시대가 왔다.** 돈을 맡기면 이자를 받는 게 당연하다. 그러나 그 상식조차 무너졌다. 일본은 2016년 1월 통화 정책 회의를 통해 마이너스 금리를 도입했다. 시중은행이 중앙은행에 예치하는 신규분에 대해 −0.1%의 금리를 적용했다.

**다섯째, 과거 기준으로 이해하지 못하는 경제 현상이 벌어지고 있다.** 2020년 4월 세계 경제 역사상 초유의 사건이 벌어졌다. 만기 도래한 WTI(미국 텍사스산 원유) 선물 5월물의 가격이 −37.6달러까지 하락했다. 원유 선물 가격은 곧 회복되었지만, 돈을 주면서 원유를 팔아야 하는 기상천외한 상황이 언제든 벌어질 수 있음을 확인시켜주었다.

**여섯째, 지구촌 시대로 돌입했다.** 인류에게 시간과 거리의 장벽은 늘 존재해왔다. 그러나 그 장벽이 무너졌다. 손안의 작은 스마트폰이 세계를 하나로 연결했다. 전 세계 끝과 끝에서 제한 없이 소통하고 함께 일한다. 내가 퇴근하면서 맡긴 일을 시차가 다른 나라의 동료가 해놓으면 내가 출근해서 그것을 검토하는 글로벌 아웃소싱도 드문 일이 아니다. 유학을 떠나지 않아도 머나먼 타국의 학교 과정을 공부할 수도 있다. 코로나19가 삽시간에 전 세계에 퍼진 것 역시 지구촌 시대의 한 모습이다.

일곱째, 기업 성장의 기준이 달라졌다. 과거에는 넓은 부지에 웅장한 건물을 짓고 대형 설비와 생산 시설을 갖추고 수많은 종업원을 고용한 기업이 큰 기업이었다. 지금은 종업원 수, 부동산, 생산 시설이 기업 규모를 결정짓지 못한다. 페이스북처럼 자체 공장 하나 없는 회사가 고객을 모으고 연결하는 능력 하나만으로 초우량 기업의 지위를 차지하는 시대다.

## 대전환기를 사는 지혜

큰 변화가 쉴 새 없이 일어나는 세상을 살기 위해서는 변화에 잘 대응해야 한다. 변화를 두려워하거나 저항하는 것은 뒤처지는 지름길이다. 변화에 무감각해서도 안 된다. 어떤 변화가 일어나 우리 삶에 어떤 영향을 미치는지 예민하게 파악해야 한다.

인식의 전환이 첫 번째다. 생각을 통째로 바꾸어야 한다. 토머스 쿤이라는 자연과학자는 《과학 혁명의 구조》[5]라는 책에서 과학의 새로운 이론과 개념은 객관적 관찰이라는 연구 활동을 통해 점진적으로 축적되지 않고, 연구자들의 인식 전환에 의해 급진적 방식으로 형성된다고 주장했다. 이른바 '패러다임 전환'이다.

학문 세계에서는 널리 인정받는 패러다임이 영향력을 발휘한다. 그런데 그것으로 설명할 수 없는 현상이 늘어남에 따라 기존 패러다임은 도전을 받게 된다. 그러면서 패러다임에 위기가 닥친다. 이때 다른 여러 패러다임이 경쟁을 벌이다가 새로운 패러다임이 힘을 얻는다. 이 과정을 '과학 혁명'이라고 한다. 이렇듯 패러다임의 전환이라는 급진적 변화 과정을 통해 과학이 발전한다는 것이 토머스 쿤의 입장이다.

## 새로운 상식이 필요하다

자연과학뿐만 아니라 우리의 삶과 생각도 마찬가지다. 기존 가정과 관점으로는 해석할 수 없는 변화 앞에서는 패러다임 자체를 바꾸어야 한다. 그 과정에서 혁명적인 변화와 발전을 이룰 수 있다. 인식을 바꾸면 그에 따라 행동도 달라진다. 이때 과거의 상식이 아니라 새로운 상식을 기준으로 삼아야 한다. 말하자면 '뉴노멀'(New Normal, 새로운 상식과 기준)이다.

서용구 숙명여대 경영전문대학원장은 달라진 세상을 해석하는 다섯 가지 경제 뉴노멀을 제시했다.[6] 변화한 시대를 사는 효과적인 지침이라고 생각되어 정리해보았다.

**첫째, 성장에서 지속 가능성으로 핵심 어젠다가 변경됐다.** 중단없는 소비가 올드노멀(과거의 상식과 기준)이라면 뉴노멀에서는 성장률이 낮아지고 투명성과 윤리의식이 높아진다.

**둘째, 결과 중심에서 과정 중심으로 일의 철학이 변하고 있다.** 조직에서 먼저 승진하고 미래에 큰돈을 버는 일을 하기보다 현재 자신이 하는 일에 만족하고 즐길 수 있는가가 더 중요해진다.

**셋째, 전문화에서 융합으로 가치 창조 메커니즘이 변하고 있다.** 한 개의 전공, 한 개의 직장, 단일 경력에 매달리는 것은 이제 위험한 발상이다. 넓은 시야로 사물을 보는 융합적 접근이 필요하다.

**넷째, 권위에서 창발(emergence)로 성공 방정식이 바뀌었다.** 창발이란 남이 모르거나 하지 않은 것을 처음으로 또는 새롭게 밝혀내거나 이루는 일이다. 연결성과 변동성이 커진 환경 때문에 과거의 성공 경험과 지식의 효과성이 크게 떨어졌다. 나이, 학력, 지위와 관계없이 차별적 콘텐츠를 갖춘 사람이 성공한다.

**다섯째, 소유에서 공유로 경제 패러다임이 바뀌었다.** 판매자와 구매자의 구별을 모호하게 한다. 주객 비분리, 즉 공유가 뉴노멀 시대 새로운 가치로 떠올랐다.

코로나19 이후 전 세계는 패러다임 전환이라는 변화를 겪고 있다. 카이스트는 "현실에서 가상으로, 접촉에서 접속으로"라는 간단한 구절로 현재의 변화를 요약하고 있다. 카이스트 문술미래전략대학원 미래전략연구센터는 《카이스트 미래전략 2021: 위드 코로나 — 달라진 세상, 새로운 기회》라는 책을 통해 코로나 이후 우리 삶의 변화를 예측했다. 코로나를 극복하면 과거의 일상으로 돌아갈 수 있을까? 이에 대한 대답은 부정적이다. 우리의 기대와 달리 일상은 '코로나 이전'으로 돌아가지 못한다. 바이러스가 종식되지 않을 것이기 때문이다. 이제는 코로나와 함께 사는 '위드 코로나' 시대를 준비해야 한다. 즉, 방역은 일상이 된다. 감염병 리스크가 있는 한 대면 접촉은 여전히 부담스러운 일이다. 따라서 비대면 트렌드 또한 가속화될 것이다.

2020년 '비대면'이라는 이름으로 급속히 진행된 디지털 전환은 아직 시작에 불과하다. 이제 대격변의 시기가 온다. 이에 대해 철저히 준비하고 그에 맞추어 변화를 가속화해야 한다.

# 코로나19, 대변화의 촉매

"붕괴는 새로운 시작이다."
- 짐 데이터(미래학자) -

## 아무도 예상하지 못한 고통

마치 공상과학소설(SF)이나 재난영화의 한 장면처럼 느껴지는 광경이 오늘의 현실이 되었다. 한산한 거리를 지나는 사람은 모두 마스크를 쓰고 있다. TV 뉴스는 오늘 새로운 확진자가 몇 명 나왔는지, 목숨을 잃은 사람이 얼마나 되는지를 보도한다. 불과 1년 6개월 전만 하더라도 아무도 상상하지 못한 모습이다.

2019년 찬 바람이 불기 시작할 무렵부터 나는 2020년 경제와 트렌드를 예측하는 책들을 읽고, 각종 언론의 2020년 전망을 분석했다. 그런데 그중 인류가 감염병으로 고통에 빠질 것이라는 예측은 단 한 줄도 발견하지 못했다. 우리의 일상은 여느 때와 다름없이 흘러갈 것이라 짐작했다. 아무도 우리 삶의 극적인 변화를 예견하지 못했다. 하지만 지금 창궐하는 감염병을 놓고 전 세계가 고투를 벌이고 있다.

'코로나19'라는 팬데믹(전 세계적인 전염병의 유행)이 전 세계를 덮쳤다. 세계 경제와 산업이 위축되었고, 국가 간 교류가 사실상 차단되었다. 심지어 행사로 사람이 모이는 일조차 쉽지 않게 되었다. 코로나19는 심각한 고통을 몰고 왔다. 세계 경제가 침체에 빠지고 경기는 얼어붙었다. 모두가 고통스러워한다. 곳곳에서 한숨 소리가 들린다.

상점과 식당의 손님이 뚝 끊겼다. 일부 가게는 아예 문을 닫았다. 업종에 따라 일시적인 폐쇄나 영업시간 제한, 매장 내 영업 금지 등의 명령을 받았고, 학교도 문을 닫았다. 그렇게 학교에 가기 싫어하던 학생들이 학교에 가고 싶다고 불평하는 광경도 보인다. '주일성수(기독교의 성일인 일요일에 휴식하며, 교회에 모여 예배하는 것)'를 신앙의 절대 가치로 여기는 개신교인들이 일요일에 교회에 가지 못하게 되었다. 전쟁 때도 모여서 드리던 예배는 온라인으로 대체되었다.

코로나19 팬데믹은 엄청난 변화를 동반했다. "인류 역사가 코로나19 이전과 이후로 나뉠 것"이라고 분석하는 학자들도 드물지 않다. 서점가에는 코로나19 이후의 대응을 다룬 책들이 베스트셀러 목록에 올랐다.

## 변화를 불러온 세계적 전염병

코로나19는 변화의 촉진제가 되었다. 기존에 점진적으로 진행되던 변화를 순식간에 이루어냈다. 코로나19 이후 새로운 질서가 도래할 것이라는 예측에 대해 그 누구도 부인하지 않는다. 그 변화의 모습이 무엇이며 어떻게 대비해야 할지가 관건이다.

한국경제신문 코로나 특별취재팀이 쓴 《코로나 빅뱅, 뒤바뀐 미래》[7]는 코로나19 이후 달라질 사회상을 각 영역으로 나누어 잘 정리한 책이다. 그 내용을 참고로 변화의 모습을 추측해보자.

먼저 코로나19는 삶의 양식을 바꾸어놓았다. 국가의 역할이 커지고 공동체의 가치가 부각된 것이 사회적으로 가장 큰 변화다. 이 가운데 개인의 프라이버시가 사라졌다. 사회적으로 과학과 전문가의 위상이 강화되었다. 또한, 사회적 거리 두기가 일상화되면서 재택근무, 홈에듀케이션이 급속도로 자리를 잡았고 개인위생의 중요성이 강조되었다.

코로나19는 경제 변화를 초래했다. 여행 · 관광 산업이 직격탄을 맞은 가운데, 대중교통 산업이 흔들리고 유통 산업의 중심이 온라인으로 이동했다. 대중문화 산업 역시 온라인이 대세를 이루게 되었다. 인터넷과 소셜미디어 산업이 호기를 맞았으며, 홈오피스와 온라인 에듀케이션 산업도 부상하기 시작했다. 현금 사용이 줄어들고 저금리 기조가 더욱 강화되었다. 그 밖에 백신과 치료제를 개발하는 바이오 기업, 게임과 엔터테인먼트 기업, 온라인 유통 업체 등의 투자 가치가 상승했다.

## 언택트와 온택트

A+에셋이 속한 보험업계도 코로나19로 인해 어려움을 겪고 있다. 경기 냉각으로 소비자의 보험 가입 여력이 줄어든 데다 사람을 만나서 설명하는 방식의 대면 영업이 제한된 탓이다.

언택트는 이미 익숙해진 단어다. 접촉을 뜻하는 '콘택트(contact)' 앞에 부정의 뜻이 있는 '언(un)'을 붙여서 만든 말이다. 해석하면 '비접촉', '비대면'이라는 뜻을 갖는다. 기업이 소비자와 직접 접촉하지 않는 현실을 말한다. 사람 대신 챗봇, 키오스크 등을 통해 소비자와 접촉한다. 매장마다 무인 주문기, 무인 계산기가 늘어나는 것을 체험했을 것이다.

온택트는 온라인의 '온(on)'과 '콘택트'를 합친 말이다. 온라인상에서 비대면으로 사람과 소통하는 것을 뜻한다. 온라인 콘서트, 사이버 모델하우스, 원격 교육, 온라인 면접 등이 대표적이다.

뉴택트는 '뉴(new)'와 '콘택트'를 합친 용어다. 온라인 서비스와 오프라인을 결합한 새로운 접촉을 뜻한다. 온라인 수업과 등교 수업을 병행하는 '블렌디드 러닝(blended learning)'을 떠올리면 쉽다.

## 우리의 선택, 뉴택트 전략

A+에셋은 다양한 사례 연구를 통해 코로나19에 맞서기 위한 전략을 수립하여 시행하고 있다. 우리의 선택은 뉴택트 마케팅 프로세스 구축이다. 우선 소셜 네트워크, 인터넷 카페, 밴드 등을 통해 고객을 발굴

한다. 이후 동영상과 문서 등을 활용해 온라인으로 보험 니즈를 환기한다. 그리고 주 1~2회 카카오톡으로 메시지를 전송하고, 보험 보장 분석 앱인 보플을 통해 고객의 보장 내용을 분석한 후, 대면 청약이나 비대면(모바일 또는 전자) 청약을 진행한다. 보험 가입 이후에는 고객 유형별 맞춤형 콘텐츠를 제공하는 사후 관리 단계로 들어간다.

뉴택트 프로세스를 수립한 후에는 여기에 맞추어 업무 시스템을 정비하고, 기존 뉴택트 인프라를 업그레이드했다. 이와 함께 뉴택트 마케팅 특화 조직을 운영하고, 영업 조직 전체에 대한 교육도 한층 강화했다.

보험 마케팅의 본질적 프로세스인 고객 접촉과 청약을 완전히 비대면으로 바꾸기는 어렵겠지만, 계속해서 디지털 전환을 이루어야 변화된 고객의 눈높이를 맞출 수 있을 것이라 본다. 코로나19가 종식되더라도 고객은 과거로 돌아가지 않을 것이기 때문이다.

A+에셋이 구축한 뉴택트 마케팅 프로세스는 실제 영업 현장에 활용돼 설계사들에게 많은 도움을 주었다. 한 설계사는 이 프로세스를 활용해 코로나 밀접 접촉자로 분류되어 2주간 자가 격리하는 동안(다행히 음성 판정을 받았다) 9건의 보험 계약을 체결했다. 상품 설계는 카톡을 이용해 전달하고, 상담은 유선으로 진행했다. 가입 조건 변경 등 상품 설계를 바꿔야 할 때는 소속 사업단의 도움을 받아 처리했고, 최종 보험 가입은 휴대폰을 이용한 전자 청약으로 처리했다. 심지어 72세의 고령 고객도 전자 청약으로 보험 가입을 진행했다. 젊은 고객보다 시간이 좀 더 걸렸을 뿐 잘 따라와주었다고 한다.

특히 코로나19가 확산하는 상황에서 고객은 비대면을 오히려 선호하고, 그 과정에서 생기는 문제점도 큰 불편으로 여기지 않았다. 코로나19로 힘겨운 시기를 맞았지만, 뉴택트 마케팅 프로세스 같은 새로운 혁신 전략으로 충분히 대처할 수 있음을 현장의 경험을 통해 확인할 수 있었다. 그리고 축적된 경험은 A+에셋의 변화와 성장을 위해 든든한 디딤돌이 될 것이다.

## 고통과 위기 속에서 변화의 기회 찾기

코로나19는 고통스러운 과정이다. 그러나 소나기가 멎기를 기다리듯, 단순히 지나가기만 기다려서는 안 된다. 이 고통 속에서 변화의 기회를 찾아내야 한다. 사회나 경제적 환경이 이미 급격히 변하고 있고, 개인의 삶의 양식도 바뀌고 있다. 코로나19는 변화의 촉매제다. 이미 사회가 변하고 있는데, 그 속도를 더 빠르게 만들었다. 따라서 코로나19가 완전히 종식되더라도 과거로 돌아가는 일은 없을 것이다. 새롭게 변화한 사회, 경제, 일상 트렌드에 맞추어 기업과 개인도 변화해야 한다.

산업의 역사를 보면 위기는 혁신의 가장 큰 동력이 되었음을 발견할 수 있다. 그러나 위기에 처한 모든 사람이나 기업이 혁신에 성공하지는 못했다. 강한 의지와 실천으로 그것을 뚫고 나가고자 할 때만 새로운 가능성의 문이 열린다.

나는 기독교인으로서 코로나19라는 고통 속에 하나님의 뜻이 있다고 생각한다. 본질을 회복하며 스스로 돌아보는 성찰의 기회가 주어진 것이 아닐까? 코로나19로 분주하던 세상이 잠시 멈춘 동안 하늘은 맑아지고 공기는 깨끗해졌다. 이 책의 집필을 마무리하는 2021년 3월, 코로나19를 어느 정도 진정시킨 중국으로부터 다시 황사와 미세먼지가 몰려온다는 소식을 듣는다. 우리는 불행의 상황이 준 반성과 회복의 시간을 적절히 활용할 수 있어야 할 것이다.

구약성경의 선지자 엘리야는 왕으로부터 생명이 위협받는 위기에 처해 몸을 피한다. 그는 도망길에 지쳤고 절망감을 안고 로뎀나무에 기대어 앉았다. 그리고 그곳에서 휴식하며 새로 일어설 힘을 되찾았다. 우리도 코로나19라는 메마른 광야에서 자신을 살펴 돌아볼 로뎀나무 한 그루를 찾아야 하지 않을까? 그곳에서 하나님의 미세한 음성을 들어야 할 것이다.

샘터교회 안중덕 목사님이 자신의 페이스북에 쓴 〈코로나 감염 시대가 전해주는 메시지〉라는 글이 깊은 울림을 주기에 여기에 옮긴다.

*이 시대를 살아가는 모든 분을 위로하고 축복합니다.*

*마스크를 착용하라는 것은 "잠잠하라"라는 뜻입니다.*

*막말과 거짓말을 하지 말며 불필요한 말을 줄이고 남의 말에 귀를 기울이라는 말입니다. 입을 다물면 사랑스러운 것들에 시선이 머물게 되고 아름다운 소리와 세미한 속삭임이 들려올 것입니다.*

*손을 자주 씻으라는 것은 "마음을 깨끗이 하라"라는 뜻입니다.*

*악한 행실과 죄에서 돌이켜 회개하고 성결하라는 말입니다. 안*

과 밖이 깨끗해야 자신도 살고 남도 살 수 있다는 말입니다. 마음의 거울을 닦아야 자신이 보이고, 마음의 창을 닦아야 이웃도 보일 것입니다.

사람과 거리 두기를 하라는 것은 "자연을 가까이하라"라는 뜻입니다.

사람끼리 모여서 살면서 서로 다투지 말고 공기와 물과 자연의 생태계를 돌보며 조화롭게 살라는 말입니다. 자연을 가까이할수록 마음이 넉넉하여 모든 것을 사랑하게 될 것입니다.

대면 예배를 금지하라는 것은 "언제 어디서나 하나님을 바라보라"라는 뜻입니다.

위안을 얻거나 사람에게 보이려고 예배당에 가지 말고 천지에 계신 하나님을 예배하라는 말입니다. 하나님을 대면할수록 그의 나라와 그의 뜻에 가까이 이르게 될 것입니다.

집합을 금지하라는 것은 "소외된 자들과 함께하라"라는 뜻입니다.

모여서 선동하거나 힘자랑하지 말고 사람이 그리운 이들의 벗이 되라는 말입니다. 우는 자들과 함께 울고 홀로 외로이 무거운 짐을 지고 가는 이들의 짐을 나누어 질수록 세상은 사랑으로 포근해질 것입니다.

# 기업 세계의 판도 변화

"위대한 회사들은 자신의 핵심 가치와 목적은 보존하면서
사업 전략과 운영 관행은 변화하는 세계에 끊임없이 적응시킨다."
- 짐 콜린스(경영 컨설턴트) -

## 시가총액 변화

기업의 가치를 나타내는 가장 단순하면서 확실한 척도가 시가총액이다. 현재 기업의 전체 주식 수와 주가를 곱하면 시가총액이 나온다. 시가총액은 한마디로 기업의 가격으로, 그 기업을 100% 소유하려면 얼마나 지불해야 하는가를 나타낸다.

시가총액이 높은 기업은 소비자의 사랑을 많이 받는 기업이며, 투자자가 유망하다고 판단한 기업이다. 시가총액을 보면 산업의 변화를 파악할 수 있다. 미국 주식시장의 시가총액 순위는 사실상 세계 기업 순위라고 할 수 있다. 중국의 텐센트와 알리바바, 대만의 TSMC, 우

리나라의 쿠팡 같은 회사도 미국 주식시장에 상장되어 있다. 2020년 12월 말 기준 미국 주식시장의 시기총액 순위를 20년 전인 2000년과 비교해서 살펴보자.

| | 2000년 | 2020년 |
|---|---|---|
| 1 | GE | 애플 |
| 2 | 엑손모빌 | 마이크로소프트 |
| 3 | 화이자 | 아마존 |
| 4 | 시스코 | 알파벳(구글) |
| 5 | 마이크로소프트 | 페이스북 |
| 6 | 월마트 | 테슬라 |
| 7 | AIG | 텐센트 |
| 8 | 시티그룹 | 알리바바 |
| 9 | 머크 | 버크셔 해서웨이 |
| 10 | 인텔 | 존슨앤드존슨 |

20년 사이에 기업 판도가 많이 달라졌다. 2000년에는 대형 제조업체, 제약 업체, 금융 업체 등이 중심을 이루었다. IT 기업으로는 인텔과 마이크로소프트가 순위에 이름을 올렸다. 2000년과 2020년 모두 시가총액 10위권에 이름을 올린 기업은 마이크로소프트뿐이다. 2020년 시가총액 10위권에 든 기업은 대부분 인터넷, IT 등의 기술 기업이다. 존슨앤드존슨이 상위권에 이름을 올린 것은 코로나 백신의 개발과 관련이 깊다. 주목할 현상은 전기자동차 업체 테슬라의 급성장이다. 전기자동차는 전통적인 제조업과는 결이 다르다. 기계를 넘어 첨단 IT 제품

의 결정판이라 할 수 있다.

한국 기업의 시가총액은 어떨까? 1990년, 2000년, 2009년, 2020년을 비교해보자.

| 순위 | 1990년 | 2000년 | 2009년 | 2020년 |
|---|---|---|---|---|
| 1 | 한국전력 | 삼성전자 | 삼성전자 | 삼성전자 |
| 2 | 포스코 | SK텔레콤 | 포스코 | LG화학 |
| 3 | 한일은행 | KT | 한국전력 | 삼성바이오로직스 |
| 4 | 제일은행 | 한국전력 | KB금융 | 셀트리온 |
| 5 | 조흥은행 | 포스코 | 현대차 | 현대자동차 |
| 6 | 상업은행 | 국민은행 | 신한지주 | 네이버 |
| 7 | 서울신탁은행 | KT&G | LG전자 | 삼성SDI |
| 8 | 신한은행 | 외환은행 | 현대중공업 | 카카오 |
| 9 | 삼성전자 | 기아자동차 | SK텔레콤 | LG생활건강 |
| 10 | 대우 | 주택은행 | LG디스플레이 | 삼성중공업 |

1990년에는 은행 위주로 순위가 형성되어 있다. 2000년 들어 대형 제조 업체의 순위 진입이 늘었다. 은행도 세 곳이나 명단에 이름을 올렸다. 2009년에는 대형 제조업의 약진 현상이 뚜렷하다. 2020년에는 시가총액의 판도 변화가 확연하다. 인터넷 기업 네이버와 카카오, 바이오 기업 삼성바이오로직스와 셀트리온이 새로 진입한 것이 단연 눈에 띈다.

한국에서 가장 큰 회사가 어디냐고 물어보면 대부분 삼성전자라고 답한다. 2위를 물으면 대답이 엇갈린다. 그래도 가장 많이 나오는 답변이 현대자동차다. 그런데 한국의 대표 기업 현대자동차의 위상이 많이 하락했다. 2020년 줄곧 네이버보다 시가총액이 낮았고 연말에 가서야 간신히 순위가 바뀌었다. 한때 카카오의 시가총액에도 뒤진 적이 있다. 2021년 들어 현대자동차의 시가총액이 많이 올랐다. 전기자동차 '아이오닉5' 출시에 큰 힘을 얻었다. 현대자동차의 상대적 약세와 회복 과정은 전통 산업의 쇠퇴와 새로운 산업의 부상을 역설적으로 보여주는 사례라 할 수 있다.

물론 시가총액 순위는 시장 상황에 따라 언제든 바뀔 가능성이 있다. 산업 변화에 따라 기업 가치의 변화가 요동치듯 일어나고 있기 때문이다. 우리는 이 변화에 주목해야 한다.

## 플랫폼 기업이 뜬다

2020년 12월 말 현재 미국 주식시장의 시가총액 상위 기업들은 '플랫폼 기업'이라는 공통점이 있다. 테슬라를 빼면 1위에서 8위까지 플랫폼을 지향하는 기업이다. 테슬라 역시 정보 네트워크로 연결된 전기자동차를 생산하는 업의 성격으로 볼 때 플랫폼 기업의 성격이 일부 있다.

세계 최대 기업으로 꼽히는 애플, 아마존, 구글, 마이크로소프트, 페이스북, 알리바바, 텐센트를 비롯해 코로나19 영향으로 역대 최고 성장세를 기록한 카카오, 네이버, 쿠팡, 지마켓, 배달의민족, 토스, 2020년 한국 개인투자자들이 가장 많이 투자한 해외 기업 테슬라. 이 기업들의 공통점은 독자적인 플랫폼 생태계를 구축하고 이를 바탕으로 성장했다는 것이다. 글로벌 컨설팅 기업 맥킨지의 조사 결과 디지털 기업 중 플랫폼 전략이 없는 곳은 단 5%에 불과했다. 또한 전통 기업 중 84%가 이미 플랫폼 비즈니스로 전환했다. 전 세계 기업들이 플랫폼 비즈니스를 시작하지 않으면 살아남을 수 없다고 판단한 것이다.

플랫폼은 흔히 버스나 열차 승강장을 지칭한다. 버스 터미널과 기차역에서 승객이 타고 내리기 쉽도록 도로나 철로 옆에 단을 높인 장소다. 주위보다 높으면서 수평으로 평평한 것이 특징이다. 단어의 뜻으로 볼 때 플랫폼은 '구획된 땅'을 의미하는 'plat'과 '형태'를 의미하는 'form'의 합성어다. 즉, '구획된 땅의 형태'가 플랫폼이다. 용도에 따라 다양한 형태로 활용될 수 있는 공간이라고 생각하면 된다. 이런 플랫폼에는 끊임없이 사람이 오간다. 자연스럽게 이들을 대상으로 물건을 팔려는 상인들도 모여든다.

정리하자면 플랫폼은 많은 사람이 찾는 장소다. 그런데 그 장소에는 특정한 용도로 건축된 건물이 없고 잘 정비된 땅만 존재한다. 그래서 그곳을 다양한 사람이 다양한 용도로 활용할 수 있다. 이런 공간은 실제 세계보다는 온라인에서 더 쉽게 구축될 수 있다. 나는 "다양하고 수많은 소비자와 사업자가 연결되는 개방적인 생태계"를 플랫폼이라고 정의한다.

앞에서도 이야기했듯이 국내외의 선도적 기업들은 모두 플랫폼 비즈니스에 사활을 걸고 있다.

• 애플은 아이폰을 중심으로 독자적인 비즈니스 생태계를 구축했다.

- 마이크로소프트는 소프트웨어 판매에서 개방형 클라우드 컴퓨팅 플랫폼으로 전략의 중심을 이동했다.
- 아마존은 전자상거래와 클라우딩 서비스로 강력한 플랫폼을 구축했다.
- 구글은 검색 서비스를 중심으로 클라우드 플랫폼을 형성했다.
- 알리바바는 전자상거래와 디지털 마케팅, 가상결제 플랫폼을 갖추었다.
- 페이스북은 강력한 소셜 네트워크를 기반으로 한 비즈니스 플랫폼을 자랑한다.
- 테슬라는 전기자동차 제조 업체이지만, 자동차를 서비스 플랫폼으로 변신시킨다는 전략을 수립했다.
- 새롭게 한국 주식시장의 시가총액 상위 업체로 진입한 네이버와 카카오도 플랫폼 전략을 지향하고 있다.

컨설팅 업체 삼정KPMG는 〈플랫폼 비즈니스의 성공 전략〉이라는 보고서에서 "4차 산업혁명과 함께 플랫폼의 영향력이 가속화하면서 전 세계적으로 플랫폼 비즈니스가 부상하고 있다"라고 분석했다. 그리고 플랫폼 확산의 영향을 크게 받을 산업 분야로는 모빌리티, 유통, 소비재, 금융, 헬스케어 등을 꼽았다.

2025년 플랫폼 비즈니스 시장이 60조 달러 규모까지 성장할 것으로 예상되는 가운데 본격적인 플랫폼 경쟁은 이제 시작되었다. 어느 때보다 불확실성이 커진 뉴노멀 시대에 플랫폼 비즈니스는 유일한 성공 전략으로 꼽히고 있다.[8] 어떻게 플랫폼 생태계를 구축하고 비즈니스를 수익화할 것인가를 깊이 고민하고 이를 중심으로 한 변화에 나서야 할 때다.

## A+에셋의 플랫폼 전략

A+에셋도 이러한 변화에 맞추어 플랫폼 비즈니스 전략에 역점을 두고 있다. 보험 관리 앱 '보플'과 헬스케어 앱 '위플'을 중심으로 한 플랫폼 구축이 당면 과제다. 보플은 앞에서 설명했듯 AI를 보험 관리에 적용한 획기적인 솔루션이다. 위플은 2021년 1월 출시됐다. 24시간 건강상담 서비스와 이용자별 맞춤 건강 리포트 등을 제공할 계획이다. 또한, 자회사인 A+라이프의 상조, A+리얼티의 부동산 컨설팅, A+모기지의 대출 서비스도 플랫폼을 통해 강화한다는 목표로 구체적인 연구에 들어갔다.

현실적으로 볼 때 플랫폼 전략의 1단계는 편안하고 즐겁게 이용하면서 유익함도 누릴 수 있는 공간을 제공함으로써 고객을 모여들게 만드는 것이다. 그래야 고객 기반이 넓어지고 이를 바탕으로 다양한 사업이 펼쳐질 수 있다. A+에셋은 '착한 마케팅'이라는 모토 아래 정직하고 투명한 서비스를 제공해왔고, 이를 통해 109만 명의 고객을 모아 관리하고 있다.

이 역량을 비즈니스 플랫폼으로 옮겨서 한층 더 진보된 서비스를 제공하겠다는 포부다. A+에셋이 가장 잘하는 일이니만큼 큰 성과를 거둘 것이라 확신한다.

# 변화를 선도하라

"이미 존재하는 현실과 싸운다고 변화를 일으킬 수는 없다.
무언가를 변화시키기 위해서는 기존의 모델을 구식으로
만들 수 있는 새로운 모델을 만들어라."
- 버크민스터 풀러(미국 건축가) -

## 붉은 여왕의 나라

루이스 캐럴의 동화《이상한 나라의 앨리스》후속작《거울나라의 앨리스》[9]의 한 장면을 들여다보자.

앨리스는 붉은 여왕이 다스리는 나라에 도착했다. 그곳에서는 모든 사물이 빠르게 움직이고 있다. 붉은 여왕은 앨리스에게 죽을 힘을 다해 달리라고 한다. 앨리스는 한참을 달렸지만 계속 같은 자리에 머물 뿐이다.

앨리스는 당황해서 붉은 여왕에게 물었다.

"우리는 왜 계속 이 나무 아래에 있죠? 보세요. 모든 것이 그대로 예요."

그러자 붉은 여왕이 대답했다.

"당연한 일이야. 그러면 어떻게 되어야 이상하지 않지?"

붉은 여왕의 떨떠름한 반문에 앨리스는 숨을 헐떡이며 말했다.

"우리가 한 것처럼 오랫동안 빠르게 달렸다면, 다른 곳에 가 있는 게 정상이죠. 내가 살던 나라에서는 그래요."

붉은 여왕이 말했다.

"그 나라는 매우 느린 곳이구나. 여기는 다르단다. 네가 할 수 있는 한 힘껏 달려야만 이곳에 겨우 머무를 수 있을 뿐이야. 만약 네가 다른 곳으로 가고 싶다면 적어도 이 속도보다는 두 배는 더 빨리 달려야 한단다."

기발한 상상력이 넘치는 이 부분은 '붉은 여왕 가설(Red Queen's Hypothesis)'의 모티프가 되었다. 우리가 변하더라도 주변 환경이나 경쟁자가 더 빠른 속도로 변하면 뒤처지게 되고, 환경이나 경쟁자와 같이 변화하면 겨우 현상 유지를 할 수 있다는 것이다. 따라서 현재의 자리를 벗어나 새로운 곳으로 이동하고 싶다면 남보다 더 빨리 변화해야 한다.

경쟁 세계의 비정함을 잘 묘사한 '붉은 여왕 가설'은 변화에 대해 깊이 생각하게 한다. 나만 변화하는 것이 아니다. 세상이 변한다. 이에 맞추어 다른 사람도, 다른 회사도, 다른 나라도 변하고 있다. 그래서 내가 '변화'라는 달리기를 멈추는 순간, 아득하게 뒤처져 생존을 위협받게 된다. 지금의 자리를 유지하기 위해, 말하자면 생존을 위해서라면 최소한 경쟁 대상과 같은 속도로 변화해야 한다. 다른 곳으로 가는 성장을 위해서라면 경쟁 대상보다 갑절로 변화해야 한다.

## 남다른 변화

역설적으로 말해 세상의 모든 것, 주변 환경과 경쟁자 모두가 변화하는 가운데 같은 방향을 향해, 같은 속도로 변화하는 것은 변화가 아니다. 그냥 그 자리에 있을 뿐이다. 진정한 변화는 남달라야 한다. 남들과 비슷한 정도로 변화한다면 한 치도 앞으로 나아갈 수 없다.

세계 휴대폰 시장을 떠올려보자. 삼성과 LG 등 한국 기업이 휴대폰 시장에 막 진입할 무렵, 노키아와 모토로라의 지위는 철옹성 같았다. 그러나 고객이 달리고 경쟁자가 달리는 냉혹한 현실에서 이 두 기업은 달리기를 멈추었다. 성공에 젖고 기존 지위에 안주하여 변화를 이루지 못했다. 그러자 급속도로 뒤로 처지기 시작했다. 새롭게 등장한 애플에 밀리고, 삼성과 LG에 추월당했다. 그리고 후발 중국 기업들에도 뒤처지면서 경쟁 트랙에서 벗어나게 되었다.

'붉은 여왕 가설'을 대하며 변화의 속도와 폭, 방향에 대해 생각해보았다. 가장 단순하게 접근한다면 변화에 가속을 붙여야 한다. 즉, 경쟁자보다 더 빨리 뛰어야 한다. 더 나아가 변화의 폭의 커야 한다. 같은 속도라면 보폭이 클수록 빨리 달릴 수 있다. 앞에서 이야기했듯이 배우자와 자녀만 남기고 모두 바꾸는 전면적이고 근본적인 변화라야 한다.

## 변화의 방향과 각도

더 중요한 것은 변화의 방향이다. 각도를 조금 틀어서 남과 다른 방향을 향해 달린다면 경쟁의 양상이 달라진다. 이른바 게임 룰을 바꾸는 것이다. 남들이 형성한 시장에서 출혈 경쟁을 펼치기보다는 다른 가치를 창출하는 새로운 시장을 창조한다면 그 안에서 선두가 될 수 있다. 이때는 변화의 방향이 올바르다는 전제가 있어야 한다. 우리는 더 빨리 달리고, 더 보폭을 키우고, 방향을 바꿈으로써 붉은 여왕의 복마전에서 벗어날 수 있을 것이다.

모든 것이 바뀌는 세상에서는 단지 변화에 적응하는 것으로는 부족하다. 변화를 앞서 이끄는 선도자가 되어야 한다. 산업화 초기 한국 기업들은 빠른 모방과 낮은 가격으로 기존 시장을 점유하는 스피드 경영과 추격자 전략을 썼다. 한국 기업은 이른바 '패스트 팔로어(Fast follower)'였고, '빨리빨리'는 이 시대의 미덕이었다. 전후의 피폐함과 빈곤, 척박한 산업 기반에서 '패스트 팔로어' 전략은 불가피했으며 또한 효과적이었다.

그러나 이 전략이 더는 먹히지 않는 세상을 맞았다. 모방 수준의 기술력은 보편화해서 저임금을 앞세운 중국과 동남아시아 경쟁자들에게 밀리게 되었다. 그러는 동안 미국 등의 선진국은 비약적인 기술 혁신을 통해 멀찍이 달아났다. 한국 기업은 넛크래커에 낀 호두 같은 처지가 되었다.

이제 근본적인 변화와 방향 전환을 통해 선도자의 지위에 서야 한다. 새로운 기술을 개발하고 새로운 개념을 창조함으로써 새로운 시장을 개척하고 이끄는 '퍼스트 무버(first mover)'로 거듭나야 한다. 다행히 반도체, 가전, 스마트폰, 엔터테인먼트 등 몇몇 산업 분야에서 한국 기업들이 '퍼스트 무버'로 부상하고 있다.

이런 약진을 보면서 미래 산업의 중추가 되어야 할 금융 분야의 변화가 더딘 것이 못내 아쉽다. 그러나 A+에셋이 이런 변화의 선도자가 되리라 확신한다. 우리가 이 방향을 향해 남들보다 더 큰 보폭으로 더 빠른 속도로 쉴 새 없이 달려왔기 때문이다. 고지가 그리 멀지 않다.

## 변화의 힘을 축적하며

초등학교 고학년 때 나는 800m 중장거리 육상 선수였다. 경상북도 체전에 나가 경기를 뛴 경험도 있다. 800m는 200m 트랙을 네 바퀴 도는 경주다. 코치 선생님이 네 바퀴를 달리는 전략을 일러준 적이 있다. 먼저 첫 바퀴에는 3~4위권에서 달린다. 그러다가 두 바퀴를 돌 때 불쑥 앞 선수 앞으로 끼어들어간다. 그러면 바로 앞 선두에서 달리던 선수가 앞자리를 빼앗기지 않으려 오버페이스를 한다. 이러면서 힘을 빼놓는다. 그러면서 세 바퀴쯤에서 2위 자리로 올라가고, 마지막 바퀴에서 선두를 차지한다.

이 전략은 매우 효과적이었다. 50년 넘는 세월이 흘렀지만 또렷이 기억하고 있으며, 중요한 판단을 할 때마다 그 장면을 떠올려본다. 사업을 하면서도 종종 이때의 교훈을 참고로 한다. 어린 시절 달리기 경주에 경영 전략을 관통하는 지혜가 담겨 있어서다.

긴 레이스에서 늘 1위에 서야 한다는 강박관념을 가질 필요가 없다. 언제든 따라잡을 힘이 있다면 지금 경쟁자의 뒤에 있더라도 상관없다. 현재 1위가 아니라 결승선을 통과할 때의 1위가 진정한 1위다. 추월할 때를 기다리는 선수가 실질적인 1위다. 단, 그는 도약할 힘을 비축하고 있어야 한다.

나는 무조건 앞서 달리는 것보다 최종 승부처에서 역전할 수 있도록 변화의 힘을 쌓아가는 데 주력한다. 그러다 보면 때가 찾아온다. '하로동선(夏炉冬扇, 여름의 난로와 겨울의 부채)'이라는 말이 있다. 난로와 부채가 아무리 잘 만들어졌어도 계절을 잘못 만나면 쓸모가 없다. 변화의 힘을 쌓아가며 때를 준비하다가 기회의 창이 열릴 때 과감하게 나아가는 것이 관건이다. 한 경영학자는 이를 '기다림의 경영'이라고 표현했다.[10]

## 변화는 자신과의 경주

경쟁자를 크게 의식할 필요가 없다. 내가 언제든 따라잡을 수 있는 변화와 성장의 동력을 갖고 있다면 그들이 진짜 경쟁자가 아닐 수 있기 때문이다. '변화'라는 레이스는 나와의 싸움이다. 이 싸움을 잘 이끌어 가야 '붉은 여왕의 저주'에서 헤어나올 수 있을 것이다.

《손자병법》에 이런 말이 있다.

*"전쟁을 잘하는 장군은 먼저 적군이 나를 이길 수 없도록 만든다. 그리고 이길 수 있는 적을 상대한다. 적이 승리하지 못하는 상황은*

*나에게 있고, 내가 승리할 수 있는 상황은 적에게 있다."*

전쟁에 앞서 내가 강해져야 한다. 강해졌다고 해서 무조건 싸워서도 안 된다. 기회를 보며 경쟁자가 지치기를 기다려야 한다. 경쟁자가 승리할 수 없도록 나를 만들고, 경쟁자에게서 내가 승리할 방법을 찾아야 한다.

A+에셋도 자신과의 경주를 벌이고 있다. 2020년 11월 A+에셋은 GA 업계 최초로 한국거래소에 기업을 공개하고 코스피에 상장했다. 주목할 만한 성과이며 축하할 만한 일이다. 그러나 나는 크게 고무되지 않는다. 레이스가 아직 끝나지 않았기 때문이다. 고객에게 최적의 선택을 제공하는 **종합 금융 백화점**, 고객의 삶 전체에 가치 있는 서비스를 제공하는 **'토털 라이프케어 플랫폼'**으로 향하는 중간 단계일 뿐이다. 축하 인사를 받기는 한참 이르다. 나는 여전히 변화에 목마르고 성장에 배고프다.

# 2

# 오늘과 다른 내일을 꿈꾸며

아버지에게 변화를 배우다 | 변화의 전도사 | 삼성에서 변화를 배우다 | 나훈아 그리고 트로트 | 우리가 하지 못하면 누가 하겠는가 | 한국의 아마존

# 아버지에게 변화를 배우다

"모든 사람이 세상을 변화시키는 것을 생각한다.
하지만 누구도 그 자신을 변화시키는 것은 생각하지 않는다."
- 톨스토이 -

## 변화와 도전

나는 자신을 뛰어난 사업가라고 평가하지 않는다. 부족한 점이 많지만, 함께 일하는 사람들의 큰 도움을 받으며 변화하며 성장하고 있을 뿐이다. 다만 나에게 사업가로서 타고난 장점이 있다면 그것은 아버지에게서 물려받은 변화의 DNA라고 생각한다. 내 기억 속의 아버지는 남다름을 추구하며 끊임없이 변화를 시도하는 사업가의 모델이다.

내 고향은 경상북도 칠곡군 왜관읍 금남동이다. 그 마을은 현풍 곽씨 집성촌이다. 곽 씨 조상들은 달성군 현풍과 성주군 소래 등에 모여 살았는데, 그중 한 분이 왜관읍 금남동으로 이주하여 집성촌을 이루었다고 한다.

이곳에서 8남매 중 둘째로 태어난 아버지는 농사 외에도 사업에 관심을 두셨다고 한다. 칠곡군과 성주군 최초로 이동식 정미기를 지게나 수레에 싣고 인근 마을을 다니면서 삯을 받고 쌀을 찧는 이른바 순회 정미소 사업을 하셨다. 그 과정에서 목돈을 만들었고 사업을 더 키울 결심을 하셨다.

그래서 중고 GMC 트럭 한 대를 사셨다. 농산물 운송과 유통업을 구상하셨던 것 같다. 1950년대로는 매우 드문 일이었다. 이웃 주민이 트럭을 신기하게 바라보았다고 한다. 하지만 트럭은 제대로 작동하지 않았고, 얼마 지나지 않아 고물상에 팔아야 했다.

농사 외에는 다른 직업을 상상하지도 못하던 시절, 아버지는 어떻게 기계를 도입하고 첨단 운송 수단을 사들여 사업을 펼칠 발상을 하셨을까? 변화의 열망과 도전정신을 생각해보면 경이로운 느낌이다. 한편으로 나를 돌아보면서, 남들이 두려워하고 무모하다고 판단하는 일에 도전할 수 있었던 데는 아버지의 사업가 기질이 내 핏줄에 흐르기 때문이 아닐까 짐작하곤 한다.

## 남다름을 지향하다

트럭을 처분한 후 아버지는 남은 자금을 다 모아서 밭과 논 3천여 평을 사셨고, 여기에 과수원을 조성하셨다. 1960년대 초반의 일이다. 이 과수원은 지금도 그대로 있다. 대학교수와 교사로 은퇴한 두 형이 그곳에서 농사를 짓는다.

과수원에서 사과 재배를 시작한 아버지의 철학은 '남다름'이었다. '대한민국에서 가장 맛있는 사과를 키우겠다'라는 단순한 목표를 집요하게 붙잡고 무던히 애를 쓰셨다. 이런 아버지의 모습이 내 기억 속에 또렷이 각인되어 있다.

사과 수확이 끝난 겨울에도 아버지는 잠시도 쉬지 않으셨다. 8톤 트럭 2대를 빌려서 남해로 향하셨다. 그곳에서 생선 대가리를 얻거나 헐값에 사들여 트럭에 실어 오셨다. 그리고 이 생산 대가리를 삭히셨다. 닭똥과 돼지똥도 한 트럭씩 싣고 오셨다. 이것들을 거름에 섞어서 사과 과수원에 뿌리셨다. 이 일이 사과 농사의 시작이었다. 거름을 뿌린 과수원에 겨우내 김이 모락모락 피어오르던 모습이 지금도 선연하다.

농법이 발달한 지금도 동물의 뼈나 노폐물, 생선가루, 가죽, 짐승의 똥 따위를 이용한 유기물 비료가 광범위하게 사용된다. 농산물의 품질을 개선하고 작황을 좋게 하는 데 매우 효과적이라고 한다. 아버지는 친환경 동물성 천연 비료를 직접 개발하여 활용한 선구자이셨던 셈이다.

거름이 좋아야 농사가 잘된다는 아버지의 생각이 주효했던지 우리 과수원의 사과는 좋은 평가를 받았다. 이웃 주민은 "진호(큰형 이름) 아버지네 사과가 동네에서 가장 달고 맛있다"라며 칭찬을 아끼지 않았다.

## 변화의 교훈을 물려받다

어린 시절 아버지의 과수원 경작을 곁에서 지켜보며 자란 것은 내 삶에서 큰 행운이다. 그 기억 하나하나가 사업을 하는 데 소중한 지침이 되고 있다.

아버지는 우리 형제들에게 탁월한 교육자셨다. 밥상머리에서 산 교육이 이루어졌다. 모든 게 귀하던 가난한 시절이었다. 반찬이랄 게 없었다. 김이나 달걀은 구경하기도 어려웠고, 부모님이 왜관장에서 갈치나 고등어를 사 오시면 그야말로 잔칫상이었다.

아버지는 맛있는 반찬이 밥상에 올라오는 날에는 일부러 식사를 적게 하셨다. "배부르군" 하고 일찍 숟가락을 놓으셨다. 그러면서 우리 형제들을 향해 "싸우지 말고 나눠 먹어라"라며 웃으셨다. 그 자상한 배려를 통해 우리는 우애를 쌓을 수 있었다.

지나고 보니 아버지는 내가 만난 최초의 경영 컨설턴트였다. "사과 한 알도 그냥 맺히는 법이 없다. 지극 정성으로 양육하고 가꾸어야 한다. 그것이 자연의 법칙이다"라고 말씀하시며 남다르게 살고 남다른 결실을 위해 애쓰던 아버지로부터 살아있는 경영 수업을 받은 셈이다.

'좋은 거름이 농사의 출발'이라는 아버지의 철학은 토양이라는 기초가 튼튼해야 함을 일깨운다. 더 구체적으로 말하자면 나무가 잘 성장하고 알찬 과실을 맺을 수 있도록 뿌리에서부터 영양가 높은 뒷받침이 있어야 한다는 뜻이다.

나는 A+에셋 조직을 설계하면서 아버지의 거름을 떠올렸다. 내가 창업하던 당시 GA 업계는 본사 지원 조직을 두텁게 만들지 않았다. 지금 당장 실적이 좋은 설계사를 많이 끌어들여 그 활동 성과를 공유하는 데만 초점을 맞추었다. 설계사의 역량을 키우고 활동을 지원하는 데 인색했다. 나는 이와는 생각이 달랐다. 본사 조직이 현장 설계사의 활동을 적극적으로 지원하고 실력을 키워주는 좋은 거름이 되어야 한다고 믿었고 이것을 실천에 옮겼다. A+에셋은 든든한 영업 지원 시스템과 체계적인 교육 프로그램을 갖추었고, 그 결과 기업이라는 나무가 무럭무럭 자랄 수 있었다.

장기적인 안목으로 멀리 보는 태도 또한 아버지께 배웠다. 트럭을 갖추어 운송과 유통 사업을 펼치려는 계획이 무위로 돌아갔지만, 아버지는 서두르거나 조급해하지 않으셨다. 농사 중에서도 결실이 늦게 나는 사과를 선택하셨다. 사과나무는 심은 지 보통 3~7년이 지나야 열매를 맺는다. 수확이 제대로 되려면 20년은 걸린다. 아버지는 20년을 내다보고 과수원을 만드셨던 것이다.

나도 아버지의 멀리 보는 눈을 배우고자 한다. 2007년 창업한 A+에셋은 2021년 14주년을 맞는다. 2020년 상장했으니 어린아이의 단계는 벗어난 셈이다. 하지만 이것은 시작일 뿐이다. 겨우 소출이 나기 시작했다. 더 멀리 더 크게 보아야 한다. 20년 후의 풍성함을 바라보고 사과나무를 가꾸는 미래 지향적인 안목과 알뜰살뜰한 정성으로 A+에셋이라는 나무를 키워나가고자 한다.

# 변화의 전도사

"마누라와 자식 빼고 다 바꿔라."

\- 이건희 -

## 변화의 산증인, 이건희

1982년 육군 중위로 전역한 후 2007년 A+에셋을 창립하기 전까지 나는 단 한 곳에서 직장생활을 했다. 삼성생명이다. 한국이 낳은 세계적 기업 삼성그룹의 일원으로 근무하며 초일류를 요구받고 혁신을 체험하고 임원까지 오른 데 큰 자부심을 가지고 있다. 내가 지닌 업무 지식과 역량의 상당수가 삼성생명에서부터 축적된 것이다.

특히 그룹 비서실에서 근무하며 이건희 회장을 가까이 모시고 그의 육성을 들으며 일할 수 있었던 것은 매우 소중한 경험이었다. 이건희 회장은 2020년 10월 25일 세상을 떠났다. 그의 영면은 나에게 수많은 생각을 불러일으켰다.

내가 가까이서 본 이건희 회장은 변화의 화신이었다. 그는 끊임없이 변화를 추구했고, 구성원들에게 변화를 요구했다. 그는 중단없는 변화를 통해 삼성그룹을 세계 최고 반열에 올려놓았다.

"주가는 100배로, 시가총액은 500배로." 한 언론이 이건희 회장이 삼성전자를 경영한 27년간의 성과를 압축해서 표현한 말이다.[11]

이건희 회장이 삼성그룹 회장에 오른 1987년 11월 삼성전자 보통주 주가는 2만 7천 원 수준이었다. 2021년 3월 기준으로 삼성전자 주가는 8만 2천 원 정도다. 2018년 50분의 1로 액면 분할을 했으니 150배가 넘게 상승한 셈이다.

그 당시 삼성전자는 가전시장이 주력이었는데, 경쟁사 금성전자(현재 LG전자)에 밀리는 형국이었다. 삼성전자를 국내 가전 업체에서 세계적인 IT 기업으로 성장시킨 출발점은 선대 이병철 회장의 유지를 이어간 반도체 사업이었다.

시대 변화를 읽고 장기적 안목에서 대를 잇는 과감한 혁신을 이룸으로써 세계 초일류 기업의 초석을 놓을 수 있었다. 고 이병철 회장은 1974년 한국반도체를 인수하여 반도체 사업 진출의 토대를 마련했고 고 이건희 회장이 이 바탕 위에서 반도체 사업을 일구어냈다.

이건희 회장은 취임 직후인 1988년 삼성전자와 삼성반도체통신을 합병했다. 1992년에는 세계 최초로 64M D램 개발에 성공하며 세계 반도체 시장의 강자로 떠올랐다. 이 회장은 이 성과에 만족하지 않았고 끊임없는 혁신을 채근했다. 그 결과 D램 부문은 삼성이 멀찍이 앞서고 그 뒤를 다른 나라 기업들이 시간 차이를 두고 뒤쫓는 모양새를 만들었다.

## 프랑크푸르트 선언과 신경영

앞에서 잠깐 말했듯이 이건희 회장은 1993년 2월 LA 시찰 과정에서 삼성전자 가전제품의 천대받는 실상을 보며 깊은 충격을 받았다. 그는 대대적인 변화 없이는 삼성의 미래가 없다는 위기의식을 갖게 되었으며, 변화의 방향에 대해 숙고하며 사내외 전문가가 심층적인 토의를 거듭했다.

1993년 6월 4일에는 일본 도쿄에서 삼성전자를 자문해온 일본인 고문들과 삼성의 문제점과 해결 방안에 관해 회의를 진행했다. 그리고 후쿠다 다미오 고문으로부터 〈경영과 디자인〉이라는 제목의 보고서를 건네받았다. 이 보고서는 삼성전자 임직원들이 디자인에 대해 적당히 타협하고 절충하는 방만한 태도를 가지고 있다고 지적하며 근본적인 변화가 필요함을 역설했다.

이건희 회장은 그룹 경영의 주안점이 '양(量)'에서 '질(質)'로 바뀌어야 함을 절감했다. 그리고 6월 7일 그룹 핵심 경영진 200여 명을 프랑크푸르트 켐핀스키 호텔로 모았다. 그리고 그 유명한 "마누라와 자식 빼고 다 바꾸자"라는 비장한 연설을 하기에 이른다. "삼성은 이제 양 위주의 의식, 체질, 제도, 관행에서 벗어나 질 위주로 철저히 변해야 한다"라고 일갈하며 '삼성 신경영'을 선언했다.

이 회장이 가장 먼저 변화해야 할 대상으로 꼽은 것은 '나'였다. 그는 "나부터 변해야 한다"라고 선언했다. 그리고 덧붙였다.

*"뭐든지 좋다. 자기 자신이 양심적으로 생각해서 '이것은 남한테 해롭다' 하는 것을 다 없애보자. 그런 뜻에서 우선 우리에게 가장 시급한 것이 인간미와 도덕성 회복이다. 이제 개인의 이기주의, 집단이기주의를 없애보자."*[12]

이날 이후 신경영을 전파하기 위한 회의와 교육이 거듭되었다. 프랑크푸르트와 스위스 로잔, 영국 런던 등 장소를 바꾸며 6월 24일까지 이 회장이 주재하는 회의와 강연이 이어졌다. 그리고 7월 4일부터 8월 4일까지는 일본의 도쿄, 오사카, 후쿠오카에서 신경영 철학을 역설했다.

이 과정에서 이 회장이 만난 임직원은 1,800여 명, 강연과 토의 시간은 총 350여 시간에 달한다. 이 내용을 글로 옮기면 A4 용지 8,500매가 되는 방대한 분량이었다.

이건희 회장은 변화의 절박함과 그 방향성에 대해 이렇게 부르짖었다.

*"삼성그룹은 15만 명이다. 15만 명의 가족이 제각각 움직이면 배는 제자리에서 뱅뱅 돌게 되지만, 한 방향으로 나아가면 속도는 15만 배 빨라진다. 지금 우리가 처한 상황은 뱅뱅 도는 상황이다. 삼성 가족들은 누구나 나름대로 고민하고 고생하지만, 저마다 다 제각각이다 보니 악순환이 거듭되고 모두 손해를 본다.*

*세계에서 일류가 되면 이익이 3~5배까지 늘어난다는 것은 반도체 메모리 분야에서 이미 입증됐다. 전자는 40만 평에서 3만 4천 명이 일하지만, 이익은 겨우 400~5,000억 원에 불과하다. 반면 반도체는 겨우 10만 평에서 1만 명이 5,000~6,000억 원의 순익을 내고 있다. 삼성그룹이 대대적인 변신을 해야 하는 이유가 여기에 있다."*[13]

한 번 강연이나 토의가 시작되면 8~14시간까지 이어졌다. 이 회장은 어눌하지만 열정과 확신이 가득한 목소리로 변화를 부르짖었다. 그리고 이 강연 내용은 삼성그룹의 전국 사업장에서 방영되었다. 이 내용은 너무나 충격적이었기에 신문에 실리고 TV로도 방영되었다.

삼성의 신경영 선언은 삼성그룹의 대변혁을 불러일으켰을 뿐 아니라 한국 기업들이 질적인 변화를 고민하게 만드는 촉매로서 역할을 하게 된다.

## 변화의 목표는 세계 최고 기업

프랑크푸르트 선언에 이은 신경영 대장정이 끝난 후 삼성 임원진은 변화를 실행에 옮기기 위한 구체적인 방안을 마련하고자 고민했다. 숙고와 토의 끝에 내린 결론은 '공부하자. 세계 최고에게 배우자'였다. 각각의 분야에서 세계 최고의 역량을 지닌 기업들을 벤치마킹하여 삼성의 수준을 그만큼 높이자는 것이었다. 이때 삼성이 벤치마킹 대상기업으로 확정한 기업은 다음과 같다.[14]

*전자: 소니(일본), 마쓰시타(일본)*

*중공업: 미쓰비시(일본)*

*섬유: 도레이(일본)*

*재고 관리: 웨스팅하우스(미국), 애플(미국), 페더럴 익스프레스(미국)*

*고객 서비스: 제록스(미국), 노드스트롬(미국)*

*생산 작업 관리: 휴렛팩커드(미국), 필립모리스(스위스)*

*마케팅: 마이크로소프트(미국), 헬렌 커티스(미국), 더 리미티드(미국)*

*신제품 개발: 모토로라(미국), 소니(일본), 3M(미국)*

*구매 및 조달: 혼다(일본), 제록스(미국), NCR*

*품질 관리: 웨스팅하우스(미국), 제록스(미국)*

*판매 관리: IBM(미국), P&G(미국)*

*물류: 허쉬(미국), 메리케이코스메틱(미국)*

질적 도약을 이루겠다는 신경영 선언 이후 세계 최고를 향한 삼성의 변화는 처절하도록 지속되었다. 그 결과는 우리가 아는 것과 같다. 삼성은 과거 자신이 배우고 본받으려 했던 기업들을 대부분 따라잡으며 세계 최고의 지위에 올랐다. 그리고 이제 그 기업들이 삼성을 벤치마킹하려 한다. 삼성이 신경영을 선언한 지 10년 후인 2003년부터 소니를 비롯한 일본 기업들에서 삼성전자를 배우겠다는 열풍이 불었다[15]는 사실은 위대한 변화의 힘을 확인시켜준다.

세계 최고를 향한 이건희 회장의 변화 의지는 현실이었다. 그럴듯한 구호나 마케팅용 이미지 만들기와는 차원이 달랐다. 생산라인을 중단하더라도 불량률을 세계 최저로 낮추고, 한 품목만이라 할지라도 세계 제일의 제품을 만들도록 요구했다.

근본적 변화를 향한 이건희 회장의 열망이 잘 드러난 사건이 있다. 1995년의 이른바 '불량 제품 화형식'이다. 그해 3월 9일 삼성전자 구미 사업장에서 임직원 약 2천 명이 모인 가운데 불량 휴대폰과 팩시밀리 등을 망치로 부수고 태워버렸다. 이때 폐기된 제품이 시가 500억 원 상당이라고 한다.

이런 의지가 있었기에 후발 주자로 뛰어든 휴대폰 시장에서 눈부신 성장을 이룰 수 있었다. 뒤를 이어 스마트폰 시장에서도 경험으로 단련된 혁신 역량과 세계 최고를 지향하는 목표 의식을 바탕으로 판매 대수 기준 세계 1위를 차지하게 되었다. 이후 삼성전자는 반도체와 스마트폰이라는 양대 무기를 거머쥐고 혁신을 거듭해가며 세계 최고 기업으로 우뚝 서게 되었다.

현재의 삼성을 만든 원동력은 변화에 있다. 삼성은 신경영 이전과 이후로 명확히 구분할 수 있다. 변하지 않으면 죽는다는 절박함, 변화에 대한 결단과 강한 집념, 강력한 변화 리더십을 바탕으로 한 구성원의 변화 의지 공유, 그리고 효과적이며 중단없는 실천이 삼성을 재창조한 것이다.

이건희 회장이 이끈 삼성의 극적 성장 과정은 위대한 리더십에 의한 위대한 변화가 위대한 기업을 만들어낸다는 강력한 증거다. 삼성처럼 성장하고 싶다면 삼성처럼 변화해야 한다. 그리고 기업을 이끄는 사람이 또 다른 이건희가 되어 변화를 선도해야 한다. 이것을 지금 나에게 부여된 숙명적 과제로 받아들이며 끊임없이 변화를 구상하고 시도하고자 한다.

# 삼성에서 변화를 배우다

"'10년 전에 무엇에 투자했더라면 부자가 되었을 텐데'라고 후회하면서도
10년 후는 전혀 생각하지 않는 이가 많다."

- 이병철 -

## 업의 본질 이해가 변화의 출발점

이건희 회장이 신경영을 추진하면서 계열사 임원들에게 집요하게 요구한 것이 하나 있다. '업의 본질'에 대한 철저한 이해였다. 업의 본질을 모른다면 사업 성공의 필수 조건이 무엇인지 파악할 수 없으며 변화의 방향을 잡을 수 없다고 판단했기 때문이다.

1980년대 후반 이 회장은 호텔신라의 임원 한 사람에게 난데없이 "호텔업이 무엇이라 생각하느냐?"라는 질문을 던졌다. 그러자 그 임원은 "서비스업"이라고 답했다. 이 회장은 "다시 생각해보라"라며 숙제를 주었다.

이 회장의 주문에 따라 그 임원은 외국의 최고 호텔들을 연구했다. 그리고 과거와 다른 결론에 도달했다. 그는 이 회장에게 이렇게 보고했다. "입지에 따라 성패가 갈리고, 새 시설로 손님을 끌어야 하기에 부동산업과 장치 산업에 가깝습니다." 이 회장은 이 보고를 받고야 고개를 끄덕였다고 한다. 이 회장은 '업의 본질'이 파악되지 않으면 그 어떤 결정도 내리지 않았다고 전해진다.

업의 본질에 대한 집요함은 위대한 경영을 만들고 위대한 기업을 이루며 위대한 변화를 이끈다.

나는 최근 A+에셋의 업의 본질에 대한 새로운 시각을 갖게 되었다. 크게 금융업, 범위를 좁혀 보험업이라고 규정하는 것은 편협한 관점이다. "A+에셋은 고객의 삶과 다양한 서비스를 연결하여 행복을 창조하는 플랫폼 사업"이라는 새로운 정의를 내릴 수 있다. 이런 업의 본질 이해는 우리 회사의 목표이자, 변화의 방향으로 자리 잡고 있다.

## 변화를 이끌 사람을 키운다

1990년 이건희 회장은 삼성그룹의 글로벌 성장을 계획하면서 지역 전문가 제도를 전격적으로 도입했다. 지역 전문가로 뽑힌 임직원들이 아무런 조건 없이 원하는 국가에 1~2년 머물며 현지 언어와 문화를 익힐 수 있게 했다. 회사가 그동안의 급여와 현지 체류비를 지원했다. 조 단위의 투자가 들어가는 엄청난 인재 양성 프로젝트였다. 그 당시 삼성그룹 전체 매출이 30조 원에 미치지 못했던 것을 고려하면 이 회장이 이 일을 얼마나 중요하게 여겼는지를 알 수 있다.

그런데 지역 전문가 제도가 시작되던 당시 계열사의 사장들은 A급 인력을 외국으로 보내는 데 주저했다. 현장에서 중요한 일손을 빼내는 것을 꺼렸던 것이다. 임기가 3년 내외인 계열사 CEO들은 단기 성과를 더 중요하게 생각했고 우수한 인력을 보내지 않으려는 경향이 나타났다. 그러자 이건희 회장은 격노하며 사장들에게 크게 호통을 쳤다. "국제화, 국제화 하지만 국제화된 인력 없이는 아무것도 할 수 없다"라고 했다. 그리고 "이 일은 사장들이 직접 챙겨도 시원찮을 텐데 실무자들이 하고 있다. 대소완급(大小緩急)을 가리지 못한다"라고 다그치기도 했다. 실무진이 20여 명을 선발해 결재를 올리자 이 회장이 "아직도 내 말뜻을 못 알아듣느냐"라고 호통을 치며 200여 명을 보냈던 일이 전해진다. 이건희 회장은 눈앞의 일에만 급급하지 말고 미래를 내다보며 세계화된 인재를 양성할 것을 강하게 주문한 것이다. 인재 양성에 관한 이건희 회장의 고집은 삼성의 변화를 이끌 리더의 양성으로 이어졌다.

삼성그룹의 지역 전문가 프로그램은 30년 가까운 시간을 축적하며 전 세계 80여 국가에서 5천 명이 훨씬 넘는 글로벌 인재를 길러냈다. 그중에서 수많은 계열사 사장과 임원들이 배출되었다. 삼성그룹의 세계적 도약의 밑거름이 된 것이다. 2011년 세계적 경영 학술지 《하버드 비즈니스 리뷰》는 지역 전문가 제도를 "삼성이 글로벌 기업으로 빠르게 성공한 핵심 비결"이라고 평가하기도 했다.

이건희 회장의 미래를 내다보고 인재에 투자한 과감한 결정은 이병철 회장의 유지가 배경이 되었다. 이병철 회장은 자서전에서 "우리나라 사람 중에는 '10년 전에 무엇에 투자했더라면 부자가 되었을 텐데'

라고 후회하면서도 10년 후는 전혀 생각하지 않는 이가 많다"라고 꼬집었다. 과거에 얽매이고 미래를 생각하지 않는 태도를 비판한 것이다. 이병철 회장의 미래관과 인재관은 다음 세대로 이어져 삼성그룹 경영의 지침이자 기업 문화로 자리 잡았다.

## 삼성생명 혁신

삼성전자 혁신보다 덜 알려졌지만, 이건희 회장은 삼성생명의 혁신에 깊은 관심을 두고 과감한 변화를 요구한 적이 있다. 내가 삼성생명 임원으로 근무하던 시절 일선에서 추진했던 일이라 생생하게 기억하고 있다.

그 당시 일본의 한 중견 보험회사가 파산하는 충격적인 사건이 벌어졌다. 저금리 시대로 접어들자 고금리 상품을 운용했던 보험회사들이 큰 타격을 입은 것이다. 우리나라도 1990년대 말부터 금리가 계속 떨어지는 상황이었고, 삼성생명도 과거에 고금리로 판매한 상품들이 점점 부담으로 다가오던 시기였다. 이건희 회장은 당장 눈앞의 영업 실적에 신경 쓰지 말고, 외부 진단을 통해 철저하게 구조 개혁을 추진하라고 주문했다.

이런 위기의식 속에서 삼성생명은 컨설팅회사 맥킨지에 경영 자문을 맡겼다. 그때 서울사무소 대표이던 도미니크 바튼이 팀을 구성해 찾았다. 삼성생명의 현황을 파악한 컨설팅팀은 충격적인 진단 결과를 내놓았다. 삼성생명이 외형적으로는 건실하지만 저금리가 계속되면 심각한 위기에 봉착하게 되고, 전면적인 변화에 나서지 않을 경우 서서히 시장에서 경쟁력을 잃어가는 'Slow Death' 상태에 이르게 된다는 것이었다.

특히 맥킨지는 공유된 변화의 방향이 없는 게 치명적인 문제라고 진단했다. 회사의 현재 상황과 나아갈 방향에 대해 여러 층의 구성원에게 물었을 때, 최고경영진과 임원, 중간관리자, 일반 직원의 이야기가 제각각이었다는 것이다. 위기의식도 없이 어디로 가는지도 모르는, 마치 표류하는 배처럼 떠다니고 있다는 지적이었다.

맥킨지는 일상적 개선을 뛰어넘는 근본적인 변화를 강조했다. '변하지 않으면 죽는다'라는 절박한 심정으로 과거와 완벽한 단절을 이뤄 강력한 추진력을 발휘해야 성과를 이룰 수 있다고 말했다. 또한, 삼성생명이 변화에 유연하게 대응할 수 없을 정도로 비대해져 있다고 지적했다. 당시 설계사는 7만 명이었고, 임원 숫자도 많았다. 컨설팅 후 구조조정에 착수해서 설계사는 3~4만 명 정도로 조정했고, 임원의 40% 정도가 회사를 떠나는 등 전체적으로 인력 및 판매 채널의 약 40%를 떠나보내야 했다.

또한, 영업력의 손실을 감수한 채 확정금리 위주의 보험상품 구조를 금리연동형 중심으로 완전히 바꾸고, 현재의 이익보다 미래의 리스크를 더 중요하게 고려하는 경영 체질로 환골탈태했다. 그때 내가 곤혹스러운 변화를 이끌어야 했다. 대대적인 혁신을 시도한 끝에 삼성생명은 단단한 내실을 이룰 수 있었다.

이건희 회장이 주도하고 맥킨지의 자문을 받으며 내가 이끌었던 삼성생명 변화 과정의 교훈은 회사를 떠나 창업하고 경영을 하는 데도 큰 자산이 됐다. 무엇보다 조직의 변화를 이끌기 위해서는 조직 전체가 한 방향이어야 한다는 점을 늘 염두에 두게 되었다. 맥킨지가 강조한 회사의 일치된 방향성에 대한 메시지는 '착한 보험', '착한 마케팅'이라는 일관된 목표를 전 구성원이 공유하게 하는 데 힌트가 됐다. 그리고 지금은 플랫폼 기업으로 변신해나가는 데 조직의 힘을 모으고 있다.

## 선대 이병철 회장의 변화로부터 시작된 삼성

오늘날의 세계적 기업 삼성의 출발은 한 청년의 극적인 변화로부터 시작되었다. 이병철 회장의 출발은 화려하지 않았다. 흔히 그가 와세다대학 중퇴 후 귀국하여 부친의 도움으로 삼성을 창업한 것으로 알고 있으나, 그의 자서전《호암자전》을 보면 실제와 다르다. 이병철 회장

삼성그룹 창업주 이병철 회장이 1938년 세운 '삼성상회'. 현재 대구광역시 중구의 이 건물에서 청과물 · 건어물을 수출하고 국수를 만들어 팔던 가게로부터 삼성그룹의 역사가 시작되었다. 여기서 변화의 위대한 힘을 읽을 수 있다.

은 귀국 후 고향에서 요양한 후에 상경하고 거처를 잡았으나 2년여 동안 취직하지 못하고 방황했다고 한다. 다시 낙향했지만, 집안일에는 자기 역할이 필요한 부분이 없었고 소일로 시작한 농사나 양계에도 정을 붙이지 못했다. 그러다가 도박에 빠졌다. 밤늦게까지 도박판을 전전하다가 집으로 돌아오기 일쑤였다.

그러던 어느 날 밤이었다. 여느 때와 다름없이 한밤중에 집으로 돌아왔다. 그리고 집 문을 열었는데, 아이들의 곤히 잠든 모습이 은은한 달빛 아래 빛났다. 그 모습을 본 순간 이병철 회장은 한 대 맞은 듯 정신이 번쩍 들었다. 그 무렵 그는 26세로 네 아이의 아버지였다. 이 회장은 방탕하며 세월을 탕진한 자신을 꾸짖으며 무엇을 할지를 밤새워 고심했다. 독립운동, 관직, 사업 등을 떠올렸는데, 사업이 성격에 가장 맞으니 사업을 해야겠다고 결심했다.

그 이후 사업에 전념하면서 기업을 점차 키웠다. 전 세계를 호령하는 거대 기업 삼성도 한 청년의 변화를 향한 몸부림에서 비롯되었다. 이 대목에서 우리는 개인의 변화가 몰고 오는 거대한 영향력과 변화의 위대한 힘을 발견할 수 있다.[16]

이 책의 원고를 마무리하는 2021년 4월 말, 이건희 회장 사후 상속세와 경영권 승계에 관한 내용이 언론과 소셜미디어에서 뜨거운 화제가 되고 있다. 12조 원이 넘을 것으로 예상되는 상속세도 관심을 끌었지만, 유족이 시가 3조 원 규모의 미술품을 기증하기로 결정한 것이 뜻밖의 일이었다. 문재인 대통령도 이건희 회장 유족이 문화재와 미술품 2만 3천 점을 기증하기로 한 것에 대해 감사의 뜻을 전하며, "기증 정신을 잘 살려서 국민이 좋은 작품을 감상할 수 있도록 해야 한다. 별도 전시실을 마련하거나 특별관을 설치하는 방안을 검토하라"라고 지시했다고 한다.

나는 1992~1993년 삼성그룹 비서실 경영진단팀에 근무하면서 삼성그룹이 보유한 문화재와 미술품의 현황을 정리하고 관리하기 위해 3개월간 용인 창고에서 지냈던 적이 있다. 이때 마스크를 쓰지 않고 낡은 쇳덩이를 다루다가 '사르코이드증(Sarcoidosis)'이라는 희귀질환을 얻어 고생했다. 지금도 매년 그 여파로 병원을 찾는다. 그때 소장품 규모와 종류에 입이 떡 벌어질 만큼 감탄했다. 그리고 관리 방식과 체계로 볼 때, 개인 재산을 늘리는 것보다 적절한 때 사회에 환원하려는 의도가 있음을 짐작할 수 있었다.

상속세율, 경영권 승계 과정의 문제, 재산 사회 환원의 진정성 등에 대해 사람들의 의견이 엇갈리는데, 내가 한마디 더 보태고 싶은 생각은 없다. 이것은 이 책의 주제와도 관련이 없다. 하지만 한 가지 분명한 점은 있다. 절대빈곤의 시대 '사업보국(事業報國)'의 정신으로 창업하여 '재빠른 추격자'로 회사를 키우고 세계적 선도 기업으로 우뚝 선 삼성이 또 다른 변화의 물결에 올라탔다는 것이다.

반도체와 스마트폰 이후의 미래 전략과 함께 기업 경영에서도 사회와 공감하는 변신을 시도하고 있다고 본다. 끊임없는 변화를 통해 세계 최고 기업으로 성장한 삼성이 앞으로 어떻게 변화할지, 한때 적을 두었던 사람으로서 큰 기대를 품어본다.

# 나훈아 그리고 트로트

"이왕에 세월이 가는 거 우리가 끌려가면 안 됩니다.
우리가 세월의 모가지를 딱 비틀어서 끌고 가야 합니다."
- 나훈아 -

## 나훈아의 건재

2020년 추석은 여느 때와는 달리 활기가 없었다. "더도 말고 덜도 말고 한가위만 같아라"라는 옛말이 무색하게 느껴질 정도로 움츠러들었다. 위축된 경기에 코로나19까지 겹쳐 명절 분위기를 즐길 여유가 없었다. 그렇지만 위축된 명절에 작은 즐거움 하나는 있었다. 바로 나훈아였다.

KBS 2TV로 방송된 나훈아의 비대면 콘서트는 시름에 지친 사람들을 위한 소중한 위로와 휴식이 되었다. "역시 나훈아"라는 찬사가 이어졌다. 콘서트 방송 중 그가 던진 몇 마디 말을 두고 해석이 분분하기도 했다. 특히 철학자 소크라테스에게 삶과 세상의 부조리를 하소연하듯 부른 〈테스형!〉[17]은 장안의 화제가 되었다.

그런데 다른 성인(聖仁)과 철인(哲人)을 제쳐두고 왜 하필 소크라테스일까? 삶의 본질을 깨치려는 구도자적인 심경이 "너 자신을 알라"라고 일갈한 선각자(先覺者) 소크라테스에게 향한 것이 아닐까 생각해본다. 자기 자신을 들여다보는 것의 고통과 힘겨움을 경험한 노년의 예술가가 자기 삶의 의미와 세상을 사는 방법에 대해 투정하듯 물어보고 싶었을 것이다.

그렇다면 소크라테스는 무엇이라고 답했을까? 그가 생전에 가르친 대로 "진실하게, 아름답게, 보람 있게 살라"라고 권했을 터다. 소크라테스 당시 그리스 아테네는 형식적으로 민주주의와 법치를 내세웠지만, 무지몽매한 신화와 미신에서 벗어나지 못했다. 이런 현실에서 소크라테스는 이성과 인격을 회복할 것을 부르짖었다. 그는 아테네 시민에게 외쳤다. "아테네의 사랑하는 시민이여, 여러분은 가장 위대하고 지혜와 위력으로 명성을 자랑하면서, 될수록 돈이나 많이 모을 생각을 하고 또 이름이나 명예에만 관심이 쏠려서 지혜와 진리와 자기의 인격을 깨끗하게 하는 일에 대해서는 조금도 마음을 쓰려고 하지 않는 것을 부끄럽게 생각하지 않는가?"

그리고 감옥에서 독배를 마시기 전에 사랑하는 제자 플라톤에게 이렇게 말했다. "사는 것이 중요한 문제가 아니라, 바로 사는 것이 중요하다." 소크라테스는 자신의 도발적 가르침에 반발한 아테네 시민과 배심원에 의해 사형 판결을 받았지만, "악법도 법이다", "철학은 죽음의 연습이다"라며 이를 묵묵히 받아들였다.[18]

2020년 추석에 KBS 2TV를 통해 방영된 〈대한민국 어게인 나훈아〉에서 열창하는 나훈아

비극적 죽음 앞에서도 자신이 깨달은 진리를 끝까지 지킨 소크라테스. 그에게 내가 어떻게 살아야 하는지, 우리 사회가 어떻게 나아가야 하는지 질문하고 싶지 않았을까? "소크라테스하고 한나절을 보낼 수 있다면 애플이 가진 모든 기술을 주겠다"라고 한 스티브 잡스처럼 말이다.[19]

어쨌든 〈대한민국 어게인 나훈아〉를 통해 기성세대는 나훈아의 건재를 확인하며 추억에 젖었고, 젊은 세대는 지금껏 경험하지 못했던 새로운 음악 세계에 깊은 흥미를 느꼈다. 나도 그때 TV를 통해 나훈아 콘서트를 즐겼다. 그러면서 나훈아라는 탁월한 대중예술가이자 독특한 인물이 우리 시대에 던지는 도발적 질문을 두고두고 되씹었다.

## 변해야 할 것과 변하지 말아야 할 것

나훈아는 고집스러운 인물이다. 삼성이 움직이면 못 할 일이 없고 못 움직이는 사람이 없다는데, 그 삼성조차 나훈아의 뜻을 꺾지 못했다. 1990년 삼성의 고위 임원 파티 때 나훈아를 초대 가수로 불렀다. 출연료는 당시로서는 거액인 3천만 원을 제시했다. 노래 몇 곡에 이 정도면 만족하고 받아들일 만했지만, 나훈아는 단칼에 거절했다. 자신은 대중가수이기에 대중 앞에서만 노래를 부르지 모임에 불려 다니지 않는다는 이유였다. 그리고 굳이 자기 노래를 듣고 싶으면 콘서트장에 티켓을 끊고 오라고 했다. 가수들이 큰 명예로 여기는 평양 공연도 주저 없이 사양했다. 자유롭게 하고 싶은 대로 공연할 수 없기 때문이라고 했다.

콘서트를 열 때도 입장권 10만 원이 넘지 않아야 한다며 고집을 피웠다. 문턱을 낮추어 더 많은 사람이 즐길 수 있도록 한 것이다. 그는 공연장 좌석을 일일이 살펴보면서 무대가 잘 안 보이는 좌석은 아예 팔지 못하게 했다. 그리고 공연 석 달 전부터 공연장을 드나들며 집요하게 구상에 매달렸다.

꽤 오랜만의 무대인 2020년 추석 콘서트에서 나훈아는 조금도 변하지 않은 모습을 보여주었다. 대중예술가로서의 철학, 사소한 이익에 흔들리지 않는 대인배 기질과 호방한 풍모 그리고 구성진 창법과 열정은 그대로였다.

그런데 변함없는 나훈아로부터 극적인 변화를 읽을 수 있었다. 그가 곡을 쓰고 가사를 붙인 음악들은 더욱 다채롭고 풍요로웠다. 음악에 조예가 없는 나도 그것을 느낄 수 있었다. 그리고 그의 새 노래들은 이 시대의 애달픈 정서를 담았으며, 풍자와 저항을 드러내기도 했다.

나훈아는 변하지 않으면서도 변화를 이루었다. 나는 변화했다는 데 무게를 두고 싶다. 그는 타협할 수 없는 자기 원칙을 고수하면서도 청중과 팬을 위해 이 시대를 관통하는 음악을 새롭게 만들고 연주했다. 그 음악은 새로운 시대를 향한 새로운 울림을 담고 있었다. 그리고 변화된 모습으로 청중과 소통했다. 청중의 호흡을 느끼는 무대만을 원했던 나훈아도 비대면 영상 콘서트 방식을 잘 소화해냈다.

변해서는 안 될 것과 변해야 할 것을 구별하고 변화와 성장을 통해 감동을 만들어내는 나훈아는 위대한 대중예술가인 동시에 변화의 모범이다. 그로부터 변화를 배운다.

## 복고는 퇴행인가

2020년 대중음악계의 특징적인 흐름 중 하나는 트로트 열풍이라고 할 수 있다. TV조선에서 〈미스 트롯〉과 〈미스터 트롯〉이라는 경연 프로그램을 인기리에 방영하면서 그 불씨를 댕겼다. 이후 다른 방송사에서도 비슷한 모양새의 프로그램이 생겨났고, 여러 명의 트로트 스타들이 등장했다. 2021년 들어와서도 트로트의 인기는 계속되고 있다.

대중음악계의 주 소비층은 10대 청소년이다. 그래서 이들의 선호를 따르는 음악 장르가 주류를 이룬다. 그러면서 중장년층의 취향은 뒷자리로 밀려났다. 트로트는 과거의 영예를 내려놓고 마이너 시장을 형성하게 되었다. 그러다가 다시 트로트의 전성시대가 왔다.

이처럼 과거 유행을 되살린 것을 '복고(復古)'라 한다. 사전에서 복고를 찾아보면 "과거의 모양, 정치, 사상, 제도, 풍습 따위로 돌아감"이라고 나와 있다. 그래서 어떤 이는 복고를 퇴행이라며 얕잡아본다. 이미 지나간 것을 향한 추억에 매달리면 변화와 성장을 이룰 수 없다고도 한다. 이들의 말처럼 복고는 퇴행일까? 그렇지 않다. 복고는 '과거로 돌아가는 것' 그 자체다. 상황에 따라 다르다. 현재가 과거보다 못하다면 과거로 돌아가는 것이 긍정적 변화가 될 수 있다.

그리고 중요한 한 가지를 짚어야겠다. 수많은 유행이 교차하는 현대 사회에서 복고는 어느 날 우연히 일어나지 않는다. 그 속에는 피땀이 들어 있다. 트로트를 예로 들자면 요즘 노래에 짜증이 난 중장년들이 갑자기 트로트를 찾기 시작하여 열풍이 분 것이 아니다. 트로트 세계에서 엄청난 변화와 성장이 있었고, 요즘 음악과 겨룰 만한 경쟁력을 갖추게 되면서 다시 떠오른 것이라 할 수 있다.

트로트 장르 자체가 발전했으며, 젊고 실력 있는 가수들이 그 세계로 뛰어들어 변화를 촉진했다. 중장년층의 향수나 방송 프로그램은 그 변화를 담은 그릇 역할이었다. 요컨대 복고는 과거의 옷을 입은 새로움과 변화다.

## 뉴트로에 주목하라

경쟁이 치열한 현대 사회에서 복고가 단순한 과거 회귀일 수 없다는 점을 잘 드러내는 단어가 '뉴트로(Newtro)'다. 복고풍을 뜻하는 'Retro' 앞에 새로움의 'New'를 붙여서 만든 신조어다. 번역하자면 '새로운 복고풍'이다.

예를 하나 보자. 요즘 인기 있는 소주가 '진로(이즈백)'라고 한다. 옛 브랜드와 병 디자인을 거의 그대로 사용한다. 하지만 이것은 과거 '진로'와는 완전히 다른 상품이다. 옛 느낌을 살렸을 뿐이다. 맛과 알코올 도수 등은 현대인의 기호를 따른다. 옛것이지만 새롭다. 이런 제품에 '레트로'라는 말을 붙이는 것이다.

'과거'와 '새로움'이라는 전혀 어울리지 않는 두 단어의 조합은 변화에 대한 흥미로운 관점 두 가지를 제공한다.

**첫째, 우리는 변화의 수단으로 과거를 적절히 활용할 수 있다.** 과거가 본질이 되어서는 안 되지만, 과거의 모양, 이미지를 끌어와서 새로움을 창조할 수 있다. 이런 방식은 기성세대에게는 추억을 불러일으키며 친근감을 형성하고, 젊은 세대에게는 지금껏 경험해보지 못한 낯설고 새로움을 선사한다. 신상품이든 마케팅 방식이든 과거와 현대성을 창의적으로 잇는 시도는 색다른 결과를 낳는다. 요즘 젊은이들이 옛날 밀가루 브랜드 '곰표' 패딩을 입고 맥주를 즐겨 마시는 데서 힌트를 얻어야 할 것이다.

**둘째, 변하지 않고 살아남은 것은 없다는 사실을 확인시켜준다.** 우리는 때로 변화에 현기증을 느낀다. 변화는 두렵고 힘든 것이다. 현재 상태를 유지하고자 하는 것이 자연스러운 본능이다. 그래서 과거를 불러들이곤 한다. 하지만 내가 불러들인 과거는 더는 과거가 아니다. 과거의 껍데기를 두르고 있을 뿐 알맹이는 새로운 것들이다.

한국관광공사+이날치+앰비규어스댄스컴퍼니, 〈범 내려온다〉, 한국관광공사 해외 홍보 영상[20]

나훈아도 트로트도 그 본질은 과거의 것이 아니다. 치열하게 변화한 새로운 존재다. 그래서 더욱 아름답다. 과거를 되살리고 싶다면 변화를 거부해서는 안 된다. 변화야말로 과거의 소중한 가치를 현대로 이어가는 유일한 길이기 때문이다.

나훈아의 〈테스형!〉 못지않은 또 하나의 피눈물 나는 노력의 산물이 있다. 바로 앰비규어스댄스컴퍼니 소속 이날치의 〈범 내려온다〉라는 막춤 혼합 판소리다. 정장에 고무신을 신고 머리엔 갓을 쓴 무용수들이 이날치의 〈범 내려온다〉에 맞춰 신나게 스텝을 밟는 장면은 매우 특이하다. 막춤인지, 난해한 현대 무용인지, 정체를 알 수 없는 이들의 몸짓 뒤로 덕수궁, 자하문터널, DDP 등 한국의 관광 명소들이 스쳐 지나간다.

2019년 여름 한국관광공사가 해외 홍보용으로 제작한 〈한국의 리듬을 느끼세요(Feel the Rhythm of Korea)〉 영상은 그저 한국 홍보 캠페인 중

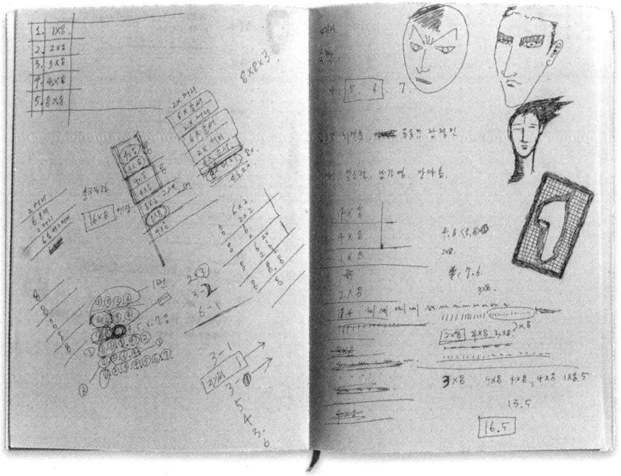

앰비규어스 김보람 감독의 안무 노트

하나인데도 소셜미디어에서 뜨거운 화제를 모았다. 이날치 밴드가 노래를 부르고 앰비규어스댄스컴퍼니가 춤을 춘 이 동영상은 전 세계에서 합산 조회 수 3억 회를 기록했다. "K팝 아이돌보다 신선하다"라는 해외 팬들의 찬사가 줄을 잇고, '21세기 도깨비'라는 별명도 붙었다. 덩달아 이날치밴드가 부른 〈범 내려온다〉도 2021년 4월 말 현재 조회가 4,800만 회를 넘었다.

늙은 세대의 유물인 줄만 알았던 판소리가 대한민국 젊은이들 사이에서 가장 핫한 인기 음악이 될 줄 누가 알았겠는가? 더 나아가 글로벌한 공감을 불러낼 줄 누가 알았겠는가?

# 우리가 하지 못하면 누가 하겠는가

"할 수 있거든이 무슨 말이냐
믿는 자에게는 능히 하지 못할 일이 없느니라"
- 마가복음 9장 23절 -

## 위기에 강한 민족

코로나19 대유행 이후 한국 정부가 감염병 확산 방지와 위축된 경기 부양에 효과적으로 대응했는지에 대해 의견이 분분하다. 어떤 이들은 'K방역'이라는 이름을 붙여가며 정부 정책이 세계적 유례없이 효과적이라고 찬사를 보낸다. 또 어떤 이들은 초기 유입원 차단이나 마스크 공급, 백신 확보 등에서 정부가 제대로 대처하지 못해 상황을 악화시켰다며 신랄하게 비판한다.

그런데 의견이 일치하는 점도 있다. 의료진을 비롯한 국민 전체가 묵묵히 인내하며 통제를 따라주었기에 국제적으로 개방되고 인구밀도가 높은 우리나라의 특성에도 피해가 적었다는 사실이다. 물론 일부의 일탈이 있었지만, 전반적으로 볼 때 뛰어난 공동체 의식과 헌신성을 보여주었음을 부정할 수 없다.

스페인에서는 의료진이 코로나 중환자를 버려두고 병원에서 도망치는 일이 일어났다. 그러나 한국의 의사, 간호사 등 의료진은 위험을 감수하고 자발적으로 환자 곁으로 다가섰다. 자원봉사에 나선 이들도 적지 않았다. 사소하면서도 효과적인 대비책인 마스크 잘 쓰기는 한국에서는 상식이다. 거리나 공공장소, 지하철과 버스 안에서 마스크를 쓰지 않은 사람을 찾아보기 어렵다. 그런 사람이 발견된다면 주변에서 제지하거나 신고하는 게 보통이다.

음식점, 커피숍, 헬스클럽 등은 손실에 따른 보상이 없음에도 영업중단이나 영업시간과 방문객 제한 같은 가혹한 통제를 잘 따라주었다. 그렇지 않아도 수익성이 낮은 한국 자영업의 현실을 고려하면 기적 같은 일이 아닐 수 없다. 종교 집회를 매개로 한 확산이 일어나 비난을 받은 일도 있지만, 대부분 교회나 성당은 온라인 예배로 전환하는 등 방역 수칙을 준수했다. 한국 기독교인은 포탄이 쏟아지는 전쟁 때도 일요일에 교회에서 예배하는 데 목숨을 걸었는데, 영상을 통한 예배라는 낯선 방식을 기꺼이 받아들였다.

이 외에도 양보하며 수준 높은 시민의식을 발휘한 사례는 수없이 많다. 그런데 이 현상을 두고 유교 전통이 강하고 일제강점기와 권위주의 정부를 경험했으며 자유주의 정서가 약한 특징 때문에 우리가 통제에 잘 따른다고 폄훼하는 사람들도 있다. 여기에 동의할 수 없다. 한국의 민주주의 수준을 망각한 자학일 뿐이다. 앞서서 이끄는 정부와 정치권이 어떠하든, 국민 전체의 성숙한 대처와 노력을 통해 코로나19 위기를 성공적으로 극복하리라 의심치 않는다. 그리고 이 과정에서 우리는 세계를 향한 자신감을 갖게 될 것이다.

## 우리만 모르는 한국

미국 출신 학자로 한국에서 주로 활동해온 임마누엘 페스트라이쉬는 한국인은 자신의 가치를 잘 알지 못한다고 말한다. 그러면서 대한민국은 이미 선진국이니 자신감을 품고 당당히 세계 속으로 나아가라고 역설한다.[21]

사실, 한국에 대한 이런 시각은 오래전부터 광범위하게 제기된 것이다. 몇 년 전 외교 전문지 《포린폴리시》는 특집기사에서 '2040년경 세계를 주도할 4개 나라'를 발표하고, 그 나라의 머리글자를 따서 'GUTS'라 명명한 바 있다. 그 4개 나라는 독일(Germany), 미국(USA), 터키(Turkey), 한국(South Korea)이다. 그리고 한국이 세계를 주도하는 나라가 되는 이유 다섯 가지를 들었는데, 그 내용이 무척 흥미롭다.

첫째, 자원이라고는 사람밖에 없으나 그 사람이 특별하다. 총명하고, 부지런하고, 열정이 많다는 것이다. 미국 일간지 《시카고 트리뷴》이 20년 전 미국에 사는 소수민족의 평균 지능을 발표했는데, 한국인의 IQ가 105로 유대인의 97을 압도했다. 또한 '죽기 아니면 까무러치기' 식의 열정이 넘치는 사람들이라는 점도 꼽았다.

둘째, 세계 어느 나라와도 비교할 수 없는 교육열이다. 특히 부모의 희생을 바탕으로 한 교육 열기가 높다는 점이다. 유네스코 통계에 따르면 한국의 해외 유학생 수는 중국, 인도에 이어 3위를 차지할 정도다.

셋째, 기술 국가 대한민국이다. 반도체, 전자, 조선, 철강, 자동차, 원자력 등 여러 산업에서 우수한 기술력을 자랑한다. 또한 세종대왕 때 만든 '신기전'을 예로 들며 세계 최초로 미사일을 만든 나라라는 설명도 덧붙였다. 현재 한국의 미사일 기술도 500km라는 거리 제한이 있으나, 세계 최고의 정교함을 자랑하고 있다.

넷째, 700만 해외동포 네크워크다. 현재 전 세계 186개국에 펴져 있다. 중국의 해외동포가 5천만 명이지만, 그 나라 수는 180개국으로 오히려 한국의 네트워크가 더 넓다. 이 해외동포 네트워크가 한국이 세계 강대국으로 가는 길을 뒷받침하는 연결망이 될 것이다.

다섯째, 개신교의 역할이다. 한국이 100년 만에 이렇게 발전한 것은 한국 개신교의 역할도 컸다. 개신교는 학교나 병원 등을 세워 문맹을 퇴치하고, 여성의 역할을 신장시키는 등 한국의 근대화에 큰 공헌을 했다.

국내보다 해외에서 우리에 대한 평가가 더 후하다. 그리고 대한민국은 그 평가와 기대 이상의 성장을 보여주고 있다. 한국에 정통한 저널리스트 마이클 브린은 "이 나라는 환상적이다. 제3세계를 예상하고 왔는데 그저 놀라울 뿐이다"라며 극찬을 아끼지 않는다. 그는 자신의 책을 통해 한국의 흥미로운 저력을 소개했다. 몇 가지를 옮겨보겠다.

- 평균 IQ 105를 넘는 유일한 나라
- 평균 일하는 시간 세계 2위, 노는 시간도 세계 3위인 잠 없는 나라

- 문맹률 1% 미만인 유일한 나라
- 미국과 제대로 전쟁을 치를 때 3일 이상 버틸 수 있는 8개국 중 하나
- 노약자 보호석이 있는 5개국 중 하나
- 경제 대국 일본을 발톱 사이의 때만큼도 여기지 않는 나라
- 음악 수준이 가장 빠르게 발전
- 지하철 평가 세계 1위로 청결함과 편리함이 최고
- 세계 봉사국 순위 4위
- 세계 3개 국가가 공식 문자로 사용하는 한글을 가진 나라
- 최단기간에 IMF 극복해 세계를 경악시킴
- 세계 10대 거대 도시 서울 보유
- 유대인을 게으름뱅이로 보이게 하는 유일한 민족[22]

## 우리가 진정으로 변화한다면

대한민국은 제2차 세계대전 이후 독립한 나라 가운데 가장 빠른 기간에 산업화와 민주화를 동시에 이룩한 나라다. 세계사에 유례가 없는 변화와 성장을 이루었다. 전후 아프리카 최빈국과 똑같은 수준이던 비참함을 딛고 세계의 주역으로 우뚝 섰다. 세계가 대한민국을 인정하고 부러워한다. 그러나 정작 우리는 그 부러움에 걸맞은 행복을 누리지 못하고 산다. 우울하고 의기소침하다. 자살률과 노인빈곤률이 OECD 국가 중 1위라는 오명도 안고 있다. 발목에 족쇄를 찬 채 더는 도약하지

못하고 있다. 과거와는 다른 새로운 변화를 생각해야 할 때다.

우리의 성장을 방해하는 올무에서 벗어나야 한다. 저출산과 저성장, 무기력을 극복하며 또 다른 변화에 나서야 한다. 위기는 변화를 멈출 핑계가 되지 않는다. 위기야말로 변화의 기회다. 병든 사람에게 통증은 병의 증세이기도 하지만, 빨리 이 병을 치료하라고 몸이 주는 신호다. 통증은 치유의 기회인 셈이다. 위기도 마찬가지다. 변화를 통해 다시 일어설 기회의 장으로 삼아야 한다.

코로나19도 기회로 활용해야 한다. 그 고통과 불행의 대가를 탕진해서는 안 된다. 나는 작은 영역에서 코로나19 상황을 역이용할 방안을 궁리하며 추진하고 있다. 여행에 관한 것이다. 코로나19가 터지기 전 한국인의 해외여행은 과하다 싶을 정도였다. 여행수지가 엄청난 적자를 기록했다. 이번 참에 외국으로만 눈을 돌렸던 것을 반성하고 국내의 의미 있는 장소를 발굴하고 소개하는 게 효과적이라 보았다.

전라남도 강진군의 다신초당 같이 한국적 정취와 문화적 스토리가 있는 곳도 좋고, 최재천 교수가 제안했듯 생태 환경을 환기하는 식물원도 의미 있을 것이다. 이런 국내 여행을 계열사 A+라이프의 상조 서비스와 연계하는 프로그램을 도입했다. 방역 지침을 철저히 지킨다면 위험이 줄어들 것이다. 비록 미미한 실천이지만 개인 단위로, 회사 단위로 위기를 넘어서려는 노력이 쌓인다면 바람직한 변화를 이룰 수 있을 것이라 믿는다.

최근에 안타까운 것은 우리를 일어서게 한 원동력인 열정과 도전정신이 사라지고 안정과 편안함만을 추구하는 보신주의가 횡행하는 현실이다. 이 자리를 포퓰리즘이 파고든다. 나라가 빚을 내어 돈을 나누어준다는 희한한 발상이 지지 받는 세태를 마주하고 있다.

하버드대학교의 케네스 로고프와 카르멘 라인하트 교수는 지난 800여 년간의 경제사에서 전 세계 60여 나라의 방대한 데이터를 모았다. 이를 바탕으로 호황과 불황의 흐름을 분석했다. 그 결과 의미 있는 결론에 도달했다. 과도한 부채는 결국 패망으로 이어진다는 사실이다. 비록 부채를 통해 호황을 누리더라도 그 끝은 항상 금융위기였다. "이번에는 다르다", "우리는 다르다"라고 주장하지만, 그것은 착각일 뿐이었다.[23] 역사의 교훈을 되짚어야 한다. 우리가 패배주의에 빠져 위험천만한 부채의 불길 속으로 짚을 메고 들어가고 있지 않은지 경계하고 또 경계해야 할 것이다.

최근 김진홍 목사의 〈통일 한국, 선교 한국〉이라는 설교를 들으며 한 사람의 기독교인으로서 가슴 벅참을 느꼈다. 대한민국도 전 국민이 공유할 변화의 비전이 필요하다. 왜 변화해야 하며, 어떻게 변화해야 하는지, 변화를 통해 무엇을 이룰 것인지를 선명하게 제시하는 리더십이 요구된다.

이제 새로운 변화에 나서야 한다. 가정에서, 학교에서, 회사에서, 정부 조직과 정치권에서 변화의 불길이 일어나야 한다. 내가 먼저 변화해야 한다. 더 나아가 변화의 리더가 되어야 한다. 변화하지 않으면 죽는다는 결기를 품고 앞서서 변화를 이끌어야 한다. "내가 물러서면 나를 쏴라"[24]라는 불굴의 의지로 변화에 나서야 한다.

그러면 세계가 다시 한번 놀랄 멋진 일이 일어날 것이다. 우리 특유의 저력과 장점이 다시 만개할 것이다. 우리가 못할 게 무엇이겠는가.

# 한국의 아마존

"로마가 전성기였을 때 모든 길은 로마로 통한다고 했던 것처럼
이제 모든 길은 플랫폼으로 통한다."
- 이동우(도서평론가) -

## 플랫폼 기업

누군가가 A+에셋그룹의 변화 방향에 대해 질문하면 나는 주저 없이 '플랫폼 기업'이라고 대답한다. 플랫폼이 현대 비즈니스의 지향점이며 우리의 축적된 역량을 가장 잘 발휘할 분야이기 때문이다. 나와 우리 회사 임직원들, 설계사들은 숱한 연구와 토의를 거치며 플랫폼 기업으로 뜻을 모았고, 차근차근 실행에 돌입하고 있다.

앞에서 시가총액 순위를 기준으로 미국과 한국 기업의 판도 변화에 대해 다루었다. 이때 미국에서 가장 규모가 큰 회사들이 대부분 플랫폼 기업들이며, 이런 변화가 우리나라에도 가시화되고 있음을 확인

했다.

플랫폼은 버스나 기차를 타고 내리는 연결 지점을 의미하며, 플랫폼 비즈니스는 연결을 통해 수익을 창출하는 새로운 모델이다. 인터넷 시대로 접어들면서 가치의 중심이 '물질'에서 '정보'로 변화했으며, 이 현상은 스마트폰이 만들어낸 모바일 환경에서 더욱 속도를 높이고 있다. 이제 제품이나 서비스 자체의 생산과 판매가 아니라 '연결을 판매'하는 것이 최고의 가치를 지니게 되었다. 즉, 정보를 연결함으로써 수입을 창출하는 기업이 주도권을 잡는다.

한국의 대표적 플랫폼 기업 카카오를 생각해보자. 카카오는 2010년부터 6년 동안 한 푼의 수익 없이 무료 메신저 서비스를 제공해왔다. 그러면서 수많은 사용자를 모으고 그들에게 편리함을 제공하면서 신뢰를 얻었다. 방대한 고객 기반이 형성된 상태에서 수많은 사업자가 모여들었다. 그들이 고객에게 다양한 상품과 운송 서비스 등을 팔도록 연결하며 그 대가로 엄청난 수익을 올리게 되었다. 물론 게임이나 캐릭터 등 부가가치가 큰 영역에서는 직접 사업을 펼치고 있다.

## 정보 큐레이터

플랫폼 기업은 한편으로는 정보 큐레이터의 기능을 담당한다. 현대인은 정보의 홍수 속에 산다. 시장 정보도 상품 정보도 각종 뉴스도 넘쳐난다. 하지만 아이러니하게도 의미 있는 정보에 더 목마르다. "홍수 때 가장 부족한 것이 물"이라는 말이 있듯 진짜와 가짜, 좋은 것과 나쁜 것, 가치 있는 것과 쓰레기를 구별하지 못하고 정보 더미에 파묻히고 있다.

이런 환경에서 정보 큐레이터의 역할이 중요하다. 정보를 수집하고 정돈하고 정리하여 광범위한 데이터 체계를 구축하고 정보를 원하는 사람의 상황과 요구에 적합하도록 선별하여 제공하는 일이 긴요하다는 뜻이다. 이런 정보는 고객 친화적이며 주제별로 짜임새가 있고 연계성과 연관성을 갖추고 있다. 정보 큐레이터가 적절한 정보를 제공하고 제안하며 설득하고 의사결정을 돕는 기능을 충실하게 할 때 고객은 시간을 효율적으로 활용하고 합리적 의사결정을 할 수 있다.

나는 A+에셋의 설계사들이 금융 분야에서 정보 큐레이터의 역할을 충실히 감당하는 데 회사의 미래 전략과 교육의 방점을 두고 있다. 범람하는 정보 속에서 고객에게 최적의 정보를 골라주는 것이야말로 A+에셋의 주된 역할이 되어야 할 것이다.

## 본질은 사람과 연결

플랫폼이라고 하면 흔히 첨단 IT 기업을 떠올린다. 그래서 우리 회사의 업이 플랫폼과 어떻게 연관되는지 의아해하기도 한다. 물론 플랫폼 기업은 기술 역량을 요구받는다. 방대한 정보인 빅데이터를 처리하면서 효율적으로 정보를 연결하기 위해 인공지능 같은 4차 산업혁명 기술이 요구되기 때문이다.

그런데 플랫폼 기업은 첨단 기술 자체보다 고객의 구체적 삶에 관심을 갖는다. 아마존은 여전히 소매업이 사업의 중심이다. 우버는 '운송'이라는 전통적 서비스를 현대적으로 연결하는 기능이다. 또한, 구글은 정보 제공을, 페이스북은 소통을 매개하는 데 집중한다. 이 두 기업의 수익 원천은 과거부터 존재하던 '광고'다.

기술이 엄청나게 바뀐 것에 비교하면 사람이 살아가며 행복을 느끼는 방식은 크게 변하지 않았다. 맛있는 음식을 먹고 근사한 옷을 입으며 편안하게 지내는 것을 즐긴다. 그리고 친구들과 격의 없이 대화하고 멋진 곳을 여행하는 데도 관심이 많다. 예나 다름없이 돈을 벌고 싶어 한다.

플랫폼 기업은 늘 존재해온 사람들의 요구를 과거와 다른 방식으로, 더 빠르고 효율적으로, 광범위한 정보를 통해 충족시키는 일을 한다. 기술은 이를 위해 필요한 수단이다. 본질은 고객이며 연결이다.

## 레모네이드 모델

거듭 강조하지만, 오래된 산업 분야일수록 플랫폼의 주된 영역이 될 가능성이 크다. 긴 역사는 그 상품이나 서비스가 고객의 삶과 깊이 연관되어 있음을 드러낸다. 인류의 가장 위대한 발명품으로 꼽히는 보험도 마찬가지다. 이 전통적인 상품을 새롭게 연결하는 방식을 적용하는 것이 혁신의 과제일 것이다. 나는 미국의 P2P 보험사 레모네이드(Lemonade)에서 하나의 방향을 발견했다.

레모네이드의 사업 모델은 보험업의 근원적인 딜레마에서 출발한

레모네이드 애플리케이션 화면

다. 가입자는 보험료는 최대한 적게 내고 보험금은 많이 받으려 한다. 반대로 보험사는 보험료는 많이 받으면서 보험금은 적게 주려 하는 이해 상충에 처한다. 이 과정에서 가입자가 손실을 부풀리거나 조작하는 보험 사기 등 도덕적 해이와 질병이나 사고 가능성이 큰 사람이 보험에 가입하는 역선택 문제도 생길 수 있다. 이 문제를 P2P와 인공지능으로 해결하고자 한 것이다.

레모네이드는 까다로웠던 보험 가입을 모바일로 90초 만에 처리하도록 했다. 고객이 설계사를 만나던 기존 방식을 모바일 앱으로 대체했다. 앱이 제시하는 몇 가지 질문에 답하면 즉시 가입할 수 있다.

이때 생길 수 있는 도덕적 해이는 P2P 방식으로 해결했다. 같은 이해관계를 가진 가입자들을 하나의 그룹으로 묶어 가입자 중 누군가가 손실이 발생하면 함께 낸 보험료에서 손실을 충당하는 식이다.

레모네이드는 이러한 과정에서 보험료와 보험금을 산정하는 역할을 하고 플랫폼 이용료로 총 보험료의 20%를 받는다. 나머지 80% 중 40%는 보험금 지급용으로 적립하고 40%는 재보험에 가입하며 그중 운용수익이 남으면 보험료를 할인하거나 사회단체에 기부한다.

레모네이드는 골치 아픈 보험 업무를 처리하는 데 첨단 기술을 적절히 활용한다. '마야'라는 인공지능을 이용하는데 관련 증명 자료를 통해 보험 사기 여부, 보험금 산정액수를 판단하며 24시간 상담도 수행한다. 마야를 통해 보험금 지급액을 산정하고 가입자 계좌로 보내는 시간은 3분 정도라고 한다.

레모네이드는 큰 성공을 거두었다. 2020년 7월 2일 뉴욕증권거래소에 상장했는데, 공모가 29달러가 상장 첫날 69.4달러로 오르며 139.34% 상승률을 기록했다. 소프트뱅크의 손정의 회장도 레모네이드에 3억 달러를 투자하여 높은 수익을 올렸다고 알려진다.

A+에셋은 레모네이드의 P2P 모델을 응용하고자 시도했다. 충성도 높은 고객을 대상으로 오더 메이드 형태의 P2P 보험을 검토했다. 법률과 규제의 높은 문턱을 넘지 못했지만, 연결을 통해 새로운 고객 가치를 창조하고자 하는 노력은 조금도 훼손되지 않았다. 한국의 제도와 상황에 맞는 새로운 모델을 만들어나갈 것이다.

## 토털 라이프케어 원스톱 플랫폼

단순하게 정리하자면 플랫폼 기업에 필요한 것은 콘텐츠와 사람이다. 달리 말하면 정보와 고객이다. 많으면 많을수록 좋다. 이를 기반으로 무수한 연결을 만들어야 하기 때문이다. 빠르고 효과적인 연결을 위한 기술력도 필수다.

A+에셋이 훌륭한 플랫폼을 구축할 수 있는 이유가 여기에 있다. 우리 그룹의 사업은 금융, 헬스케어, 실버케어 등 삶의 전 영역에 걸쳐 있다. 이들 분야에서 방대하면서도 효과적인 연결을 제공할 역량과 네트워크를 갖추었다. 정보 큐레이터의 역할을 담당할 훈련된 구성원들, 보장 분석을 위한 보플, 건강관리를 위한 위플 등 빅데이터와 인공지능 기반의 앱을 활용하는 기술력도 있다.

A+에셋은 고객과 정보 기반이 풍부하고 튼튼하다. 마케팅 활용 동의를 받아 취득한 100만 명 이상의 고객 정보와 200만 건 가까운 계약 정보를 확보하고 있다. 기꺼이 소중한 정보를 내어준 고객은 우리를 깊이 신뢰하며 높은 충성도를 가지고 있다. 이들 고객을 연관 분야와 연결함으로써 금융, 건강, 노후 관련 서비스를 펼치는 '토털 라이프케어 원스톱 플랫폼(Total Life Care One Stop Platform)'으로 확장하고자 한다.

A+에셋에서는 세계 최고의 플랫폼 기업으로 꼽히는 아마존을 집중적으로 공부한다. 우리가 연구한 결과에 따르면 아마존이 미래 유망 사업으로 꼽은 분야는 헬스케어, 보험, 부동산, 은행(저축과 대출), 노후 서비스 등이다.

CEO 제프 베조스가 2019년 보낸 주주 서한에서 최첨단 기술인 파이어폰(Fire Phone: 3D 인식 기술로 상품을 찍으면 곧바로 아마존 전자상거래로 구매 연결되는 시스템)의 실패를 인정하며 앞으로의 새로운 사업 분야로 헬스케어와 보험을 든 것은 시사하는 바 크다.[25] 아마존은 전자상거래를 기반으로 보험 등 금융, 헬스케어, 식품, 패션 등 고객의 삶 전체를 아우르는 기업을 지향하고 있다. A+에셋과 사업 분야가 겹치고 목표도 비슷하다.

A+에셋그룹은 한국의 아마존이 될 것이다. 플랫폼이라는 방식과 고객의 삶 전체에 걸친 서비스라는 사업 분야가 똑같다. 하지만 A+에셋만의 차별성을 갖출 것이다. 자격은 충분하다. 우리는 온라인의 효율성과 오프라인의 신뢰를 모두 갖춘 매우 드문 기업이다. 양 중심의 빅데이터뿐만 아니라 정제되고 질적으로 충실한 정보를 모두 보유하고 있다.

아마존은 이익 최우선 관점에서 잔혹하고 비인간적인 경영을 펼친다는 혹평도 받고 있다. A+에셋은 절대 이 부분은 벤치마킹하지 않을 것이다. 그 대신 '착한 경영'의 철학을 끝까지 고수할 것이다. 한국의 아마존, 착한 플랫폼을 향한 A+에셋의 변화와 도전은 이미 시작되었다. 독자 여러분은 그 결과를 기대하셔도 좋다.

# 3

# 변화하라, 성장하라

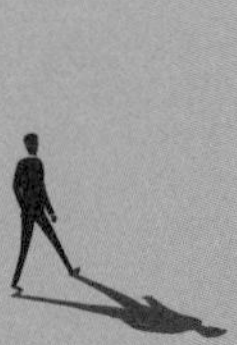

생각을 바꾸라 | 변화는 용기 있는 실천 | 변화는 성장이다 | 공부해야 성장한다 | 열정, 변화를 향한 몸부림 | 변화의 리더가 돼라 | 이 시대가 리더에게 원하는 것

# 생각을 바꾸라

"세상 사람들은 자기가 좋아하는 것은 신기하다 하고,
싫어하는 것은 썩었다 한다.
그러나 썩은 것이 다시 변하여 신기한 것이 되고,
신기한 것이 변하여 썩은 것이 된다."
- 장자(莊子) -

## 변화의 흐름에서 소외된다면

몇 해 전, 가족들과 캐나다 밴쿠버로 여행을 갔다. 국경을 넘어 시애틀로 쉽게 이동할 수 있다고 해서 이곳도 둘러보기로 했다. 시애틀에는 미국의 혁신적인 기업 본사들이 꽤 많이 모여 있다. 아마존과 마이크로소프트, 스타벅스 등 유명한 기업들이 즐비하다. 그사이에 백종원 씨가 운영하는 프랜차이즈 한신포차가 있었던 게 이색적이었다.

아마존의 오프라인 상점에 갔다. 따로 계산대에서 값을 치르지 않아도 내가 매장에서 산 물건들이 자동으로 결제되는 방식을 도입하고 있었다. 마이크로소프트 본사에서는 더 기막힌 경험을 했다. 사람의 얼굴을 자동으로 인식하는 시스템이었다. 내가 누구를 닮았는지를 찾아 결과를 알려주었다. 주로 유명인과의 유사성을 찾아냈다. 나는 일본의 한 탤런트와 좀 닮았다고 했다. 그런데 우리 두 아들은 국가대표 축구 선수인 곽태휘와 각각 36%, 32% 닮았다고 나왔다. 할아버지가 같을 때 이 정도 결과가 나온다는 설명이었다. 이것은 사실이다. 곽태휘는 내 조카다. 그러니까 우리 두 아들과는 같은 증조할아버지를 둔 6촌 간이다. 정교한 카메라, 인공지능과 빅데이터를 활용한 분석 시스템이 친족 관계까지 알아낼 수 있다는 사실을 직접 경험하고는 깜짝 놀랄 수밖에 없었다. 소름이 끼쳤다. 회사 경영을 하는 사람으로서 반드시 도입 방향을 찾아야겠다는 절실함이 생겼다.

아마존이나 마이크로소프트 같은 세계적인 기술을 보유한 대기업만 변화의 물결에 올라탄 것은 아니다. 우리 삶의 거의 모든 분야가 변화를 겪고 있다. 고향에서 농사를 짓는 조카가 있다. GAP(Good Agricultural Practices) 인증을 받은 유기농 토마토를 키우고 있다. 이 인증은 농산물의 생산, 수확, 사후 관리, 유통의 각 단계에서 오염 물질을 최소화해야 한다. 어느 날 나는 어릴 때 살던 왜관읍의 고향을 찾았다. 조카가 반갑게 나를 맞이했다. 토마토를 기르는 비닐하우스에 가보았다. 내가 생각한 비닐하우스가 아니라 투명 재질로 지어진 제법 큰 건물이었다. 태풍이 와도 끄떡없을 정도로 튼튼했다. 드론이 날아다니며 생육 상황을 점검하고, 인공지능 제어로 비닐하우스 안의 일조량, 온도, 습도 등을 조절한다고 했다.

그런데 이렇게 자동화된 환경에서 어떻게 농약 없이 토마토를 재배할 수 있는지 궁금증이 생겼다. 그러자 조카가 또 다른 장소로 안내

했다. 그 자리에는 담배가 심겨 있었다. 큰 해충들이 가장 좋아하는 게 담뱃잎이라고 한다. 그래서 해충들은 토마토는 건드리지 않고 담뱃잎으로 모여든다. 그리고 이 큰 해충들이 토마토밭의 작은 해충들을 모두 잡아먹기에 병충해를 획기적으로 줄일 수 있다고 한다. 변화의 물결은 가장 전통적인 분야인 농업, 그것도 유기농업에까지 영향을 미쳤다. 첨단 기술과 최신 지식을 접목하면서 수확량을 늘리고 안정성을 높인다.

이 변화에서 소외되면 안 된다. 나는 변화와 관계없다거나, 나는 변화할 역량이 없다거나, 지금은 변화할 때가 아니라는 핑계는 통하지 않는다. 생각을 바꾸어야 한다. 지금 즉시 변하지 않으면 생존할 수 없다. 변화에서 소외되면 죽음이 기다린다.

## 생각의 탈출

세상의 변화를 인지하고 자신의 변화를 작정했다면, 가장 먼저 해야 할 일이 생각의 탈출이다. 인식의 전환, 사고의 전환, 관점의 전환을 이루어야 한다. 개인 차원의 패러다임 시프트가 일어나야 한다. 세상이 변하면 자신을 바꾸어야 하는데, 그 출발점이 바로 지금까지 가지고 있던 자신의 생각을 바꾸는 일이다. 현재의 생각은 지금까지의 일과 삶에 최적화되어 있다. 그러나 새로운 일과 삶은 반드시 새로운 생각을 요구한다. 기존 사고방식으로는 새로운 세상을 위한 새로운 목표를 찾을 수 없다.

세상의 패러다임이 바뀌면 나 자신의 패러다임도 바꾸어야 한다.

생각의 전환은 발상의 전환이며, 변화와 혁신의 시작이다. 생각은 모든 변화의 출발점이다. 생각이 변해야 언어가 변하고, 행동이 변하고, 습관이 변하고, 삶이 바뀐다.

그런데 문제는 자기 생각이 좀처럼 바뀌지 않는다는 점이다. 고정관념을 타파하자고 부르짖는 사람조차 정작 자신은 그 관념에서 탈출하기 어려운 경우가 많다. 그래서 변화의 실패는 주로 생각을 전환하지 못한 데서 비롯된다. 나이가 많을수록, 직급과 직위가 높을수록, 전문지식이 많을수록, 업계 경험이 풍부할수록, 성공 경험이 많을수록 생각을 바꾸는 것이 어렵다.

즉, 기득권자일수록 생각의 전환이 어렵다. 기존 패러다임에 최적화되어 있기 때문이다. 어제의 성공은 내일의 실패를 부르는 올무가 될 수도 있다. 따라서 생각의 변화는 큰 각오를 필요로 한다. 생각을 바꾸자. 처절한 노력을 하자. 뼈를 깎는 고통을 감내하자.[26]

## 변화는 위기인가, 기회인가?

이 책을 한창 쓰고 있던 지난 2020년은 나에게 특별한 해였다. 이 시대를 사는 거의 모든 사람이 코로나19로 과거에 생각하지 못한 경험을 했을 터다. 나는 만남과 접촉이 제한된 2020년 동안 역설적으로 가장 많은 사람을 만났다. 물론 접촉의 경로와 형태가 달랐다. 회사 상장을 위해 관련된 외부 인사와 접촉하고 변화를 추진하기 위해 회사 임직원과 설계사들과 대화했다.

그러면서 고정관념의 벽에 부닥치곤 했다. 그중 대표적인 것이 "코로나19로 사람을 만날 수 없어 회사 매출이 떨어진다"라는 어림짐작이다. 하지만 실제는 다르다. 회사 영업 실적의 대표적인 지표인 신계약액은 대면 접촉이 금지된 동안에도 상승했다.

낮은 영업 실적을 내는 설계사들은 "코로나19잖아요. 사람을 만나지 못하는데 어떻게 신계약을 할 수 있겠어요"라고 항변한다. 이들의 심정을 이해하지 못할 바는 아니지만, 회사 전체 실적과 비교하면 설득력이 떨어지는 말이다. 한마디로 말해 침체 원인은 코로나19가 빚어낸 환경 변화가 아니다. 그 변화에 적응하지도, 기회로 살리지도 못한 데 있다. 즉, 세상이 변해서가 아니라 내가 변화하지 못했기 때문에 좌절을 맛보게 된 것이다. 변화에 대한 생각을 완전히 바꾸어야 한다. 생각을 바꾸면 변화의 위기는 성장의 기회가 된다.

## 속도가 아니라 민첩성

세상이 변하고 있고 나도 변화해야 함을 잘 알지만, 자신이 변화에 필요한 능력을 갖추지 못해 변화하기 어렵다고 하소연하는 사람도 있다. 변화는 그럴 능력이 있는 사람이 할 수 있다는 것이다. 능력이 없어서 또는 약자라서 변화하지 못한다는 말이다. 그럴듯하지만 잘못된 논리다. 변화는 모두에게 어렵지만, 누구나 나름대로 변화할 역량을 갖추고 있기 때문이다.

야생 동물을 생각하면 쉽다. 약육강식의 정글에서도 빠르고 강한 동물들만 살아남지 않는다. 느리고 약한 동물들도 생존과 번식을 이어간다. 아프리카 초원의 치타는 시속 110~120km 속도까지 달릴 수 있다. 케이프토끼는 시속 72km까지 뛸 수 있다. 토끼는 몸집이 작고 힘도 약하다. 치타가 사냥에 나서면 번번이 토끼를 잡을 수 있을 것 같지만, 실제로 그렇지 않다. 토끼가 치타를 따돌린다.

토끼의 강점은 민첩성이다. 토끼는 순간 전환 속도, 즉 방향을 선회하는 능력이 치타보다 월등하다. 치타의 빠른 속도는 변화 시점, 즉 방향을 선회하는 시점에 오히려 관성으로 작용해 방향 전환에 큰 부담을 준다. 결론적으로 토끼는 치타보다 속도가 느리지만, 민첩성이 더 뛰어나기에 살벌한 야생의 초원에서 살아갈 수 있다.[27]

변화의 도상에 선 우리에게 반드시 있어야 할 것은 크기와 힘, 속도가 아니다. 변화의 시기에 맞추어 민첩하게 변화하는 능력이다. 약자는 더 가볍고 느리지만, 유연하고 민첩하게 움직일 수 있다. 그 역량을 발휘해야 한다.

나는 회사 임직원들과 설계사들에게 자주 강조한다.

> *"이 변화의 때에 민첩하게 방향 전환을 잘하면 과거의 부진에서 벗어나 새로운 성과를 낼 수 있다. 내가 약하고 가진 것이 없을수록 모든 것을 버리고 더 가벼워질 수 있다. 더 기동력이 뛰어날 수 있다."*

내가 약자라고 해서, 과거 성공 경험이 빈약하다고 해서 변화된 세상에 무력감을 느껴야 할 이유는 전혀 없다. 변화의 시기는 오히려 기회다. 생각을 바꾸자. 민첩함을 잘 살려 변화의 축복을 누리자.

이제 모든 것을 바꾸어야 할 때다. 생각부터 생각까지.

# 변화는 용기 있는 실천

"크기보다는 속도를, 진보보다는 혁명을, 새로운 길을 걸어가라!"
- 토마스 미델호프(베텔스만그룹 경영자) -

## 도전하고 행동한다

변화의 시작은 생각이지만, 그 과정은 실천으로 이루어진다. 변화를 결단하고 생각을 바꾸었다면 과감하게 실천해야 한다. A+에셋이 걸어온 길을 돌이켜보면 그 여정 전체가 변화를 향한 도전이었다.

금융 상품 판매의 중심을 금융기관에서 고객으로 이동시킨 GA 시스템을 채택하면서 이 과정에서 소홀해지기 쉬운 본사 지원 체계를 튼튼히 갖추는 것부터가 변화요 도전이었다. 체계적인 교육 프로그램, CFP 센터, 증권분석 시스템 등으로 설계사의 마케팅을 뒷받침했다. 현장에서 파악한 고객의 다양한 니즈를 반영하여 오더 메이드 상품을 개발하는 것 역시 새로운 도전이었다. 이와 함께 상조, 헬스케어, 부동산, 대출, 요양 서비스 등 고객의 진 생애에 걸친 시비스를 입체적으로 제공한다는 야무진 목표를 품고 변화에 박차를 가했다.

A+에셋의 도전은 지금도 멈추지 않고 있다. 4차 산업혁명 시대의 첨단 기술을 고객 편익 제고를 위해 접목하는 과정을 밟아왔다. 빅데이터와 인공지능을 활용한 보험 분석 시스템과 애플리케이션, 효과적인 건강관리를 진행하는 애플리케이션 등을 개발하여 고객에게 제공하고 있다.

코로나19라는 팬데믹으로 고객과의 대면 접촉이 제한된 상황에서 뉴택 전략으로 고객과 소통하고 있다. 우리가 고객과 만나는 공간은 소셜 네트워크부터 직접 만남까지 유기적으로 이어지는 O2O 방식으로 변모했다.

우리의 변화는 고객을 위한 '착한 마케팅'이라는 경영철학으로 응집되었고, GA 업계의 선진적인 모델로 자리를 잡았다. 고객으로부터 진정성을 인정받으며 견실한 성장을 이어갔다. 그 결과 GA 업계 최초로 한국거래소 코스피에 상장했다. 우리의 변화가 사회적 공인을 받은 것이라 할 수 있다.

그리고 A+에셋은 새로운 변화를 향한 도전에 나선다. 지금까지 쌓아온 경험과 역량을 집결하면서도 스타트업의 각오로 다시 시작하고자 한다. 고객으로부터의 신뢰, 만남의 접점을 플랫폼으로 변환하고 여기에 플랫폼 비즈니스맨이 모여들어 차원 높은 서비스를 제공하는 방식으로 변모할 것이다. 늘 그랬듯 우리의 새로운 도전은 변화와 활력을 일으키며 회사와 구성원들을 한층 성장시킬 것이다.

A+에셋은 앞으로 나아가면서 주저하거나 망설이지 않았다. 변화를 향한 열정과 도전하는 기업가 정신으로 불타올랐다. 이런 변화와 도전이 현재 회사의 든든한 버팀목이 되고 있다.

## 실패를 감수한다

A+에셋이 성공적인 변화의 길을 걸어왔지만, 모든 시도가 성공했던 것은 아니다. 실패한 프로그램도 있다. 'A+에셋라운지'와 '스마트 TFA/TLC'가 그 사례다.

A+에셋라운지는 미국에서 가장 존경받는 기업 3위에 선정된 에드워드존스를 벤치마킹한 것이다. 아파트 단지나 역세권 상가 등 고객이 밀집한 지역, 금융기관 점포가 없어 불편한 읍면 지역에 카페처럼 안락한 공간을 제공하여 고객이 자연스럽게 찾아오는 콘셉트를 갖추었다. 이 프로그램이 초기에는 신선함으로 성과를 거두었으나, 점점 활력이 떨어졌다. 인터넷과 모바일로 이동한 고객 니즈를 오프라인 공간에 잡아두기에는 역부족이었다.

스마트 TFA/TLC는 재택근무를 원하거나 다른 직업이나 직장을 갖고 있어서 전속 설계사로 활동하기 어려운 사람들이 모바일 기기를 활용하여 일종의 투잡(Two Job)을 영위하도록 만든 제도다. 그런데 이 제도는 모집된 설계사들과 보험 판매에 대한 자신감과 신념, 정신을 공유하기가 어려웠다. 그리고 구체적인 마케팅 지원 도구가 부족했다. 하드웨어보다는 소프트웨어가 중요한데, 이들에게 특화된 소프트웨어를 제공하지 못했다. 우리가 실패를 경험한 두 프로그램을 뒤이어 도입하는 GA들이 일부 있다. 우리의 학습 효과가 전수되지 않은 것 같아 업계의 한 사람으로서 안타까운 마음이다.

그런데 우리는 이 실패를 소중한 자산으로 받아들인다. 두 프로그램의 부진을 통해 온라인과 오프라인을 연계시키는 O2O로 발상을 전환했고, 이것이 뉴택트 전략의 바탕이 되었다. 또한 고객 접점으로서 플랫폼의 가치를 발견하고, 이에 대한 투자를 가속화할 수 있었다. 실패가 새로운 변화의 도전 원천이 된 것이다.

올바른 방향으로 가고 있다면, 그 과정에서의 실패는 흔쾌히 받아들여야 한다. 그러면 그 실패가 갖는 의미가 보인다. 이때 실패는 생산성을 갖는다.

한 기업이 방탄 효과가 있는 견고하고 가벼운 유리를 개발하는 프로젝트를 진행했다. 다부진 목표를 세우고 연구에 매진했지만, 원하는 수준의 시제품을 만들지 못했다. 프로젝트는 실패했다. 그러나 이 회사는 연구 자료를 '실패 공유 센터'에 보관했다. 그리고 50년이 흘렀고 이 실패작이 빛을 볼 날이 왔다. 후배 개발팀이 이 연구 성과를 토대로 새로운 제품을 만들었기 때문이다. '고릴라 글래스'가 탄생하게 된 배경이다.

이 제품은 프리미엄 스마트폰에 쓰이는 주요 부품이다. 이 회사가 바로 코닝이다. 코닝은 실패에서 경험을 얻는 데 적극적이다. 1년에 한 번씩 '실패한 프로젝트를 위한 기념식'을 열어 그 가치를 인정하고, '실패 공유 센터'에 자료를 보관한다. 그들에게 실패는 최종 결과가 아니라 더 나은 완성을 위한 과정일 뿐이다.[28]

## 겁 없이 저지르고 포기하지 말라

나는 변화와 도전은 '저지르는 것'이라 믿는다. "돌다리도 두들겨 보고 건너라"라고 한다. 실패의 두려움 때문이다. 나는 "그냥 건너라"라고 말한다. 한두 번 물에 빠질 수 있지만, 다리는 건너갈 수 있다. 두들겨보다가 때를 놓치면 다리를 건너갈 수 없다. 기회를 향해 두려움 없이 저질러야 한다. 문화심리학자 김정운 박사는 《나는 아내와 결혼한 것을 후회한다》라는 간 큰 제목의 책을 썼다. 그런데 결혼했기 때문에 후회라도 할 수 있는 것이 아닐까? 해도 후회하고, 안 해도 후회하는 일이라면 하고 후회하는 편이 훨씬 낫다고 생각한다.

나는 이렇게 조언한다. 저질러라. 과감하게 변화에 도전하라. 변화에 나서면서 걱정을 버려라. 사람들이 걱정하는 일 중에서 40%는 절대 일어나지 않는 일이고, 30%는 이미 일어난 일이고, 22%는 너무 사소해서 걱정할 필요조차 없는 일이고, 4%는 우리 힘으로 막을 수 없는 일이라고 한다. 나머지 4%만이 우리가 무엇인가 할 수 있는 걱정이라는 의미다. 100가지 걱정거리가 있다면 96가지는 쓸데없는 걱정이다. 쓸데라고는 한 곳도 없는 걱정에 사로잡혀 변화의 힘을 잃지 말라.

초창기의 농구 선수들은 슛을 던질 때 가만히 서서 양손을 사용하는 자세를 취했다. 이것을 '세트 슛(set shot)'이라고 한다. 그 당시의 농구 코치들은 이 자세가 가장 효과적인 슛 방법이라고 생각하고 의심하지 않았다. 그런데 안젤로 루이세티라는 프로농구 선수의 생각은 달랐다. 점프하면서 한 손으로 슛을 하면 수비도 피할 수 있고 성공률이 더 커진다고 믿었다. 그는 자기 생각을 실천에 옮겼다. 슛 동작에 변화를 주기 시작한 것이다. 하지만 처음에는 성과가 없었다. 오히려 성공률이 떨어졌다. 코치들은 안젤로의 자세를 '쓰레기 폼'이라고 비꼬았다.

그러나 안젤로의 전담 코치는 달랐다. 가능성이 보이니 계속 연습하라고 격려를 아끼지 않았다. 그의 인정과 격려에 힘입어 안젤로는 변화에 필요한 용기를 얻을 수 있었고 계속 동작을 발전시켜나갔다. 결국 당시 그 어떤 선수보다 안젤로는 더 뛰어난 슈터가 될 수 있었다. 현재는 안젤로의 자세가 슛의 기본이 되었고, 이로 인해 현대 농구가 획기적으로 발전할 수 있었다.[29]

안젤로가 자신의 아이디어를 실행에 옮기려는 의지가 없었다면, 그의 시도가 변변찮은 결과를 불러왔을 때 포기했다면, 그를 응원하는 코치가 없었다면 어떻게 되었을까? 아마도 안젤로는 그저 그런 선수 중 하나로 남았을 것이다. 그리고 우리는 박진감 넘치는 슛 장면을 아직도 구경하지 못하고 있을 수도 있다. 위대한 변화는 겁 없이 저지르는 사람의 용기에서 비롯된다.

## 행동 없이는 변화도 없다

1981년 나는 강원도 철원의 최전방 철책으로 배치를 받았다. 포병장교 신분으로 보병연대에 파견되었다. 포병의 107mm, 155mm는 물론 보병의 4.2인치 중화기중대를 지원하는 관측 장교였다. 내가 좌표를 측정하여 지정해주면 포병의 자주포와 보병의 중화기중대가 그 자리에 박격포 사격을 했다.

1981년 4월 15일 밤, 군사분계선 너머 북쪽은 밤새도록 불이 환하게 밝았다. 김일성 생일이라서 그런 줄 알았다. 하지만 그것이 아니었다. 탈북한 군인을 찾고자 불을 켠 것이었다. 4월 16일 새벽 이록재 하사가 귀순했다. 그는 철책 남쪽으로 넘어와 몸을 숨겼다. 그러고는 흰 속옷 상의를 찢어 만든 깃발을 흔들어 귀순의 뜻을 밝혔다. 철책을 돌던 선임하사 한 사람이 이 하사를 발견했다.

나는 새벽 4시쯤 순찰을 마치고 돌아와 눈을 붙였는데, 얼마 지나지 않아 병사가 나를 깨웠다. 난리가 났다는 것이다. 현장에 가보니 이록재 하사는 철책에 있었다. 급하게 달려온 대대장이 이 하사를 초소에서부터 우리 쪽 GP로 데리러 갔다. 이록재 하사를 태운 차량이 남쪽으로 움직이자 북에서 고사총탄이 쏟아졌다.

그런데 그 총탄 중 한두 발이 화염탄을 묻어둔 자리를 타격했고 연기가 50m 가까이 치솟았다. 나는 북에서 포를 쏘았다고 생각했다. 나와 함께 있던 보병 중대장도 같은 판단이었다. 그래서 총탄을 발사한 지점을 향해 4.2인치 박격포 발사를 지시했다. 네 발의 포탄이 북으로 날아갔다. 하지만 포 사격이 정확하지 않아 북한군 진지 앞에 떨어지고 먼지만 날렸다. 큰 타격을 받지는 않았지만, 북한군은 박격포탄 공격 사실만으로 흥분했으며 강력하게 항의했다. 총과 포는 분명히 다르다. 포를 쏜 것은 교전의 시작으로 간주하기 때문이다. 내가 포 사격을 지시한 것 역시 북에서 먼저 포를 쏘았다고 판단하여 이 사실을 엄중하게 받아들이고 대응하고자 했기 때문이다.

연대장은 매우 화가 났다. 긴급 상황이라 할지라도 지휘권이 없는 관측 장교가 포 사격을 임의로 지시했다는 이유에서였다. 나는 함께 있었던 연대장에게 엄청 얻어터졌다. 몇 대 맞는 것으로 그칠 일은 아니었다. 중징계를 받고 어쩌면 불명예 제대를 해야 할지도 모르는 상황이었다.

1시간 뒤 사단장이 철책선을 방문하면서 내 걱정은 사라졌다. 내 보고를 받은 그는 신속하고 적절하게 잘 대응했다면서 포상 휴가를 주었다. 이 기억은 평생 잊을 수 없다. 그도 그럴 것이 휴전 후에 북을 향해 포를 쏘아본 사람이 몇이나 될까?

만약 내가 목격한 연기가 진짜 포탄이었다면 어땠을까? 뒷일을 걱정하여 연대장의 지시를 기다리며 포 사격을 하지 않았다면 어떤 일이 벌어졌을까? 비록 착각으로 빚어진 일이지만 나는 과감하게 실행을 선택했다. 이날 이후 나는 행동주의자가 되었다. 실패하더라도 부닥치고 해보는 것이 훨씬 낫다. 포탄이 오가는 살벌한 전쟁터도 아니지 않은가?

두렵고 당황스러운 상황이 닥치더라도 움츠러들며 미루어서는 안 된다. 책임감을 안고 실천해야 한다. 생각만으로는 변화하지 않는다. 변화는 과감한 행동을 통해서만 이루어진다.

# 변화는 성장이다

"달걀이 새로 변하는 것은 어려울지도 모른다.
달걀이 달걀인 채로 나는 법을 배우는 것은 조금 더 어려울지도 모른다.
우리는 지금 달걀과 같다. 그리고 당신은 그냥 계속 평범하고
상하지 않은 달걀로 있을 수는 없다.
우리는 부화하거나 상할 수밖에 없다."

- C. S. 루이스 -

## 낡은 자아 버리기

이 책을 쓰는 중에 추억이 서린 고향 초등학교를 방문한 적이 있다. 그 자리에 옛 모습 그대로 남아 있지만, 내 기억 속의 학교와는 달랐다. 소인국을 방문한 걸리버의 느낌이었다. 코흘리개 시절 뛰놀던 운동장은 한없이 넓었는데, 지금은 자그마하다. 동네에서 가장 웅장한 건물이던 교사(校舍)는 내가 뛰어오르면 손이 천장에 닿겠다 싶을 정도로 야트막하다.

'이렇게 좁고 작은 곳이었던가?' 회한에 젖었다. 그러다가 문득 '내가 많이 자랐구나' 하는 생각이 스쳤다. 언제까지 자기 학교가 세상에

서 가장 넓고 큰 장소인 줄 아는 꼬맹이여서는 안 된다. 아련한 기억 속에 머물러 있을 수는 없다. 성장은 세상을 더 작은 곳으로 만드는 것일지도 모른다.

나는 변화의 본질을 '성장'이라고 생각한다. 성장이 없다면 변화가 아니라 퇴행일 뿐이다. 성장하려면 반드시 변화해야 한다. 뱀의 몸은 자라는데, 허물은 자라지 않는다. 허물을 벗지 못하면 몸이 짓눌려 죽는다. 허물을 벗어야 성장할 수 있다. 허물을 벗듯 변화해야 성장할 수 있다.

성장은 변화를 통해 이루어진다. 그 변화는 죽음이라는 극단이다. 성장은 늙은 세포가 죽고 새로운 세포가 탄생함으로써 이루어진다. 역설적이다. 살기 위해 변화하지만, 죽어야 변화하고 성장할 수 있다. 뱀이 허물을 벗듯 낡은 자신을 버리고 새로운 사람으로 태어나는 것이 진정한 성장이 아니겠는가.

## 성장의 조건

1900년대 초반 미국 필라델피아의 한 보육원에서 2명의 아이가 자랐다. 두 아이는 절친했는데, 둘 다 똑똑하고 공부도 잘했으며 불우한 과거를 딛고 빛나는 내일을 열고자 했다. 두 사람은 규정에 따라 18세 되던 해 보육원을 떠나게 됐다. 헤어지면서 둘은 30세가 되면 당당하게 우뚝 선 모습으로 다시 만나 의로운 일을 하자는 약속을 한다.

그로부터 10년이 흐른 후 두 사람의 인생은 극명하게 갈렸다. 한 사람은 5개의 업체를 거느린 사업가가 됐고, 다른 한 사람은 알코올 중독에 빠져 거리를 헤매는 노숙자가 됐다. 공원에서 기거하던 노숙자는 우연히 본 신문에서 사업가 친구의 근황을 알게 되었다. 그는 꿈 많던 어린 시절과 보육원을 나서며 다짐했던 것을 떠올리고는 나락에서 빠져나와야겠다는 결심을 했다.

노숙자는 뭔가 시작하려면 최소한의 발판이 있어야겠기에 사업가 친구에게 도움을 청하고자 했다. 그리고 회사 앞에서 경비로부터 몇 차례 문전박대를 당한 끝에 간신히 친구를 만날 수 있었다. 노숙자는 자신의 상황과 결심을 털어놓고 간곡히 도움을 청했다. 사업가는 친구의 청을 들어주겠다면서 세 가지 조건을 달았다. 첫째, 당장 술을 끊을 것. 둘째, 병이 들지 않는 한 일할 것. 셋째, 매주 일요일이면 교회에 나갈 것. 이 조건을 빠짐없이 지키면 5년 후에 자신이 운영하는 사업체 중 하나를 맡기겠다고 했다. 노숙자는 조건을 다는 친구가 조금 못마땅하긴 했지만, 그것을 받아들이기로 하고 그 자리를 나섰다.

그는 뼈를 깎는 변화를 이루었다. 술에 취해 거리를 헤매던 생활을 청산했다. 지역의 페인트칠 회사의 잡부로 취직해서 열심히 일했다. 일요일이면 꼬박꼬박 교회 예배에 참석했다. 그는 5년 후에는 사장이 된다는 미래를 그렸다. 지금 당장 수입이 많고 적은 것을 따지지 않았고 궂은일도 스스로 찾아가며 했다. 그가 일하던 작은 페인트칠 회사는 급성장했고, 뉴욕 지사까지 새로 만들게 됐다. 그는 새로 생긴 뉴욕 지사를 책임지는 자리에 올랐다. 그로부터 얼마 후 필라델피아 본사 사장이 세상을 떠나게 됐는데, 유언을 통해 회사의 새로운 사장으로 노숙자 출신의 뉴욕 지사장을 임명했다. 거리를 전전하던 사람이 자기 힘으로 회사 사장의 자리까지 오른 것이다.

그는 자신을 도와주겠다던 사업가 친구를 찾아갔다. 사업가는 비서를 통해 정기적으로 친구의 근황을 보고받았기에 그의 변화 과정을 잘 알고 있었다. 그는 친구의 성장을 칭찬하면서 약속한 5년이 채 되지 않았지만, 회사 사장 자리를 주겠다고 했다. 노숙자였던 친구는 "고맙지만 이미 사장이 됐으니 그 제안은 받을 수 없다"라고 웃으며 거절한다. 그 대신 함께 힘을 합쳐 사회사업을 펼치자고 청했다. 두 사람은 재단을 만들어 사회사업을 펼쳤다. 6.25전쟁 때는 이 재단에서 부산에 진출하여 보육원이 운영됐다고 한다.[30]

이 이야기는 성장의 요건을 담고 있다. 첫째는 과거와의 단절이다. 변하지 않으면 죽는다는 강인한 결기로 낡은 습성을 끊어내야 한다. 둘째는 노동의 신성한 가치다. 성장은 직업 현장에서 노동을 통해 이뤄진다. 자기 일을 성실하게 수행하는 사람이 성장할 수 있다. 셋째, 가치와 지향이다. 신에게 예배하듯 숭고한 가치와 지향을 가질 때 앞으로 나아갈 수 있다.

사업가 친구가 제안한 세 가지 조건은 간단해 보이지만, 실제로 실천하기에는 매우 어려운 과제다. 숭고한 가치를 품은 채 과거를 버리고 주어진 자리에서 최선을 다해 일할 때 성장이 이뤄진다. 적절한 햇빛과 수분을 공급받은 나무가 쑥쑥 자라듯 성장이 일어난다. 이것은 옛날 미국에서만 가능했던 일이 아니라 지금 우리 삶의 자리에서도 충분히 일어날 수 있는 일이라 믿는다.

## 톨스토이와 도스토옙스키

나는 소설을 즐기는 편이 아니었다. 실용적 성격 탓도 있겠지만, 일상 자체가 드라마틱하다 보니 다른 스토리가 그다지 흥미롭게 느껴지지 않았다. 그러나 고려대 석영중 교수의 강의를 들으며 새로운 차원이 열리는 감동을 받았다. 피상적으로 느껴지던 문학 속 인간의 세계가 한층 더 가까이 느껴졌다. 석 교수의 톨스토이 강의는 인간 성장의 역동적 현실이 문학으로 표현되는 과정을 잘 안내한다.

"행복한 가정은 모두 모습이 비슷하고 불행한 가정은 모두 제각각의 불행을 안고 있다"라는 첫 문장으로 유명한 톨스토이의 고전 명작 《안나 카레니나》[31]는 주인공 안나 카레니나의 불륜이 중심 이야기다. 그런데 이것이 전부라면 이 작품이 대작으로 추앙받지는 못했을 것이다. 이 소설에는 작가의 인격이 투영된 레빈이라는 인물이 이끌어가는 또 다른 흐름이 있다.

레빈은 성장하는 사람이다. 부도덕하고 나약한 인물들의 얽히고설킨 애정 관계 속에서도 레빈은 자신의 삶과 사랑을 성장시켜나간다. 불륜으로 파국을 향해 치닫는 다른 인물들이 성장 없이 갈등과 고통에 휩싸이는 것과는 대조적이다. 특히 레빈은 노동을 통해 성장을 이뤄낸다. 그는 일에 몰입하며 행복을 느끼고 나아가 자연과 하나가 되는 충만한 경지에 도달한다. 톨스토이에게 파멸은 욕망에 압도당하며 성장하지 못한 사람에게 일어난다. 이와 반대로 인간 구원은 내면적 성장과 통한다. 사람의 행복은 목표를 향해 가는 성장 과정에 있기 때문이다.

톨스토이의 성장은 모범적이다. 그런데 문학이라는 무궁무진한

톨스토이(왼쪽)와 도스토옙스키(오른쪽)

세계는 또 다른 성장의 모습도 그려낸다. 톨스토이와 같은 시대, 같은 나라에서 집필했던 도스토옙스키가 대표적이다. 톨스토이의 수도자적 삶과는 달리 도스토옙스키의 삶은 어두웠다. 술과 도박, 문란한 애정행각 속에서 방황을 거듭했다. 그는 도박 빚을 갚기 위해 미친 듯이 소설을 써댔다. 그런데 도스토옙스키는 그 어둠속에서 구원의 빛줄을 찾았고, 실패를 딛고 일어서는 변화와 성장을 담아냈다.

젊은 시절 도스토옙스키는 젊은 지식인들이 모여 공상적 사회주의를 신봉하는 급진적 정치 모임에 참가했다. 당시 차르 니콜라이 1세는 첩자를 보내 정치 모임들을 감시했는데, 도스토옙스키는 모임에서 절대 왕정의 입장을 신봉했다는 이유로 고골을 비난하는 내용을 담고 있어 불온 문서로 간주되었던 벨린스키의 〈고골에게 보내는 편지〉를 낭독한 것이 원인이 되어 1849년 4월 23일 당국에 의해 체포되었다.

니콜라이 1세는 체포된 지식인들을 사형에 처할 생각은 없었으나, 당시 확산되고 있던 급진주의 정치 모임들에 대해 경고하고자 직전에 특별 사면할 계획으로 사형을 선고했다. 도스토옙스키를 비롯한 회원들은 이 사실을 알지 못했고, 총살형이 집행되기 직전에 형 집행이 중지되고 시베리아에 유형을 가는 것으로 감형되었다.

죽음의 문턱까지 갔다가 살아나온 이 경험으로 인해 몇몇 사람은 공포와 충격으로 머리가 백발이 되었다고 한다. 도스토옙스키도《백치》등의 작품에 사형 집행 직전의 심정을 묘사하는 등 이 사건은 그의 작품 세계에 적잖은 영향을 미쳤다.

그는 사형장에 섰다가 처형 직전 감형을 받아 목숨을 건졌다. 죽었다 살아난 경험을 한 것이다. 그때를 기억하기 위해 수의를 소중히 간직한 그는 형에게 보낸 편지에 이렇게 썼다.

> *"지금처럼 영적인 생명력이 풍성하고 건강하게 용솟음쳤던 적은 여태까지 한 번도 없었습니다. 제 인생은 변화될 것입니다. 새로운 모습으로 거듭날 것입니다."*[32]

죄수로서 중노동을 하며 형기를 마친 도스토옙스키는 달라져 있었다. 그의 마지막 작품은《카라마조프의 형제》[33]다. 이를 통해 더 넓고 깊으며 고뇌와 애정이 가득한 눈길로 세상을 보는 도스토옙스키의 성장을 만날 수 있다. 도스토옙스키의 임종 장면은 방탕했던 젊은 시절과는 대조적이다. 그는 임종 직전에 아내에게 시베리아 유배지 시절 지녔던 성경책을 건네며 읽어달라고 부탁했다. 그날 밤 도스토옙스키는 그

성경책을 가슴에 안은 채 숨을 거두었다.

톨스토이의 삶과 문학이 밝고 환하다면, 도스토옙스키의 그것은 어둡고 애절하다. 그런데 두 사람 모두 변화와 성장을 통한 인간 존재의 구원을 갈망했고, 그것을 글로 옮겼다. 대작가들이 포착했듯이, 성장의 형태가 다양하다는 것은 실로 각양각색의 처지에서 각기 다른 삶을 살아가는 우리에게 큰 희망이 된다. 지금 우리가 어디에 있든지, 우리가 처한 환경의 명암과 온도와 관계없이 우리는 그것을 딛고 성장에 나설 수 있기 때문이다.

## 성장의 한계를 긋지 마라

소박한 목표를 가진 사람들이 있다. "나는 이 정도면 만족한다"라고 말하며 겸손한 듯 웃음을 짓는다. 그러나 때로는 그 웃음 뒤에 슬픔이나 절망감 같은 게 느껴지기도 한다. '나는 결국 이 정도밖에 되지 못할 거야'라고 한탄하는 듯하다. 사람은 자신이 품은 뜻 이상으로는 성장하지 못한다. 그러므로 성장에는 욕심을 부려야 한다.

20세기만 하더라도 사람들은 기업의 성장에 한계가 있다고 생각했다. 그러나 애플이나 아마존 등의 기업은 시가총액 2조 달러를 오르내린다. 이것은 세계 8위의 경제 규모를 가진 브라질의 명목 GDP를 넘는 금액이다. 캐나다와 우리나라, 스페인의 GDP보다 더 크다. 요약하면 이런 기업들이 국가라면 세계 8위의 대국이라 할 수 있다. 만약 이 기업의 CEO들이 보통 사람들이 생각해오던 성장의 한계를 설정했다면 지금의 결과는 없었을 것이다.

'코이'라는 물고기가 있다. 우리가 흔히 보는 비단잉어다. 이 물고기는 작은 어항에 넣어두면 5~8cm까지 자란다. 그런데 연못에 넣으면 15~25cm까지 자란다. 강물에 방류하면 90~120cm까지 성장할 수 있다고 한다.

벼룩은 자기 몸길이의 100배가 넘는 높이로 점프하는 능력을 가지고 있다. 2~4mm의 벼룩이 무려 30cm까지 뛸 수 있다. 이 벼룩을 10cm 높이의 유리잔에 넣고 빛을 비추면 어떨까? 당연히 유리잔을 벗어날 수 있을 것 같다. 그러나 벼룩은 10cm만 뛰어오를 뿐이다. 그 벼룩을 5cm 컵에 넣고 같은 실험을 하면 이번에도 5cm밖에 점프하지 못한다. 벼룩이 30cm를 도약할 능력을 갖추고 있다고 해도 유리컵이라는 한계를 만나는 순간 그 힘은 위축되기 마련이다.

제약 조건을 의식해 자신의 능력을 힘껏 발휘하지 못하며 성장을 멈추는 현상을 심리학자 마틴 셀리그만은 '학습된 무기력'이라고 명명했다.[34] 여기에 갇히면 변화의 폭이 작아진다. 성장이 정체된다. 스스로 위축되며 성장의 한계를 그을 필요는 없다. 자긍심과 긍정적 시야를 품고 거대한 변화, 엄청난 도약, 일생일대의 성장을 꿈꾸자. 지식과 인격과 재력을 끝없이 키워나가자. 스스로 선을 긋지 않는 한 우리의 성장에는 한계가 없다.

나는 한 기업을 경영하는 사람으로서 조용히 성찰해본다. 우리 회사는 비단잉어의 성장을 막는 작은 연못이나 수족관이 아닌가? 그리고 다짐한다. 모든 구성원이 자기 잠재력을 넘어서는 성장을 이루는 드넓은 강물이 되리라고.

# 공부해야 성장한다

"인재(人才)는 국가의 주석(柱石)이다.
그러므로 나라를 다스림에는 인재 얻는 일을 근본으로 삼고,
교화(敎化)에 있어서는 인재를 기르는 일을 먼저 한다."
- 김시습(金時習) -

## 학습은 A+에셋의 성장 원동력

우리 회사에 대해 자랑스럽게 여기는 것 중 하나가 임직원과 설계사들의 학습 열의가 높다는 점이다. 우리 회사는 다양한 사내 교육 프로그램이 체계적으로 잘 가동하고 있다. 그런데 구성원들이 공부에 대한 열정이 없다면 큰 효과를 보지 못할 것이다. 모두가 배우는 데 힘을 쏟는 현실을 보며 든든한 마음이다.

A+에셋은 매주 토요일 오전에 '토요 강좌'를 연다. 코로나19로 집합 교육이 제한되기 전까지는 1천 명 가까운 인원이 강당을 메웠다. 토요 강좌는 의무적으로 참여해야 하는 프로그램이 아니다. 참가했다고

이익이 생기지도, 불참했다고 불이익을 받지도 않는다. 그런데도 많은 인원이 주말 아침 달콤한 늦잠의 유혹을 뿌리치고 강의에 참석한다. 코로나19 이후 토요 강좌는 온라인 원격 교육으로 진행되었다. 여기에 2천 명 가까이 접속한다. 이후에 강의 파일을 올려두면 1천 명 정도가 시청한다.

이런 자율적인 학습 문화야말로 A+에셋의 저력이다. 이것을 바탕으로 외부 환경의 도전에 맞서 위기를 극복하고 성장과 변화를 이루어왔다. 그리고 이후에도 계속 성장할 것이다. 성장의 자양분은 학습이기 때문이다.

아쉬운 부분도 있다. 모든 구성원이 직무 전문가로서 지식수준이 더 깊어지기를 바란다. 나는 가끔 질문을 던지곤 한다. "우리나라 주택이 몇 호나 될까요?", "개인사업자 수가 얼마일까요?", "농민의 숫자는요?" 그러면 정답에 근접한 숫자를 내놓는 사람이 드물다. 그런데 이것은 단순한 기억력 테스트가 아니다. 이들 숫자는 손해보험의 규모와 성장성과 직접적인 연관이 있다.

각각의 인구 집단과 구체적인 상품을 연결할 수 있다. 농민이라면 자연재해로 손실을 겪는 일이 고통스럽다. 이들을 위해 '풍수해 보험'이 있다. 어떤 손해보험회사가 어떤 풍수해 보험을 다루는지 꿰뚫고 있는 사람이라면 고객을 위해 더 세심한 서비스를 할 수 있다. 또한, 승강기 보험 같은 상품에 대해 세세히 알고 있다면 건물주 고객에게 더 나은 제안이 가능하다.

기본적인 경제 지식도 매우 중요하다. 이를 기초로 삼아 역동적인 경제 상황을 읽고, 그에 맞추어 전략을 짜고, 고객에게 서비스를 제공하는 방안을 찾아내야 하기 때문이다. 그래서 〈영업관리자가 반드시 알아야 할 주요 경세금융 상식 33선〉이라는 교재를 만들어 배포하고 이것을 충실히 학습하도록 했다. 그 내용을 간략히 살펴보면 다음과 같다.

| 글로벌 & 한국 경제 | 금융 | 건강 · 노후 |
|---|---|---|
| • 2020년 글로벌 경제성장 전망<br>• 2020년 대한민국 경제성장 전망<br>• 정책금리 & 콜금리 & 기준금리<br>• 2020년 글로벌 기준금리<br>• 2020년 대한민국 기준금리<br>• 2020년 대한민국 시중 6대 은행 예 · 적금금리<br>• 2020년 주요국 증시 현황<br>• 2020년 주요국 환율 현황<br>• 2020년 글로벌 기업 시총 Top 10<br>• 2020년 대한민국 기업 시총 Top 10 | • 제1금융권 은행 BIS 비율<br>• 자산운용사 투자일임 재산 현황<br>• 국민연금 규모 및 수익률<br>• 퇴직연금 규모 및 수익률<br>• 생명보험 공시이율 현황<br>• 종신보험 예정이율 현황<br>• 변액보험 주식형펀드 수익률<br>• 변액보험 주력상품 3종 수익률 현황<br>• 생명보험사 자산운용이익률(직전 1년)<br>• 생명보험사 2020년 1분기 RBC비율 현황<br>• 손해보험사 손해율(2019년 연말결산)<br>• 손해보험사 2019년 연말결산 RBC 비율 현황 | • 대한민국 주요 사망 원인<br>• 대한민국 연령별 사망 원인<br>• 주요 중증 질병 치료비 현황<br>• 질병별 연간 평균 입원일 수<br>• 대한민국 치매 & 2대 질환 & 암질환 현황<br>• 대한민국 뇌질환 환자 수<br>• 대한민국 심장질환 환자 수<br>• 주요 암(癌) 치료비 현황<br>• 대한민국 연간 암 발생자 수 현황<br>• 노후 적정 생활비 및 4대 준비자금 |

나는 우리 회사 구성원들이 지식으로 무장해야 함을 강조한다. 특히 일선에서 고객을 대하는 사람들은 지적으로 풍부해야 한다. 경제와 사회 상황에 대해, 상품에 대해, 고객이 처한 환경에 대해 최신 정보와 지식을 쌓아야 한다. 그래야 최적의 솔루션을 제시할 수 있다. 그렇지 못하다면 고객이 손해를 본다. 성장의 우선 목표는 '고객의 편에서 그의 이익을 실현해주는 선량하고 지적인 전문가'가 되는 것이다.

## 인재의 힘

우리나라가 전란의 잿더미 위에서 맨손으로 부강한 나라를 일군 것은 교육의 힘이 절대적이었다고 국내외 전문가들이 한결같이 말한다. 좁은 국토는 분단되었고, 천연자원이 부족한 대한민국이 성장할 길은 인재를 길러내는 것밖에 없다. 공부하지 않는 사회는 살아남을 수 없다. 학생들은 학교 공부에, 직업인들은 직무 역량을 기르는 데, 기업은 연구개발에 힘을 쏟아야 한다.

그런데 인재를 향한 관심이 점점 떨어지고 있는 것 같아 안타깝다. 중국은 1990년대부터 외국의 고급 인재를 자국으로 끌어들이는 천인계획(千人計劃)을 천명했다. 이에 따라 수많은 석학과 전문가들이 중국으로 되돌아왔다. 중국이 '세계의 공장'에서 벗어나 기술 강국으로 변신한 것은 이들 인재에 힘입은 바 크다. 그리고 2012년부터는 '만인계획(万人計劃)'이라는 야심 찬 포부를 밝혔다. 중국의 인재 유치는 서구 선진국에서의 기술 유출 등 부작용마저 낳고 있다.

그런데 우리는 외국에 있는 최고 인재들을 불러올 국가 단위의 웅장한 포부가 있는가? 이들을 후원하여 국가의 동량으로 세울 준비가 되어 있는가? 혹여 크게 자랄 비단잉어를 좁은 어항에 가두게 되지는 않는지 돌아보아야 할 것이다.

## 교육하는 나라가 성장한다

2018년 2월 5일부터 6일까지 나와 A+에셋그룹 임원, 실무 관리자들은 토털 라이프케어 서비스 기업을 탐방하고자 유치원, 어린이집, 장례식장, 요양 사업을 성공적으로 수행하고 있는 일본의 창세그룹을 방문했다. 그리고 그곳에서 정신이 번쩍 들 만한 충격적인 경험을 했다.

어린이집에 방문했을 때다. 영하의 추운 날씨였다. 버스에 내리자 5~6세의 어린아이 30명 정도가 한복을 입고 태극기를 흔들며 우리를 반갑게 맞아주었다. '쌀쌀한 날씨에 바람이 매서운데 아이들이 이래도 되나?' 하는 걱정이 들었다.

아이들의 손을 잡고 강당으로 들어가니, 축하 공연이 준비되어 있었다. 조그만 아이들이 자기 몸집만 한 악기를 들고 준비된 연주를 열심히 하는 게 귀여웠다. 그런데 강당 뒤쪽에는 아이들의 부모님들이 서 있었다. 우리를 환영했던 아이들의 부모님들도 있었다.

나는 순간적으로 섬뜩한 생각이 들었다. 한국에서는 상상하지도 못할 일이 아닌가? 만약 우리나라에서 유치원이나 어린이집 아이들이 추운 날 얇은 옷을 입고 외국인 방문객을 환영하도록 했다면, 그리고 그 모습을 부모님들이 보았다면 가만히 있지는 않았을 것이다. 항의가 빗발치고 언론과 인터넷, 소셜미디어도 꽤 시끄러워졌을 것이나.

우리나라 TV 다큐멘터리 프로그램에서도 일본 어린이집과 유치원들이 아이들을 강인하게 교육한다는 내용을 취재해서 방영한 적이 있다. 어리다고 무조건 감싸고 보호하는 식이 아니라 아이들이 직접 부딪쳐서 해낼 수 있도록 가르치고 체험시킨다고 한다. 우리나라와 근본적으로 다른 점이다.

수십 년 후 이 아이들이 자라서 사회의 중심을 이루었을 때를 상상해보았다. 어린 시절부터 보호 위주로 길러진 사람들과 강하게 교육받은 사람들이 경쟁한다면 어떤 결과가 일어날까? 너무나 두려운 마음이 두고두고 남아 있다.

입시 위주의 교육은 이미 과잉이다. 그러는 사이에 우리는 중요한 것들을 잃어가고 있다. 유대인은 유월절이라는 명절을 지킨다. 이집트 노예였던 민족의 아픈 기억을 떠올리며 누룩 없는 딱딱한 빵을 먹는다. 우리는 우리의 아픈 역사를 교육하며 세대를 넘어 공유하고 있는지, 역사의 실패를 되새기는지 깊이 성찰해야 할 것이다.

# 열정, 변화를 향한 몸부림

"한 가지 일을 반드시 이루고자 생각하면,
다른 일 깨뜨리는 것을 마음 아파하지 말고,
남의 조소(嘲笑)도 부끄러워하지 마라.
모든 것을 바꾸지 않고서는 한 가지 큰일도 이루어지지 않는다."
- 요시다 겐코(吉田兼好) -

## 열정의 송파지점

직장생활이나 사업을 하면서 열정을 품고 매달리면 해결할 길이 열리고 상황을 변화시킬 수 있다는 믿음이 흔들린 적이 없다. 이 신념을 부여잡고 지금까지 난관을 돌파하며 변화를 이루어왔다.

내가 삼성그룹 비서실 근무를 마치고 삼성생명 송파지점장으로 부임한 1997년의 일이다. 당시 송파 지역은 고급 아파트가 들어서면서 고객 기반이 튼튼한 곳으로 부상하고 있었다. 그런데 아파트 중앙 현관을 뚫고 들어가 고객을 만나는 게 어려웠다. 설계사들은 늘 경비 아저씨들에게 제지당했다. 입구를 막아선 경비 아저씨들은 몇 호의 누구를 찾아왔는지를 캐묻고, 해당 호수에서 확인해주어야 들어갈 수 있게 했다.

상황이 이러하자 나는 '경비 아저씨와 친해지기' 캠페인을 했다. 경비 아저씨들이 좋아할 만한 선물을 준비하여 건네주기를 몇 차례 한 후 얼굴을 익히고 친밀감이 생기면 아파트에 출입할 수 있었다. 그런데 설계사가 아파트 개별 호수마다 카탈로그를 배포하던 중에 어떤 주민이 이에 대해 공식적으로 항의하고, 경비 아저씨 한 사람이 이 일로 몹시 곤란한 입장에 처했다.

방법을 바꾸어야 했다. 나는 고심을 거듭했다. 그리고 아이디어를 하나 떠올려 그것을 제안했다. 새벽에 운동화를 신고 출근하여 트레이닝복으로 갈아입은 후 마치 신문을 돌리듯 아파트 각 호수를 돌았다. 배달하는 사람이 많은 시간이라 제지가 없었다. 지점에 소속된 400여 명의 설계사 중 150명이 이 계획에 자원했다. 이들은 주로 남편과 동행했는데, '아내는 1동, 남편은 2동' 등으로 나누어 유인물을 돌렸다. 생각할수록 이 수고에 기꺼이 참여해준 설계사들의 헌신이 놀랍고 고맙다.

고객과의 접점을 넓히는 일과 함께 추진했던 것이 설계사 리쿠르팅이다. 그 무렵 나는 독특한 마케팅 조직을 구상했다. 이른바 '복합 TM'이었다. 밖에서 고객을 찾아다니면서 하는 세일즈가 아니라 DM(Direct Marketing)을 통해 잠재고객의 관심을 불러일으키고, TM(Tele-Marketing)으로 상세한 정보를 제공한 후, 고객을 사무실로 불러들여 계약을 맺는 새로운 방식을 도입하고자 한 것이다.

그러려면 이 혁신적 조직에 맞는 우수한 인력들을 불러들여야 하는데, 그 방법을 찾기가 쉽지 않았다. 간절한 마음으로 방안을 구상하는 중에 삼성그룹에서 근무했던 여직원들을 다시 불러올 수 있으면 좋겠다는 생각이 들었다. 그 무렵에는 삼성그룹에 근무하던 여직원들이 결혼하면서 회사를 그만두는 게 관행이었다. 그런데 재직 시 체계적으로 교육받아 기본 소양과 업무 지식, 컴퓨터 활용 능력까지 갖춘 이 여직원들은 복합TM으로서 성공할 충분한 자질을 갖추고 있다고 판단했다.

나는 인사팀에서 퇴직한 여직원들의 명단을 확보했다. 그리고 그들이 주로 삼성카드를 쓴다는 사실에 착안해 삼성카드 쪽에 부탁해 카드 청구서 수신지를 파악하고 편지를 보내 리쿠르팅을 진행했다. 지금은 개인정보를 엄격히 보호하기 때문에 불가능한 일이지만, 그때는 개인정보 보호 법률이 적용되지 않던 시점이라서 가능했다.

당시에는 여성이 다른 사람의 집을 방문하거나, 밖에서 사람을 만나 영업하는 것에 대해 그 남편과 가족이 거부감을 갖는 경향이 있었다. 그런데 DM과 전화로 접촉하고 주로 사무실에서 계약이 이뤄지는 방식에 대해서는 거부감이 훨씬 덜했다. 가족들의 반대가 적어 호응을 일으킬 수 있었다.

나는 더 나아가 당시 삼성그룹에 근무하는 과장, 차장의 부인을 대상으로 하는 리쿠르팅을 진행했다. 삼성그룹 임직원 전체가 활용하는 전산망을 통해 TM 모집을 공지하고 리쿠르팅을 해나갔다. 이렇게 해서 200명으로 구성된 강력한 복합TM 조직을 구축할 수 있었다. 더구나 삼성그룹 과장, 차장의 부인은 95% 정도가 명문대 출신이었다.

복합TM은 우수한 인력을 영업조직으로 끌어들이는 기폭제가 되었다. 복합TM 조직이 설계사 리쿠르팅의 큰 획을 그으며, 고능률 설계사 도입과 우량 조직을 만드는 물꼬를 튼 것이다. 교보생명, 한화생명 등 경쟁사들도 앞다투어 복합TM 조직을 벤치마킹했고, 삼성생명도 전사적 차원에서 일괄 도입을 결정했다. 1997년부터 2007년까지 복합TM 조직이 회사 매출 전체 중 의미 있는 비중을 차지하며 큰 성과를 냈다.

복합TM 조직 도입은 현장 관리자가 열정으로 만들어낸 결과물이었다. 간절함을 품고, 할 수 있다고 믿고, 열정을 불태우면 무엇이든 이룰 수 있다는 것을 증명한 사례가 아닐까 한다.

열정적인 활동의 결과는 대단했다. 송파지점은 그 후 24개월 동안 대표이사가 직접 전사 조회 때 시상하는 전사 최우수 지점을 13개월이나 차지했다. 물론 전사 1등이어야 최우수상을 받을 수 있었다.

이러한 자신감을 바탕으로 영업 체질도 바꾸었다. 보통 한 달 단위로 실적을 마감하는 영업조직은 말일에 임박해 많은 실적이 들어온다. 이 관행을 바꾸고 싶었다. 말일까지 목표를 채우느라 아등바등하지 않고, 며칠 일찍 자체 마감을 한 후 다음 달 영업을 준비했다.

매월 28일은 송파지점 영업관리자들이 공식적으로 외박하는 날이었다. 자체 마감 후 인근 그린그래스호텔에 큰 온돌방을 잡아놓고 새벽 4시까지 다음 달 영업 전략을 토의했다. 그리고 인근 포장마차에서 허기를 채우고는 6시쯤 사우나에 갔다. 그리고 간단한 조회를 마치고는 쉬도록 했다.

29일부터는 다음 달을 준비했다. 그러면 매월 첫 마감인 가동 마감 때 목표의 40%를 미리 달성해두고 영업을 전개할 수 있었다. 전사의 가동 마감이 평균 10%가 안 될 때 송파지점은 4배나 빠른 40%로 가는 전략이었다. 목표 달성의 선순환이 일어나면서 열정은 더 커졌고, 삼성생명 전사 최우수라는 강력한 지점으로 등극할 수 있었다.

## 열정이 방법을 만든다

2003년에서 2004년 사이 내가 근무하던 삼성생명에서는 6시그마 프로젝트를 진행했다. 삼성생명 강북본부장으로 근무하던 시절이었다. 중요한 과제가 하나 부여됐다. 외국의 부자들은 부의 이전을 어떻게 하는지, 그 과정에서 보험의 역할은 무엇인지를 연구하고 회사에 도입하는 것이었다. 매우 어려운 과제지만 도전해볼 만한 가치가 있었다. 나는 절박한 심정으로 방안을 찾기 위해 매달렸다. 자료를 수집하고 연구를 거듭했다.

나는 미국의 상류층은 65세 이전에 부의 이전을 마무리한다는 것을 발견했다. 변호사 등을 통해 그 내용을 세세하고 명쾌하게 정리해 남김으로써 사후에 자손들 간 분쟁이 벌어지지 않도록 합리적인 절차를 밟았다. 매우 현명한 모습이었다.

반면 한국의 부자들은 어떨까? 대부분 생전에는 "자녀들에게 상속하지 않겠다"라는 식으로 말한다. 그러다가 결국 부유층의 90% 이상이 자녀에게 상속하는 모습을 보였다. 이때 준비되지 않고 미리 정해진 것이 없다 보니 자녀들은 혼란에 빠지곤 했다. 선진국과 비교해볼 때 비합리적이며 지혜롭지 못해 보였다.

선진국 부자들이 일찍부터 부의 이전을 준비하는 과정에서 눈에 띄는 점은 보장성 보험을 잘 활용하는 것이었다. 사전에 증여를 활용하고, 자녀가 젊을 때부터 부모를 피보험자로 하는 고액 보장성 보험에 가입하여 상속세 재원을 마련하는 방식이었다.

나는 선진국 부자들의 부를 이전하는 방식을 도입하여 고객을 설득할 매력적인 콘셉트를 만들고자 했다. 그리고 개념 하나를 창조했다. 바로 '보장 자산'이라는 개념을 업계에 처음 도입했다. 지금은 보험업계에서 누구나 쓰는 말이 되었지만, 그 당시로는 획기적인 발상이었다.

'보장 자산'은 보험에 대한 부자들의 인식을 바꿔놓았다. 그 당시만 해도 월 1천만 원 이상의 고액 계약은 거의 없다시피 했다. 하지만 내가 6시그마 과제를 수행하던 6개월 동안 종신보험 초회 보험료로 1,000만~3,000만 원 이상의 고액 계약(사망보험금 30~100억 원 수준)을 150건이나 체결할 수 있었다. 현재는 월 보험료 1억 원의 보장성 보험 계약이 체결되는 사례도 있다. '보장 자산' 개념이 보장성 보험의 판도를 바꾸어놓는 중요한 계기가 된 것이다.

보장 자산을 통해 보험회사가 본격적으로 부유층 고객의 웰스 매니지먼트(Wealth Management)에 접근할 수 있게 되었다. 흔히 웰스 매니지먼트를 은행이 먼저 도입했다고 알고 있으나, 사실 1997년 삼성증권에서 처음 시작했다. 청담동에 200평 정도의 근사한 공간을 꾸몄고 여기에 변호사와 세무사, 노무사, 회계사 등 전문 인력이 상근하며 부유층 고객의 웰스 매니지먼트 서비스를 진행했다. 심지어 이곳에 고급 와인까지 갖추어놓고 부유층 간 교제 공간으로 활용했다. 이것을 KB가 2000년, 우리은행이 2001년 벤치마킹하여 도입했다.

삼성생명도 부유층 고객을 확보하는 차원에서 웰스 매니지먼트를 도입하고자 했고, 나에게도 과제가 주어졌다. 이때 보험회사 최초로

'보장성 보험을 활용한 사전 증여'라는 획기적 보장 자산 개념을 제안함으로써 차별성 있는 웰스 매니지먼트를 실현할 수 있게 되었다.

보장 자산을 통한 부의 이전은 국세청 홈페이지에 합리적 상속 방식으로 설명되고 있으며, 매년 국세청이 발행하는《세금 절약 가이드》책자에서도 상속세 자금을 마련하는 좋은 방법으로 소개되어 있다. 그만큼 공인을 받고 있다.

내가 새로운 개념과 발상, 카피를 만들어낼 수 있었던 이유는 열정이다. 반드시 해내고자 하는 마음, 매달리면 할 수 있다는 믿음으로 실천에 나섰기 때문이다. 열정으로 매달린다면 불가능한 과제란 없다.

## 결국은 해낸다

삼성생명 강북사업본부장으로 근무할 때의 일이다. 을지로에 사무실이 있었는데, 바로 근처에 '하동관'이라는 유명한 곰탕집이 있었다. 하루에 2,500~3,000명이 찾는 이곳은 점심시간이면 그야말로 문전성시를 이뤘다. 식당 대청마루며 마당까지 손님이 가득했고, 줄을 길게 서야만 겨우 한 그릇 먹을 수 있는 맛집 중의 맛집이었다. 우리 사무실의 동료 직원 중에서도 그 식당에서 점심을 먹는 이들이 꽤 많았다.

그런데 당시 하동관은 밥값을 현금으로만 받았다. 나는 그 식당이 하루에 거둬들이는 현금이 얼마일지 어림짐작으로 계산하곤 했다. 그리고 우리 회사의 금융상품을 통해 이 현금을 잘 운용할 방법을 생각하곤 했다. 이곳에서 몇 차례 식사하면서 자연스럽게 이곳 주인을 고객으로 유치해야겠다는 마음을 품었다. 명색이 금융사 임원이 옆 건물 고객도 유치하지 못하다면 면이 서지 않는다고 생각했다. 하지만 하동관의 주인은 식당에 들르는 일이 거의 없어서 만날 수조차 없었다.

나는 제주 은갈치 상자를 선물하며 편지를 보냈다. 회사 소개와 함께 현금 자금이 많이 들어오는 분에게 가장 적합한 금융상품을 소개하고 싶다는 내용을 담았다. 하지만 연락이 없었다. 두 번째, 세 번째, 네 번째도 묵묵부답이었다. 나는 개의치 않고 1년 반 동안 다섯 번째 갈치 상자와 서신을 보냈다.

그 후 식당 주인의 조카라는 분이 나를 찾아왔다. 식당에 있는 사장은 자신의 아버지이고 실제 주인은 큰아버지인데, 나를 한번 뵙고 싶다며 약속을 잡으라 하셨다고 전해주었다.

그리고 2주 후 식당의 실소유주인 회장님을 뵙게 되었다. 그분은 40년 가까이 장사를 해왔는데 나 같은 금융사 임원은 처음 봤다고 했다. 나는 "우리 사무실의 직원들이 그 식당을 즐겨 이용하는데 회장님도 옆 건물 금융사를 이용하시면 상부상조가 아니겠느냐"라고 말했다. 나는 호기롭게도 월 3억 원 정도 유입되는 현금 전체를 유치하려 했다. 그분은 현재 자신의 형편상 어렵다고 하시며, 월 3천만 원의 고액 연금보험에 가입하겠다고 했다. 나는 유능한 설계사를 소개해줬는데, 그 외에도 몇 건의 추가 계약이 이뤄진 것으로 알고 있다.

내가 한두 차례 선물과 편지를 전했는데도 소식이 없다고 중도에 포기했다면 그 고객과의 관계는 맺어지지 않았을 것이다. 누군지도 모르고 만나기도 힘든 사람일지라도 포기하지 않고 계속 문을 두드리니 마음을 열 수 있었다.

어려운 시대, 힘겨운 상황이라고 해서 포기한다면 아무것도 이룰 수 없다. 충분히 이기고 극복할 수 있다고 믿어야 앞으로 나아가게 된다. 에이브러햄 링컨의 말처럼 "사람은 행복하기로 마음먹은 만큼만 행복해진다."

유대인은 길을 가다가 장벽을 만나면 자기가 입고 있는 외투 등 귀중품을 담 너머로 던지고, 온갖 지혜를 다해 간절함을 가지고 넘어간다고 한다. "하면 된다고 말하라! 그러면 결국 이루어진다"라는 어느 유명 글로벌 은행의 대표이사가 한 말이 기억난다.

# 변화의 리더가 돼라

"너희 중에 큰 자는 너희를 섬기는 자가 되어야 하리라.
누구든지 자기를 높이는 자는 낮아지고
누구든지 자기를 낮추는 자는 높아지리라"
- 마태복음 23장 11~12절 -

## 섬기는 리더가 변화를 이끈다

나는 식사 약속을 할 때 독특한 기준을 가지고 있다. A+에셋그룹의 계열사 사장과 할 때는 1인당 1만 원 정도의 메뉴로 한다. 임직원과는 1만 원대, 설계사와는 3만 원대 메뉴로 고른다. 반면 고객과의 식사 자리는 5만 원 이상으로 책정한다. 출장을 가면 고급스러운 호텔 대신 싸고 허름한 여관에서 묵는다. 방은 세 개를 잡는다. 내가 가운데 방을 차지하고, 양쪽 옆방은 동행한 사람과 운전기사가 묵게 한다. 운전기사나 동행한 사람이 극구 만류하지만 내가 고집을 부린다. 비용도 아낄 수 있을 뿐 아니라 가까운 곳에 일행이 있으면 더 빠르고 효율적으로 시간을 쓸 수 있다.

조금은 유별나게 느껴질 수도 있는 내 행동의 이유는 단순하다. 비용을 절감하기 위해서다. 내 일신의 안락을 위해 쓰는 돈은 없어야 한다. 그 돈은 현장 설계사에게 돌아가야 한다. 이것은 겉치레가 아닌 나의 진정성이다. 우리 회사와 비슷한 자산 규모나 매출액을 가진 기업 오너 경영자들과 내 연봉을 비교해본 적이 있다. 평균적으로 내 연봉이 5~10배 작았다.

자랑하고 싶은 생각은 전혀 없다. 다만 리더가 높은 자리에 서고, 자기 안락을 추구한다면 긍정적 변화가 일어날 수 없음을 강조하기 위해 굳이 내 이야기를 꺼냈다. 리더는 의식적으로 낮은 자리로 가야 한다. 불편을 감수하고, 솔선수범하여 자원을 아끼고, 구성원들을 섬겨야 리더를 따르게 된다.

정조대왕은 평생을 검소한 자세로 살았다. 평생 하루에 두 끼만 먹고, 한 끼에 다섯 가지 이상의 반찬을 먹지 않았다. 하루에 다섯 번, 열두 가지 이상의 반찬으로 이뤄진 수라상을 받던 다른 왕들과는 달랐다. 그리고 비단옷을 입지 않았다. 주로 무명옷을 입었는데, 항상 정갈하게 빨아 입었다. 옷이 해지면 버리지 않고 여러 번 꿰매서 입었다. 정조의 검소함은 왕실 운영 경비인 내탕금을 줄이기 위함이었다. 왕이 솔선수범했기에 정조 당시 왕실 전체의 경비는 크게 줄었다. 정조는 이렇게 아낀 돈을 호조(戶曹)로 보내 나라 살림, 특히 국방을 튼튼히 하는 데 쓰도록 했다고 한다. 정조 때 조선 혁신의 바람이 분 것은 우연한 일이 아닐 것이다.[35]

섬기는 리더십의 최고 경지를 보여준 이는 예수 그리스도다. 그는 가장 비천한 사람들이 맡는 허드렛일을 마다하지 않았다. 허리에 수건을 두르고 제자들의 발을 씻겨주었다. 그리고 "내가 주와 또는 선생이 되어 너희 발을 씻었으니 너희도 서로 발을 씻어 주는 것이 옳으니라. 내가 너희에게 행한 것 같이 너희도 행하게 하려 하여 본을 보였노라. 내가 진실로 진실로 너희에게 이르노니 종이 주인보다 크지 못하고, 보냄을 받은 자가 보낸 자보다 크지 못하나니 너희가 이것을 알고 행하면 복이 있으리라"(요한복음 13장 14~17절)라고 말씀하셨다.

예수 그리스도는 자신의 역할이 섬김을 받는 것이 아니라 섬기는 것이며, 그 완성은 목숨까지 내어놓는 것임을 선언하고 머리 둘 곳 하나 없는 가난한 삶을 살다가 십자가 형틀을 받아들였다. 그 섬김으로 말미암아 세상이 바뀌었다. 변화를 만드는 진정한 리더십의 요체는 섬김에 있음을 염두에 두어야 할 것이다.

## 현장에 뿌리를 내린다

섬기는 리더들은 높은 자리에 앉아 대접받기를 즐기지 않는다. 그들은 가장 낮은 곳을 찾아 들어간다. 자신의 공로를 자랑하는 법이 없다. 그 결과 자연스럽게 존경과 추종을 불러일으켰다. "자기의 공로를 자랑하지 않는 자야말로 윗자리에 설 수 있는 인재다. 공로를 자랑하지 않는 사람은 남에게 요구함이 없고, 요구하는 것이 없으면 남과 다투지 않기 때문이다"라고 한 춘추시대 전략가 사마양저(司馬穰苴)의 말처럼 말이다.

고려의 전신 태봉을 세운 궁예는 현장형 리더였다. 그는 나라를 일으킬 때, 병사들처럼 남루한 옷을 입고 병사들의 거처에서 지내며 거친 음식을 함께 먹고 병사들과 함께 싸웠다. 고된 현장을 떠나지 않았다.

춘추전국시대의 전략가 오기도 그렇다. 그의 자리는 늘 가장 낮은 병졸들이 있는 곳이었다. 그는 부상병의 고름을 빨아주면서 그를 치료하고 위로했다. 이 두 사람이 현장에서 병사들과 함께할 때는 가는 곳마다 승전보를 올렸다. 많은 사람이 그들을 진심으로 숭모하며 기꺼이 따랐다. 그러나 이 두 사람이 초심을 잃고 현장을 떠나 높은 자리의 안락함을 즐기는 사이 사람들이 떠나고 말았다. 리더의 생명은 현장에 있음을 일깨워주는 사례다.

'중국 선교의 아버지'라 불리는 제임스 허드슨 테일러는 선교 사명을 완수할 길을 현장에서 찾았다. 그는 중국 내륙 지방으로 들어갔는데, 외국인에 대한 거부감을 없애기 위해 철저히 현지인이 되었다. 유럽식 생활 방식을 벗어나 중국인처럼 머리를 변발하고 중국 현지인과 같은 옷을 입었다. 음식도 젓가락을 이용하는 등 중국인처럼 생활했다. 영국 선교단체는 우월한 영국인의 품위를 떨어뜨린다고 못마땅해했지만, 그는 이에 아랑곳하지 않고 현장에 뿌리를 둔 선교에 주력했다.[36]

삼성그룹의 창업주 고 이병철 회장은 현장에서 답을 찾았다. 그는 현장을 속속들이 알고 있었다. 한번은 이병철 회장이 계열사 사장에게 이런 이야기를 들려주었다고 한다. "A는 똑똑하고 세련되었지만, 임기응변하는 스타일이다. 그런데 B는 말은 어눌하지만 진실성이 있다. 그가 팥으로 메주를 쑨다 해도 믿어도 된다." 계열사 사장은 깜짝 놀랐다. 자신보다 현장을, 그리고 일하는 사람들을 더 잘 알고 있었으니 말이다. 그는 인사를 할 때마다 회장의 조언을 떠올리며 부하를 정확히 평가하지 않으면 들킨다는 생각으로 긴장했다고 했다. 탁상에서 겉으로 보이는 모습에 의존해 사람을 판단하지 않고, 현장으로 가서 함께 일하며 사람을 파악해 인사고과를 매기는 것을 원칙으로 삼았다.

나도 현장형 리더들의 교훈을 따르고자 한다. A+에셋 설계사들이 고객과 만나는 곳이 현장이다. 앞에서 식사 비용 책정에 관한 이야기를 했는데, 현장에서 일하는 설계사나 고객과 식사할 때 가장 큰돈을 쓴다. 회사가 설계사를 대우하는 데도 각별한 공을 들인다. 창업 초기부터 "우리 임직원은 영업의 최일선에서 노력하는 TFA(Total Financial Advisor, A+에셋이 설계사를 높여 부르는 호칭)께 존경심을 갖고 먼저 다가가 인사한다. 우리는 TFA의 청약서 한 장, 한 장마다 우리 임직원 급여가 포함되어 있다는 사실을 명심한다"로 시작되는 'TFA를 위한 우리의 행동지침'을 만들어 준수하도록 했다.

나는 창업할 당시 우리 회사 보험설계사를 TFA로 호칭하도록 했다. 과거처럼 보험사에 소속돼 그 회사의 상품만 판매하는 단순 설계사가 아니라 고객의 재무 상태를 입체적으로 고려한 종합 금융 컨설팅을 제공해야 한다는 의미를 명칭에 담고 싶었기 때문이다.

## 함께 일하고 배우며

진정한 TFA가 되기 위해서는 교육이 필수다. 현재의 사회 트렌드나 경제 상황 변화를 빠르게 인식해 대처해야 하고, 제휴를 맺고 있는

35개 보험사의 상품을 비교해서 고객에게 최적의 선택을 제안해야 하기 때문이다.

그래서 회사 창립 초기부터 매달 1박 2일로 전국의 모든 TFA가 참여할 수 있는 상품 워크숍을 개최하는 등 TFA 교육에 힘썼다. 한 번, 두 번 생명보험사와 손해보험사를 망라한 여러 상품에 대한 교육을 받다 보니 TFA들이 GA의 진정한 매력에 눈뜨게 되었다. 점차 입소문이 나면서 다른 회사의 보험 상품을 궁금해하던 이전 회사 보험설계사들까지 상품 워크숍에 참가하면서 상품 워크숍이 리쿠르팅의 장이 되기도 했다.

그중 가장 기억에 남는 상품 워크숍이 있다. 창업한 해인 2007년 마지막 12월이었다. 교보생명 연수원에서 개최한 이날 워크숍에는 꽤 많은 TFA가 모였는데, 회사 초석을 다지는 데 같이 힘을 모아준 것에 대한 감사의 표시로 전 TFA에게 현금 신권으로 보너스를 전달했다. 창립 초기라 자금 상황이 여의치 않았지만 나를 믿고 A+에셋에 와준, 그리고 열심히 현장에서 뛰고 1박 2일 워크숍 또한 뜨거운 열정으로 참여하는 가족 같은 TFA에 대한 감사의 의미를 담아 적은 금액이지만 기쁜 마음으로 전달했다. 그때 본사 직원은 2억 원 정도의 현금을 서울 강남에서 천안까지 수송했는데, 특수작전을 방불케 하는 작업이었다며 당시를 회고하곤 한다.

지금도 이런 상품 워크숍을 계속 열고 싶지만, 이제는 TFA가 4,500명에 달하다 보니 다 모여서 행사할 수 있는 시설도 없으며 코로나19라는 더 큰 장애물도 생겼다. 그래도 교육은 멈출 수 없다. 우리 회사는 매주 토요일 전체 TFA와 영업관리자를 대상으로 '토요 강좌'라는 이름으로 경제와 금융시장 트렌드, 보험상품 등에 대한 교육을 진행하고 있다. 방역 지침을 지키며 사회적 거리 두기를 하기 위해 현장에는 필수 인원만 참석시키고, 동영상으로 생중계한다.

어떤 사업단은 이것을 별도 강의실에서 함께 시청한다고도 한다. 매주 온라인을 통해 교육에 열중하는 TFA가 2천여 명에 달하는 것을 보면 A+에셋 설계사들의 뜨거운 교육열을 느낄 수 있다. 또한 강의 내용은 교육 시스템에 등록해서 궁금하거나 필요할 때 언제든 다시 볼 수 있게 해두었다.

2017년의 일이었다. 직원들과 이런저런 이야기를 나누다 보니 해외여행 경험이 없는 사람이 많음을 알게 되었다. 특히 여직원들은 더했다. 여직원들은 영업 현장에서 대부분의 궂은일을 도맡아 하지만, 영업 관리자보다 보수가 낮은 편이다. 나는 직원들에 대한 고마움을 표현하고 싶어 과감한 결단을 내렸다. '전체 직원 해외여행을 보내주자.'

당시 대리 이하 전체 직원이 230여 명이었다. 만만찮은 비용이었고 반대하는 사람들도 있었다. 그래도 결국 대리 이하 전체 직원에게 두 차례에 걸쳐 일본 후쿠오카 여행을 다녀오게 했다. 많은 사원이 자리를 비웠음에도 현장에서 "직원이 없어 업무 처리가 안 된다"라는 불만은 나오지 않았다. 서로가 서로를 배려했고, 관리자들이 직접 업무를 처리하는 수고를 아끼지 않았다. 나는 그 비용이 회사 손익에 어떤 영향이 있는지 따져보지 않았다. 그 이상의 가치가 있다고 믿었고, 우리 직원들이 그 믿음을 저버리지 않으리라고 확신했기 때문이다.

아비스 렌터카 전 회장 로버트 타운젠트는 "하버드 비즈니스 스쿨 졸업자를 절대로 고용하지 마라. 이 엘리트들에게는 성공에 필요한 몇 가지 기본 조건들이 결여되어 있다. 즉 겸손, 윗사람에 대한 존경심, 기업 경영의 본질에 대한 이해, 기업의 성공을 진심으로 기뻐하며 일하는 직원들의 심리에 대한 이해, 부하직원의 입장에 대한 배려, 현장에서의 성취 능력, 근면성, 부하직원에 대한 신의, 판단력, 공정성, 성실성 등이 그것이다"라고 말한 적이 있다. 나는 이 말에 전적으로 동의하지 않는다. 엘리트 출신이라고 해서 인간적 자질이 떨어지는 것이 아님을 잘 알고 있다. 하지만 현장을 떠난 지식과 리더십은 공허한 것이라는 기본 취지에는 공감한다.

변화를 이끄는 리더는 현장에 마음을 둔다. 현장을 떠나지 않고 함께 일한다. 현장에서 일어나는 변화가 진짜 변화이기 때문이다.

# 이 시대가 리더에게 원하는 것

"지배하기 위해서가 아니라 봉사하기 위해 최고의 자리에 서라."
- 베른하르트 폰 클레르보(프랑스 신학자) -

## 변화의 리더십

앞에서 리더십의 정수에 대해 다루었으니 이에 대해 더 구체적으로 들어가 보자. 변화를 사는 이 시대의 리더는 어떤 모습일까? 나의 삼성그룹 시절 동료이기도 한 신태균 박사는 《인재의 반격》이라는 책에서 이에 대해 상세히 설명했다. 이 책의 내용에 의존하여 이 시대가 요구하는 변화의 리더십에 대해 알아보기로 한다.[37]

먼저 한국 사회의 리더십 요건이 변화했다. 1980년대까지는 '지위'만 있으면 리더로서 기능할 수 있었다. 1980년대 말부터 1990년대 말까지는 인격과 인간적 매력이 리더의 중요한 자질이었다. 기술이 고도화하고 업무가 체계적으로 잡히던 1990년대 말부터 2000년대 말까지는 전문성이 리더십의 핵심이었다. 그리고 현재는 창조력이 리더의 중요한 요건이 되었다. 창의적이고 혁신적인 리더가 필요한 시대로 돌입한 것이다.

이러한 리더십은 4세대로 구분할 수 있다. 먼저 1세대 리더십은 리더로서 원칙과 기본을 철저히 지켜야 한다는 점을 강조한다. 2세대 리더십은 계층별 역할에 따라 리더가 발휘해야 할 역량이 다르므로 계층별로 최적화된 리더십을 발휘해야 한다. 3세대 리더십은 카멜레온 형으로, 끊임없이 변화하는 환경에 맞춰 리더십을 바꾸어나가야 한다. 위기 상황에서는 카리스마형, 혁명기에는 혁신형, 글로벌 경쟁 시대에는 글로벌형 등이다. 마지막으로 4세대 리더십은 매개자 역할이다. 네트워크형 조직에서 리더 스스로 플랫폼이 되어 연결하고 묶어주는 형태의 리더가 되어야 한다는 것이다.

신태균 박사는 초일류 기업의 CEO를 집중 연구하여 '시대를 주도하는 4.0 CEO'의 특징을 다섯 가지로 정리했다.

*첫째, 무모하게 도전한다: 비범한 목표를 추구한다.*

*둘째, 상상하고 혁신한다: 기존 상식에 끊임없이 도전한다.*

*셋째, 먼 미래에 승부한다: 미래를 내다보고 기회를 찾아 선점한다.*

*넷째, 영혼의 감동을 준다: 고객과 직원, 세상을 늘 감동시킨다.*

*다섯째, 열린 신념을 가지고 있다: 주관이 강하면서도 열린 마음을 겸비하고 있다.*

이런 리더의 특징은 '플랫폼 리더'라는 용어로 집약된다. 플랫폼 리더는 매개자요 연결자가 되어야 한다. 때로는 커뮤니케이터, 때로는 매치 메이커, 때로는 코디네이터, 때로는 네트워커, 때로는 네고시에이터가 되어야 한다. 조직을 수평화하고 정보와 정서가 흘러가도록 파이프라인 기능을 수행하는 것이다.

플랫폼 리더는 실제와 가상을 넘나든다. 그러나 실제 공간보다 가상 공간에서의 역할과 기능이 더 중요하다. 웹이나 미디어, 플랫폼에서 리더 역할을 해야 한다. 실제 공간과 가상 공간의 융합적 기능이 미래 리더십의 중요한 포인트다.

또한 플랫폼 리더는 동명사형 리더다. 리더로서 맹목적 충성이나 복종을 기대하지 않고, 직원 스스로 각자의 역할과 기능을 해주기를 바란다. 자신의 리더십을 역할이나 지위가 아닌, 기능으로 이해한다. 사고가 수평적이다. 그런 의미에서 명사형 리더가 아니라 동사형 리더다. 명사는 격이 중요하지만, 동사는 시제가 중요하다. 상황과 시기에 따라 최적의 리더십을 발휘해야 한다. 좀 더 덧붙여 강조하면 동사와 명사를 합친 동명사형 리더가 되어야 한다.

## 비난을 두려워하지 말라

르네상스 시기의 이탈리아 사상가 마키아벨리는 후대에 이르기까지 수많은 논쟁을 불러일으킨다. '현실주의 정치의 아버지'라는 찬사와 '잔혹함과 권모술수의 화신'이라는 악평이 엇갈리는 인물이다. 마키아

니콜로 마키아벨리(이탈리아어: Niccolò Machiavelli, 1469년 5월 3일~1527년 6월 21일)는 르네상스 시대의 이탈리아 사상가, 정치철학자다. 그는 레오나르도 다빈치와 함께 르네상스인의 전형으로 알려져 있다. 메디치가의 군주에게 바친《군주론(Il Principe)》과《정략론》,《로마사 논고》 등이 유명하다. 이 책들을 모두 가로지르는 그의 정치사상의 핵심은 바로 주권자의 자율성이다.《로마사 논고》와《군주론》은 공화주의와 군주주의의 양극단이 드러나는 저서로 엇갈린 평가를 받고, 그 실체에 대해서는 학술적으로 논란이 있다. 희곡 〈만드라골라(La Mandragola)〉는 이탈리아 연극 사상 중요한 위치를 차지하는 걸작이다.

벨리를 깊이 공부할 기회가 주어졌는데, 이 과정을 통해 리더십의 입체적 측면을 살필 수 있었다.

흔히 알려진 것처럼 마키아벨리는 도덕을 무시하고 잔혹하게 다스리는 권위적인 리더상만을 제시하지 않았다. 그의 문제의식은 현실 상황에 근거를 두고 있다. 근대 국가 형성이 늦고 분열된 사회였던 독일과 이탈리아 같은 국가가 혼란을 극복하고 위기를 헤쳐나가기 위해, 그리고 외세에 휘둘리지 않는 강한 나라를 만드는 데 요구되는 리더십이 무엇인가를 다룬 것이다.

마키아벨리에 따르면 리더는 자신과 조직이 처한 상황에 따라 처신해야 한다. 때로는 잔인하고 냉정한 선택을 할 수 있어야 한다. 조직 전체의 긍정적 결과를 위해서는 비난을 감수해야 한다. 선한 의도가 반드시 선한 결과를 낳지 않는다는 것을 인식하고 지혜롭게 행동할 필요가 있다.

그가 후덕과 인색의 모순에 관해 설명한 부분은 인상적이다. 후덕은 후하게 베푸는 것이다. 이는 좋은 일이다. 하지만 낭비를 불러와 자원이 고갈되고 결국은 주었던 것 이상을 빼앗는 결과를 낳을 수 있다. 반대로 인색함은 절약을 통해 자원을 축적하는 쪽으로 작용할 수 있으며, 이렇게 자산을 형성하면 조직 구성원의 복리를 위해 쓰일 수 있다.

리더는 선덕이 악덕이 되고 악덕이 선덕이 되는 현실을 간파해야 한다. 무조건적이며 관계를 고려하지 않는 도덕론은 관계 속의, 장기적인 관점의 도덕론으로 바뀌어야 한다는 것이다. 때로는 과감하고 잔인하게 행동하는 것이 구성원들을 더욱 보호하고 배려하는 행위가 될 수 있다. 가장 인자한 지휘관은 병사를 혹독하게 훈련하는 사람이다. 그렇게 훈련된 병사가 전장에서 자신과 전우의 생명을 구하고, 후방의 국민을 지킬 수 있기 때문이다.

내가 이전에 쓴 《착한 사람이 이긴다》라는 책에서 '착함'과 '순함'을 혼동하지 않아야 한다고 강조했다. 무조건 부드럽고 온화하게 대응하는 것은 순함이 될 수 있을지는 몰라도 착함은 아니다. 선한 결과를 위해 냉정하고 혹독해지는 것이 진정한 착함이 될 수 있다.

조직의 운명을 짊어진 리더는 유능하고 냉철해야 한다. 춘추시대

정치가 관중은 "일을 계획할 때는 강유(剛柔)를 겸하고 경중(輕重)을 저울질하며, 대소(大小)를 분간하고 실(實)과 허(虛)를 분간하며, 원근(遠近)을 잘 측정하고 다소(多少)를 헤아려야 한다. 이러한 계책(計策)을 일컬어 계수(計數)라고 한다"[38]라고 말했다. 이렇듯 계수에 철저한 리더가 되어야 한다.

당장의 인기에 연연하고 원칙 없이 타협을 일삼는다면 바람직한 리더십을 형성할 수 없다. 인기를 잃고 비난 받는 것을 기꺼이 감수해야 한다. 시간이 지나면 진정성이 드러난다. 이런 리더가 존경받는다. 마키아벨리를 통해 인기와 존경이 구별되지 않는 혼란한 시대의 리더십에 대해 다시 한번 되돌아보기를 바란다.

## 조직을 변화의 한 방향으로 이끌기

앞에서 고 이건희 회장의 변화 추진을 이야기하면서 내가 임원으로 근무할 당시 삼성생명 혁신 사례에 대해 언급했다. 다시 한번 환기하자면, 저금리 시대 돌입으로 인한 일본 중견 보험회사 파산이 계기가 되어 위기의식을 느끼고 삼성생명의 체질을 개선하는 변화 프로젝트에 들어갔다. 단기적으로 영업 실적이 감소하는 것을 받아들이면서 조직을 정비하고 미래 위험에 대비하는 작업을 수행했다. 그때 컨설팅 회사 맥킨지로부터 자문을 받았다. 맥킨지의 진단 결과는 충격적이었다. 외형상 튼튼해 보이는 삼성생명이 심각한 위기에 처해 있으며 "머잖아 망할 정도"라는 것이었다. 그리고 맥킨지 컨설팅팀은 "변화의 방향을 공유하지 못하는 게 가장 큰 문제"라고 지적했다. "평사원, 중간관리자, 임원, 최고경영자의 현실 인식과 방향에 대한 이해가 제각각이라 표류하는 배나 마찬가지"라고 아프게 꼬집었다.

변화 추진 과정에서 나는 구성원의 의지를 하나로 모으는 데 주력했고, 이것을 바탕으로 대대적인 혁신을 시도하면서 내실 있는 기업으로 변모할 수 있었다.

이러한 변화를 이끄는 과정은 무척이나 곤혹스러웠지만, 큰 자산으로 남았다. 조직이 변화를 이루기 위해서는 구성원들이 한 방향을 향해야 함을 절실하게 깨우쳤다.

A+에셋을 창업한 후 회사의 일치된 방향성 추구라는 교훈은 '착한 보험', '착한 마케팅'이라는 일관된 목표를 전 구성원이 공유하게 하는 데 힌트가 됐다. 그리고 지금은 플랫폼 기업으로 변신해나가는 데 조직의 힘을 모으고 있다.

"사랑은 서로 마주 보는 게 아니라 함께 같은 방향을 바라보는 것"이라는 생텍쥐페리의 말처럼 결속력이 강한 회사는 함께 바라보는 일치된 지향점이 있어야 한다. 변화의 한 방향으로 이끄는 것이야말로 이 시대 리더의 소명이 아닐까.

# 4

# 지금 당장 변화하라

절박함은 변화의 기회 | 남다른 삶을 꿈꾸라 | 과거를 버리라 | 언어를 바꾸라 | 관계를 바꾸라 | 부자로 변하라 | 금융 · 투자의 변화 | 새로운 투자 트렌드

# 절박함은 변화의 기회

"구하라 그러면 너희에게 주실 것이요
찾으라 그러면 찾아낼 것이요
문을 두드리라 그러면 너희에게 열릴 것이니"
- 누가복음 11장 9절 -

## 사라질 뻔한 임관 반지

1979년 대학 4학년이던 나는 학군사관후보생(ROTC)이었다. 그때 우리 학교 ROTC는 모두 98명이었는데, 그중 한 사람을 뽑아서 명예 연대장 직책을 맡겼고, S1(인사), S2(정보), S3(작전), S4(군수) 4명의 명예 참모가 활동했다. 나는 인사참모 역할을 했다. 학군후보생 동기 중에서 자금, 총무, 인사, 사기, 군기 등의 업무를 담당했다.

임관할 때 동기들끼리 반지를 맞추어 끼는 게 일종의 전통이었다. 그해 3월에 3돈짜리 반지를 맞추기로 계획하고, 서울 상도동 성대시장에 있는 금오당에 주문했다. 그런데 계약할 당시 1돈에 2만 2,600원이던 금 시세가 10~11월이 되자 1돈에 7만 5천 원까지 올랐다.

그러자 육군3사관학교와 18개 학교 ROTC의 임관 반지를 주문받고 있던 금오당 사장이 시세 차이를 감당하지 못하고 어디론가 사라져 버린 것이다. 동기들로부터 돈을 걷어 관리하고 있던 나로서는 청천벽력 같은 사건이었다. 이미 다 큰 자식으로서 부모님께 의논할 면목도 생기지 않았다. 나는 명예위원장 친구와 같이 무작정 상경하여 사태를 해결하려고 했다. 전국 각지의 ROTC 담당 학생들도 모여들었다. 그러나 가게에는 사모님만 있었다. 이미 모습을 감춘 것이다. 돈 한 푼 없이 연고도 없는 서울에 왔으니 밥 한 그릇 먹기도 힘들었다. 당시 서울에 있던 경찰공무원인 사촌형님 댁에서 친구와 같이 라면을 얻어먹으며 지냈다. 눈치를 보면서 라면을 얻어먹던 생각이 오랫동안 머리에 남아 있다.

나는 금오당 사모님을 붙잡고 3~4시간씩 네댓 번 눈물의 하소연을 했다. 나로서는 방법이 없었고 절박했다. "사모님, 함께 살 방법을 찾아봅시다. 우리가 18K를 계약했는데, 금값이 3배 올랐으니 6K가 됩니다. 서로 양보해서 12K로 반지를 만드는 방법을 궁리해봅시다."

사모님이 조금씩 마음을 움직이는 듯 보였다. 그리고 사장이 그 근처에 나타날 것이라는 짐작으로 주변을 계속 맴돌면서 찾았고, 기어이 집 근처 다방에서 만날 수 있었다. 그에게도 사모님에게 했던 호소를 했다. 그도 그러겠노라고 승낙했다.

나는 금오당에 모인 다른 학교 ROTC 후보생들과 원만하게 합의할 방법을 찾고자 궁리했다. 그 당시 지방의 한 대학 ROTC 리더가 영향력이 강했고 내 이야기를 잘 듣지 않았다. 이 사람을 움직이는 것 역시 관건이었다.

나는 여러 학교 ROTC 대표자들이 모인 자리에서 내가 사장을 불러올 수 있으니, 타협을 해서 12K로 조정하자고 권했다. 그리고 내가 키를 쥐고 있으니, 그에 대해 배려해 달라고 요구했다. 반지 제작 1순위는 내가 껄끄럽게 여기던 지방대학의 ROTC 리더에게 주자고 했다. 그가 가장 고생했다는 것이 명분이었다. 영향력이 센 그를 설득하고, 내 이익을 먼저 챙긴다는 반발을 사지 않으려는 게 내 속마음이었다. 다음으로 우리 학교를 2순위로 하고, 나머지는 제비를 뽑아 순번을 정하자고 했다. 모두가 흔쾌히 동의했다. 문제를 해결할 유일한 방법이니 받아들일 수밖에 없었을 것이다.

그 이후에 나는 그 사장과 붙어 다니면서 금을 매입하여 반지를 제작하기 시작하는 것을 확인했다. 그 과정에서 우리 학교 반지는 14K로 해달라고 요구해 관철시켰다. 천신만고 끝에 해결의 가닥이 잡히자 대구로 돌아갔다. 반지는 졸업 전에 무사히 제작되어 동기들에게 줄 수 있었다.

## 절박함에서 비롯된 변화

그로부터 40년이 넘는 세월이 흘렀다. 그런데 ROTC 동기 중에 엉뚱한 말을 하는 친구가 있었다. "임관 반지가 부실해진 게 곽근호가 업자에게 술을 얻어먹은 탓이다"라는 것이다. 금오당 사장은 육군3사관학교 영업을 위해 영천에 자주 왔는데, 시간이 되면 대구에도 왔다. 그래서 가볍게 맥주를 한잔한 적이 있는데, 그 기억이 와전된 탓이리라.

억울할 노릇이다. 하지만 내 책임도 있다. 나는 동기들이 금 순도가 낮아져 손해를 본 금액을 계산해보았다. 여기에 이자까지 붙이니 3천만 원쯤 되었다. 나는 3천만 원의 경비를 내어 동기들과 함께 제주도 여행을 계획했다. 모든 비용은 내가 부담했다. 참석하지 못한 동기들에게는 제주산 갈치 선물 세트를 보냈다. 제주도에서 함께 모인 모든 동기가 스스로 선언하듯 말했다. "이제 다시는 반지 이야기는 꺼내지 말자."

사업을 하면 으레 찾아오는 막막한 순간, 그때 일을 되돌려본다. 위기 상황에서 절박한 마음을 품고 부닥치면 용기와 지혜가 생긴다. 그때마다 나는 변한다. 예전보다 더 강인하고 지혜로운 사람이 된다. 그러면 그때 일이 단순한 행운이 아님을 깨닫는다. 예외는 없다. 절박하면 변화할 수 있다. 위기가 닥쳐올 때, 이겨낼 수 없을 것 같을 때 포기하지 말라. 그때가 변화의 기회다.

## 포기하지 않고 정의롭게

처지가 곤란하다고 불의와 타협해서도 안 된다. 그것은 바람직한 방향이 아니다. 대학을 졸업하던 1980년 나는 ROTC로 임관했다. 광주 상무대의 포병학교에서 소위 교육을 받았다. 교육생들은 30명 단위의 구대 편제로 나뉘었는데, 나는 9구대에 소속되었다. 이때 교육생들의 생활 편의를 돕는 구대 간사를 맡았다.

포병학교에서는 교육 수료를 기념하는 앨범을 만들었다. 그런데 포병학교 측에서 공개 입찰 없이 한 업체와의 수의계약으로 앨범 제작을 진행하려고 했다. 대위가 주관하고 10명 남짓의 훈육관, 25명의 구대 학생회장과 간사, 앨범 제작 업체의 대표가 참석한 가운데 회의가 열렸다.

수의계약이라는 방식도 문제였지만, 비용도 적정한 금액의 두 배나 부풀렸다는 판단이었다. 대학에서 여러 번 앨범을 제작하면서 비용 구조를 잘 알고 있었기에 실상을 파악할 수 있었다. 나는 인정하기 힘들었다. 추가 입찰을 받는 등의 조치가 필요하다고 보았다. 그래서 회의 자리에서 의견을 냈다.

*"장교는 정직하고 진실하며 올곧아야 한다고 생각합니다. 그렇다면 교육생들에게 부담을 지우며 비싼 것을 용인할 수 있겠습니까. 저는 받아들여서는 안 된다고 봅니다. 이 자리에서 거수로 의견을 들어 결정하자고 요청합니다."*

1980년대의 군대 분위기에서 겁이 나서 그랬겠지만, 다른 교육생들은 아무도 의견을 내지 않았다. 그렇지만 손을 들어 투표할 때는 모두 앨범 제작에 반대 의사를 보여주었다.

그 주 주말 나는 외박을 나갔다. 나는 대구 집으로 가지 않고 광주 시내에서 동료와 시간을 보냈다. 이때 앨범 업자와 마주쳤다. 내가 대구행 표를 끊지 않았다는 것을 알고 찾아다녔던 것 같다. 그러고는 막걸리나 한잔하자고 했다. 곤란한 상황이고 찝찝한 느낌이 들어 거절했다. 맥주 한잔이면 된다며 거듭 매달리는 그에게 너무 야박하게 굴 수는 없기에 그를 따라나섰다. 동료와 나, 앨범 업자 이렇게 세 사람이 허름한 맥줏집에서 맥주 2병과 오징어 한 마리를 시켜 먹었다. 앨범 업자는 방법이 없겠냐고 물었고, 나는 투표로 결정된 일을 번복할 수 없으며 굳이 한다면 재입찰을 거치는 수밖에 없다고 잘라 말했다. 대화는 15분 만에 끝났다. 내가 얼른 일어나 계산하려는데, 이미 업자가 계산한 뒤였다.

외박에서 복귀한 월요일 오전 구대 학생회장과 간사들이 소집되었다. 장교는 몹시 화가 난 얼굴로 "어제 뇌물 먹은 놈 나와!"라며 다그쳤다. 나는 영문도 모르고 서 있었다. 어제 일이 뇌물이나 향응이라고는 상상도 하지 못했다. 아무도 나오지 않자, 교관은 "9구대 간사 나와!"라고 하며 나를 지목했다.

자초지종을 설명했지만, 교관은 내 말을 듣지 않았다. 나는 올무에 걸려든 것을 깨달았다. 타협할 필요는 없었다. 엎드려 뻗친 상태에서 엉덩이를 맞았는데, 50대까지 큰 소리로 세다가 그냥 의식을 잃고 쓰러졌다. 군복 바지 위로 시뻘건 피가 흥건히 새나왔다. 일주일을 국군수도병원에 입원해야 했다. 결국 앨범은 제작되지 않았다.

불의와 타협하지 않는 성격, 강직한 태도, 앞뒤 살피지 않는 촌놈 기질이 상황을 키웠다. 하지만 후회하지 않는다. 이 일은 내 인생의 큰 전환점이 되었다. 나는 정도를 지킨다는 것의 어려움을 알았다. 그렇기에 더 가치가 있음을 마음에 새겼다.

## 절박함은 변화를 불러온다

1985년 아버지께서 세상을 떠나시면서 우리 가족에게 시골 땅을 유산으로 남기셨다. 가족들은 삼성생명에 근무하는 나에게 관리를 맡겼다. 나는 그 땅을 팔아서 경상북도 경산 도로변에 다른 땅을 샀고, 그곳에 주유소를 만들었다.

그 당시 주유소 업계는 독특한 금융 관행이 있었다. 월 매출의 3배 정도를 무이자로 대출해주는 것이다. 대신 3개월간 팔린 기름값은 90일 이후에 결제해준다. 나는 이 자금을 주유소 경영에 쓰거나 다른 방법으로 활용해 이익을 남기기도 했다.

그 주유소는 월 매출이 3~4억 원 정도였는데, 당시 관행대로라면 9~12억 원 이상의 자금을 무이자로 활용할 기회가 주어진 셈이었다. 그런데 순조롭던 주유소 운영이 갑자기 암초를 만났다. 주유소에 인접한 4차선 도로를 8차선으로 확장하는 공사가 시작되자 주유소에 인접한 2개 차선이 막혔고, 차량이 주유소에 드나들기 어려워졌다.

주유소 월 매출은 1억 원까지 떨어졌다. 무이자 대출도 3억 원으로 줄었다. 이렇게 6~9억 원의 현금흐름에 문제가 생기자 나는 큰 고민에 빠졌다. 간절한 마음으로 생각에 생각을 거듭한 끝에 매출을 늘릴 두 가지 아이디어를 냈다.

하나는 시골 마을의 특성을 살리는 것이었다. 동네 각 가정은 석유 보일러를 사용했는데 갑자기 연료가 떨어지는 일이 잦았다. 그래서 나는 각 집 보일러에 제어장치를 달았다. 연료가 15% 남는 시점에 자동으로 주유소로 삐삐를 통해 신호가 울리는 장치를 고객 탱크에 설치한 것이다. 그래서 삐삐가 주유소 사무실에 울리면 기름이 떨어져 가는 집에 먼저 전화를 해서 "기름 떨어졌으니 기름을 채우시라"라고 알려줬다.

또 하나는 단골 관리였다. 우리 주유소는 공사 때문에 매출이 줄고 있었다. 가격경쟁을 할 상황도 아니었다. 그런데도 고마운 단골이 있었다. 나는 이들이 주유소에 올 때마다 연료 주입구 안쪽에 스티커를 붙이기 시작했다. 이 스티커가 한 달에 4개 이상 되면 단골손님으로 보고 이분들의 주소를 일일이 여쭤 파악했다. 곧 700명의 단골 명단을 확보할 수 있었다. 나는 이분들에게 시골에서 농사지은 쌀을 포장해 정성스러운 편지와 함께 택배로 보냈다. 이렇듯 매월 4회 이상 기름을 넣는 단골을 별도로 관리한 결과 그들의 충성도는 훨씬 더 높아졌다. 그들은 가격을 따지지 않고 우리 주유소만 찾게 됐다.

내가 위기를 돌파하고 원하던 목표를 이룬 경험을 돌이켜보면 나의 경험이나 지식보다 애틋함이 결정적으로 작용했음을 깨닫게 된다. 하늘이 무너질 듯한 순간 포기하지 않고 절박함으로 매달리면 변화가 일어난다. 지혜와 용기가 생긴다. 해결책도 떠오른다. 그런데 그 해결책은 정의로워야 한다. 바람직한 간절함이 낳은 작은 변화라고 생각해본다.

## 절박함 속에서 솟아나는 변화의 아이디어

1995년 삼성그룹 경영진단팀 차장으로 근무할 때의 일이다. 삼성화재 경영진단에 참여했는데, 당시 예민한 이슈가 있었다. 손해보험사들이 흑자를 내자 정부가 자동차보험료를 내리려고 한 것이다. 국민 부담을 줄인다는 취지였다. 삼성화재로서는 보험료를 내려야 하는 곤혹스러운 처지였다.

이때 삼성화재 관리 부문에서는 자동차보험은 보험료 책정에 정부가 개입하여 미래 수익성이 높지 않으니 그 비중을 줄이는 게 좋겠다는 의견을 냈다. 하지만 마케팅 부문은 생각이 완전히 달랐다. 갱신 주기가 짧고 정기적인 자동차보험은 고객의 주소와 연락처, 가족 상황, 가계의 변화 등 정보를 파악하는 유용한 채널이 됐다. 심지어 구매한 차량의 숫자와 종류를 통해 자녀 분가나 재산의 증감까지 짐작할 수 있었다. 이렇게 고객 정보를 획득하고 고객과 접촉할 기회를 얻는 영업상 효과가 있으므로 보험료가 내려가더라도 확장하는 게 바람직하다고 주장했다. 담당자인 나는 둘 중 하나도 잃기 싫었다. 보험료를 올려 수익성을 높이면서 고객 기반도 넓힐 일거양득의 지혜를 찾으려고 간절하게 검토를 거듭했다.

그러다가 내가 운전 중 애를 먹었던 일을 기억해냈다. 명절에 고향에 가서 산소에 성묘하러 갈 때의 일이다. 왜관에 있는 우리 선산은 대구에서 낙동강변으로 한참을 달려가야 한다. 인적이 드문 구불구불한 시골길이다. 그런데 그 시골길 한가운데서 차가 멈췄다. 하필이면 연료가 떨어진 것이다. 정말 난감했다. 고향 인근이라고는 하지만 모르는 길이다. 근처에 아는 사람도 없었다. 머리를 짜내서 고향에 살고 계시는 오촌 아저씨의 전화번호를 수소문해 겨우 연락이 닿았다. 그분께 10km가량 떨어진 왜관읍에 있는 주유소에서 기름을 구해다 달라고 부탁했다. 그렇게 3시간이나 길에서 기다린 후에 차에 연료를 채우고 이동할 수 있었다.

과거에는 나와 같은 경험을 한 사람이 적지 않았다. 누구나 시골길을 달려야 할 일이 있고, 나와 똑같이 연료가 떨어질 수 있다. 이때 얼마나 난감할지 경험으로 알게 됐다.

이럴 때 자동차보험 회사가 긴급 출동해 기름을 채워주는 서비스를 도입하면 고객에게 실질적으로 큰 도움이 될 것이라고 생각하게 되었다. 또한, 서비스가 좋아지면 정부에 보험료 인상을 설득할 명분이 생기고, 보험료를 올려도 고객을 잃지 않으리라 판단했다. 내 아이디어는 주효했다. 이것이 이듬해 출범시킨 '삼성 애니카 긴급출동 서비스'의 원형이 되었다. 서비스를 강화함으로써 보험료를 15% 정도 올리고도 고객의 큰 호응을 이끌어낼 수 있었다.

낯선 길에서 연료가 떨어진 고객을 찾아가 주유해주는 서비스가 진화하여 자동차 타이어 수리, 잠금장치 해제 등 각종 서비스가 추가된 것이 현재의 자동차보험 긴급 출동 서비스라고 할 수 있겠다.

나는 반짝이는 아이디어를 가진 사람은 아니다. 그렇지만 절박함을 품고 간절한 마음으로 매달리다 보니 효과적인 방안을 떠올릴 수 있었다. 간절한 열망은 문제를 해결하는 창조적인 아이디어의 원천이 됨을 경험을 통해 알게 되었다. 현재 한국 사회가 처한 구조적 어려움과 코로나19의 위기가 어떤 이들에게는 새로운 발상과 혁신의 원동력이 될 수 있을 것이다.

# 남다른 삶을 꿈꾸라

"사업의 비결은 다른 사람들이 아무도 모르고 있는
무엇인가를 아는 것에 있다."
- 애리스토틀 오나시스(그리스 출신의 사업가, 선박왕) -

## 남다르게 성실하기

변화의 사전적 의미는 '다르다'라는 것이다. 그렇다면 무엇이 어떻게 달라야 하는가? 이에 대해 두 가지 단순한 대답을 할 수 있다. 남달라야 하고 어제와 달라야 한다. 나는 직장생활과 사업을 하면서 이 두 가지 명제를 철칙처럼 가슴에 품었고, 이것을 실천에 옮기고자 애써왔다. 지금 내 모습이 과거보다 긍정적으로 변화되었다면 그 다짐과 노력에 힘입은 것이리라.

나는 ROTC 18기로 임관하여 1982년 6월 말에 전역했다. 그리고 다음 해 1월 12일 동방생명(삼성생명의 옛 이름)에 입사했다. 면접 과정에서는 본사 근무를 추천했다. 본사 근무는 주로 SKY 출신들이 차지하는 자리였다. 하지만 나는 이 권유를 반가워할 처지가 아니었다. 서울에는 연고가 없었기에 먹고 자고 하는 기본 생활을 해결하기도 막막했다. 그래서 고향 쪽 근무를 원했고 내 희망대로 서대구영업국 산하의 지점 총무로 직장생활을 시작했다. 대구 서문시장 옆의 개성빌딩에 사무실이 있었다.

그곳에서 열정적으로 일했다. 내 기준으로 열심히 하는 정도가 아니라 남다름을 추구했다. 느릿느릿 걸어 다니지 않았다. 4개 층을 분주히 뛰어다녔다. 복사 한 장을 해도 정성껏 했다. 비품 나르는 것부터 사무실 칸막이 등 시설물 공사와 지점 설계사 교육까지 담당 업무도 많았다.

나는 "근면(勤勉)함은 값을 따질 수 없는 보배요, 신중(愼重)함은 자신을 지키는 부적(符籍)이다"라는《명심보감》의 교훈을 가슴 깊이 간직하며 일했다. 남다르게 열심히 하다 보니 다른 사람 눈에도 띄었다. 실무상 자주 부닥치는 여직원들에게도 인기가 많았고 상사들도 나를 눈여겨보았다.

그렇게 근무하던 중 매우 어려운 지시를 하나 받았다. 군위에 사무실을 구하라는 것이었는데, 희망하는 자리에는 적당한 임대 매물이 없었다. 나는 건물 하나를 찍어서 그곳 건물주를 설득했다. 처음에는 당연히 거절했다. 하지만 포기하지 않고 사흘 내내 매달렸다. 임차인도 함께 설득했다. "임대가 성사되지 않으면 저는 회사에서 잘립니다"라고 읍소했다. 약사 부부였던 건물주와 기존 임차인이 마음을 움직였다. 나중에 그분이 대학 선배인 것을 알고 "선배님! 선처해주십시오"라고 매달리기도 했다.

평소 성실한 태도와 야무진 일 처리를 좋게 보았던 영업국장을 비롯한 상사들은 이 일로 나를 더욱 높게 평가했다. 그리고 일 잘한다는 평판이 더욱 커졌다. 그러자 더 중요한 직책이 나를 불렀다. 나는 부산에 있는 영남지역본부 융자 담당으로 자리를 옮기게 되었다.

## 남다르게 강직해지기

남다르게 열심히 하는 데야 이골이 날 정도였지만, 융자 업무를 하려면 지식이 필요했다. 공대 출신인 나로서는 난감한 노릇이었다. 더욱이 전임자가 급하게 퇴직하면서 제대로 인수인계를 하지도 못했다. '표제부', '갑구', '을구', '근저당', '전세권' 등의 용어도 모르던 내가 열심히 하나씩 공부했다. 모르는 것이 나오면 주변 동료와 과장을 뻔질나게 찾아다니며 배웠다. 그러면서 업무를 익혔다.

지역본부 융자 담당은 부정적인 의미에서 '노른자위' 보직이었다. 그때는 주택담보대출만 취급했는데, 한도액이 3천만 원이었다. 그 당시로는 엄청나게 큰 금액이었다. 더 많은 금액을 빠르게 대출받기 위한 청탁이 줄을 이었다. 대출 신청서 아래에 10만 원이 든 봉투가 들어오기 일쑤였다. 어떤 때는 봉투에 30만 원이 들어 있었다. 욕심이 생길 만한 거금이었다. 나쁜 마음을 먹고 그 돈을 챙긴다면 얼마 지나지 않아 부자가 될 것도 같았다. 하지만 나는 한 푼도 받지 않았다. 나를 천거한 분이나 발탁한 분들 모두 나의 정직함을 믿었다. 나는 이분들의 기대를 절대 저버릴 수 없었다. 나는 유혹 앞에서도 남달라야 했다.

뇌물을 받지 않으면서도 고객을 친절하게 대하며 업무를 처리했다. 뒷돈이 오가야 일이 된다는 편견에 사로잡혔던 고객은 내 태도를 낯설게 느꼈지만, 이내 본심을 알아주었다. 나는 만나는 고객의 동의를 얻어 정보를 파악하고 그것을 파일로 만들어두었다. 파일은 점점 늘어 900여 개나 되었다. 이런 고객 관계와 파일은 이후 내가 직장생활을 하는 데 든든한 밑천이 되었다. 젊은 시절 나는 관계 마케팅의 근간인 '근자열 원자래(近者悅 遠者来: 가까이 있는 사람을 기쁘게 만들면, 멀리 있는 사람은 저절로 찾아온다)' 원리를 본능적으로 터득하고 있었는지도 모르겠다.

## 남다르게 도전하라

지점 총무와 지역본부 융자 담당을 거친 후 현장 영업소장으로 배치되었다. 첫 임지는 대구 대신영업소였다. 영남 지역 250개 영업소 중에서 영업 실적이 뒤에서 2등인 이른바 꼴찌 영업소였다. 설계사도 8명밖에 되지 않았다. 암담한 심정이었다.

나는 첫 부임 인사를 이렇게 했다. "설계사가 30명이 될 때까지 따뜻한 집으로 퇴근하지 않고 사무실에서 자겠다." 그리고 사무실 소파에 몸을 누이고 모포를 덮고 자기를 한 달간 했다. 나는 3월 8일 부임했는데, 사무실에서 지내기는 추웠다. 밤이면 한기로 몸을 오들오들 떨곤 했던 기억이 난다.

이런 내가 딱했던지, 우리 어머니와 동갑인 일반 팀장이 서문시장에서 60대 전후의 노인들을 데리고 와서 정확히 한 달 만에 목표한 30명을 채웠다. 그날 35일 만에 집에 갈 수 있었다. 그 이후로도 리쿠르팅에 적극적이었다. 나는 그때 인근 영업소의 선배와 비누를 걸고 인원 경쟁을 하는 시책을 냈다. 한 사람이라도 많은 쪽이 비누 한 박스씩 빼앗아가도록 한 것이다. 나는 처음에 비누를 꽤 잃었지만, 시간이 흐르면서 내가 잃었던 비누를 되찾아오게 되었다.

수석 팀장이 달성공원에서 모시고 온 50~60대는 그 후 출근하지 않았다. 그 무렵 50~60대면 지금은 70~80대쯤 될 것이다. 지금과는 크게 달랐다. 사무실에 와서 그 시절 최고의 접대였던 사이다 한 잔 얻어 마시고 가는 식이었다. 나는 이런 간절함으로 영업을 시작했다.

그때 영업소 운영비가 월 25만 원이었다. 들어갈 돈이 많아 번번이 적자였다. 첫 달 리쿠르팅 이후 증원 실적도 떨어졌다. 보통 10명을 리쿠르팅하면 곧 7~8명이 빠지는 형국인데, 우리 영업소는 3명밖에 추가 리쿠르팅을 하지 못했다. 그렇지만 과감한 선택을 했다. 영업소 설계사들의 무너진 사기부터 일으켜 세우자고 결심했다. 나는 어렵게 100만 원을 융통하여 수석 팀장에게 맡기며 관광버스를 대절하라고 부탁했다. 한 달 뒤 야유회를 떠나기로 한 것이다.

춘추시대 강태공의 “미끼로서 고기를 낚으면 고기를 잡을 수 있고, 녹(綠)으로 인재를 모으면 천하의 인재를 남김없이 부를 수 있다”라는 말을 이후에 접한 적이 있는데, 그때 나는 이 원리를 작으나마 실행에 옮겨보려고 시도했던 것 같다.

우리 영업소는 포항 보경사 옆 바닷가로 야유회를 갔다. 떠나면서 이렇게 말했다. “리쿠르팅은 잘 안 되었지만, 약속한 야유회를 떠납니다. 월급 몇 달 치를 털었습니다." 보경사를 낀 내연사 산행을 한 후 근처의 지경횟집이라는 곳에서 생선회를 실컷 먹었다. 이후로 그 횟집을 세 번 더 갔다. 무력하던 만년 꼴찌 대신영업소는 점점 달라졌다. 그 당시 동방생명에서는 전사 최우수 영업소를 수도권에 한 곳, 지방에 한 곳 선정하여 두 곳에 시상했다. 대신영업소는 전사 최우수 영업소가 되었다.

나는 이것이 남다르게 일한 결과라 생각한다. 세련된 전략이나 든든한 인프라도 없이 간절한 마음으로 부닥친 결과다. 영남지역본부 융자 담당 때 좋은 관계를 맺었던 고객도 큰 힘이 되어주었다. 핏빛이 선연한 처절함으로 남다르게 노력하니 변화가 시작되었다. 남다른 목표를 품고 남다르게 매달리는 것이 내가 선택할 수 있는 전부였다. 나는 남다르게 도전하면 변화할 수 있다는 신념을 갖게 되었고, 25년의 삼성생명 생활을 자신감으로 채울 수 있었다.

36년 세월이 흘러 그곳을 다시 찾았다. 동해의 쪽빛 파도와 해초를 품은 바다 내음이 그대로였다. 지경횟집도 그 자리에 있었다. 그런데 주인은 바뀌었다. 옛 주인의 조카가 운영한다고 했다. 옛 주인이 인근에 산다고 해서 만났다. 파란 대문을 열고 할머니가 나와서 내 손을 잡았다. "아이고, 곽 소장 아이가!" 수십 년 세월을 넘어 나도 할머니도 서로를 기억하고 있었다. 어쩌면 그것은 가장 치열했던 삶의 기억일지도 모른다.

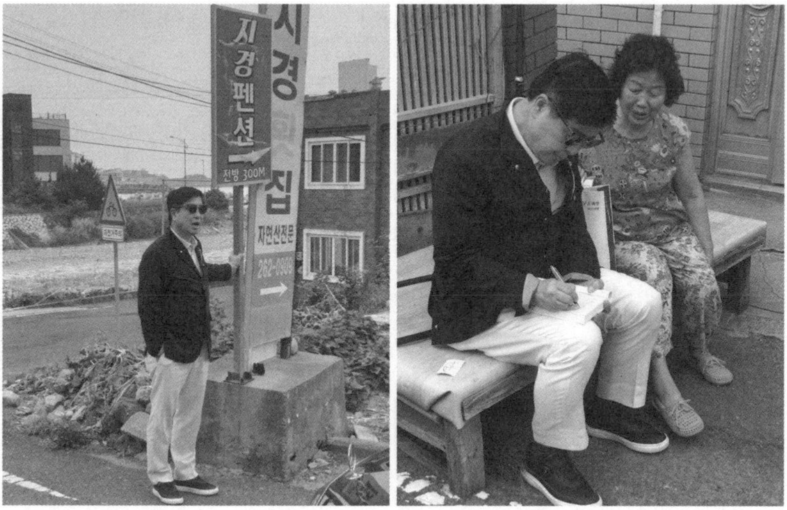


지경횟집은 36년이 지난 후에도 그곳에 그대로 있었다. 그곳에서 반가운 사람을 다시 만났다.

## 어제와 다른 내일

변화하는 삶의 원리는 단순하게 표현된다. 어제와 다른 오늘을 사는 것이다. 그러면 또 다른 내일을 맞이하게 된다. 그러나 이 단순한 믿음을 실천에 옮기기란 쉽지 않다. 진정한 변화를 이루는 이가 드문 것은 이 때문일 것이다. 그래도 자신과 싸우며 하루하루 바꾸어나가야 한다.

미국 100달러 지폐에 등장하는 인물은 벤저민 프랭클린[39]이다. 그는 초등학교 2학년 수준의 정규 교육밖에 받지 못했지만, 남다른 노력으로 사업가, 과학자, 작가, 언론인, 외교관, 정치가로 수많은 업적을 남졌다. '현대 자기계발의 아버지'로 추앙받는 그는 '최초의 미국인(The First American)'이라는 타이틀을 얻었다.

벤저민 프랭클린은 인생을 살면서 갖춰야 할 13가지 덕목을 수첩에 적어놓고 잘 실천했는지 매일 반성하는 시간을 가졌다. 그것은 절제, 침묵, 질서, 의지, 검소, 근면, 성실, 정의, 온화, 청결, 평온, 순결, 겸손이다. 그는 매일 이 덕목에서 자신이 어제보다 나아졌는지를 돌아보았다. 그렇게 하루하루 변화시키는 삶을 살아가는 사이 그의 인품은 모든 미국인이 우러러볼 정도로 고매해졌다. 그는 미국 건국의 아버지로, 미국의 정신으로 존경받게 됐다. 그리고 목표에 따라 매일 반성과 점검을 하던 그의 독특한 수첩 쓰기 스타일은 '프랭클린 플래너'의 모델이 됐다.

프랑스 철학자 쥘 르퀴에는 "돌이킬 수 없는 어제는 우리의 것이 아니지만, 이기거나 질 수 있는 내일은 우리의 것이다"라고 말했다. 그렇다. 어제는 과거다. 이미 지나가버렸다. 내일은 알 수 없는 미래다. 어제와 다른 오늘을 산다면 멋진 미래는 반드시 나타난다.

## 남다른 삶을 만드는 엑스트라 마일

남다른 삶을 좇는 사람들은 삶을 성공적인 방향으로 변화시킨다. 그들은 평범한 사람들과는 다르다. 남다름을 추구하기 때문이다. 어떤 이에게는 이 차이가 눈에 띄지 않을지도 모른다. 겉보기로는 비슷하기 때문이다. 하지만 유심히 관찰하면 분명히 다르다. 그들에게는 삶에 대한 애절함이 솟아난다.

남다른 사람은 더 높은 기준을 가지고 있다. 보통 수준에 만족하지 않고 더 잘하려고 안간힘을 쓴다. 그래서 자신의 그릇을 키우고 결국 더 큰일을 이루게 된다. 중국 한나라 때의 백과사전인 《회남자(淮南子)》에는 "짧은 두레박으로 깊은 물을 긷지 못하고, 작은 그릇으로 많이 담지 못함은 제힘에 겹기 때문이다"라고 되어 있다. 자신의 내면을 더 키워서 위대한 일을 해야 한다.

큰 그릇을 가진 사람들은 고객에게 각별하다. 조금 더 잘해주기 위해 수고를 마다하지 않고 애를 쓴다. 어떤 책에서는 이런 경향에 대해 '엑스트라 마일(extra mile)'이라는 이름을 붙였다. "억지로 5리를 동행하자고 요구하는 사람과 10리를 함께 가라"라는 성경의 교훈에서 착안한 개념이다. 동료나 고객이 요구하는 것, 일반적으로 통용되고 기대되는 수준보다 더 해주는 것이 엑스트라 마일의 핵심이다.[40]

지친 일과가 끝나고 퇴근하려는 사람에게 고객으로부터 한 통의 전화가 걸려온다. 그는 지금 방문해줄 수 없냐고 묻는다. 그리고 오는 길에 커피 한 잔 사다 달라고 부탁한다. 이 고객이 무례하게 느껴질 수 있다. 거절하는 것이 당연하게 느껴진다. 하지만 엑스트라 마일을 실행하는 사람은 다르다.

그는 남다르게 생각한다. '커피만으로 충분할까? 이 고객은 간식을 즐기는 분인데 케이크나 쿠키를 함께 사서 가는 게 좋겠다.' 그는 자기 자신을 휘감은 고단함보다는 고객을 만나는 게 더 기쁘다. 이런 사람에게는 짜증스럽게 느껴질 수 있는 고객의 요구가 오히려 좋은 기회가 된다.

이렇듯 '한 걸음 더 나아가는' 실천은 강요로 이루어지지 않는다. 그것은 일과 고객, 삶을 대하는 내 마음의 숨길 수 없는 표현이다. 변화를 향한 간절함에서 비롯되어야 한다. 내 마음을 돌아보고 태도를 새롭게 하는 것이 엑스트라 마일을 실천하는 관건이 될 것이다.

한 걸음 더 나아가는 실천, 이를 가능하게 하는 남다름은 달리 표현하면 차별성과 창의성이라 할 수 있다. 그런데 남과 다른 존재가 되고 싶다고 해서 전체를 다 바꾸어야 하는 건 아니다. 고객에게 더 유익한 것을 '하나 더' 덧붙임으로써 차별화가 이루어진다. 그렇게 덧붙은 '하나 더'가 가장 창의적인 부분일 수 있다. 콩만 가지고 지은 밥이 콩밥이 아니다. 쌀 90%에 콩 10% 정도가 돼야 콩밥이라고 한다. 10% 더 들어간 콩이 정체성을 결정짓는다.

남들만큼만 성공하고 싶은가? 그렇다면 남들이 하는 만큼만 하고 살면 된다. 현재의 내 삶은 내가 지금까지 살아온 결과물로 존재한다. 앞에서 언급한《회남자》는 "자기(自己)를 아는 자는 남을 원망하지 않고, 천명(天命)을 아는 자는 하늘을 원망하지 않는다. 복(福)도 자기에게서 싹트고, 화(禍)도 자기로부터 나오는 것이다"라며 냉정하게 조언한다.

인생에서 남다른 성공을 일구고 싶다면, 진정으로 변화하며 성장하고 싶다면, 남들이 생각하는 기준보다, 상대방이 요구하는 것보다 한 걸음 더 나아가라. 그것이 남다름의 비밀이다.

# 과거를 버리라

"새 넝어리가 되기 위하여 묵은 누룩을 내버리라"

- 고린도전서 5장 7절 -

## 버려야 변할 수 있다

어린 시절 우리 집은 사과 과수원을 했다. 수확이 끝난 겨울이면 사과나무 전지를 했다. 얼음장 같은 바람이 소매를 파고드는 한겨울 추위 속에서 온 가족과 6~7명의 일꾼이 사과나무 가지를 잘라냈다. 어린 나는 왜 이 일을 하는지 도무지 이해할 수 없었다. '가지가 많아야 과실이 더 풍성하게 열린 터인데, 생고생해가며 이 아까운 가지를 잘라낼 필요가 있을까?'

불만 반, 궁금증 반으로 아버지께 이유를 물어보았다. 아버지는 물끄러미 나를 바라보시며 말씀하셨다. "쓸데없는 것을 버려야 소출이 더

느는 법이다. 묵은 가지를 그대로 두면 열매가 반밖에 안 열리고, 이렇게 잘라주면 사과의 크기와 수가 두 배까지 늘어난단다." 변화의 출발은 과거를 버리는 것인데, 우리는 이 사실을 머리로는 이해하면서 실제 삶에 받아들이지 못한다. 그래서 집착하며 계속 부여잡는다.

동남아시아에서 원숭이를 사냥하던 옛날 방법에 대해 들은 적이 있다. 바구니 안에 바나나를 넣어둔다. 바구니 입구는 원숭이의 맨손이 겨우 드나들 정도로 좁다. 바나나를 쥔 채로는 바구니에서 손을 빼지 못한다. 원숭이가 이 바구니를 발견하고 손을 집어넣어 바나나를 쥔다. 이때 사람들이 다가와도 바구니에서 손을 빼지 않는다. 움켜쥔 바나나를 놓을 수 없기 때문이다. 결국 사냥꾼에게 잡혀간다. 원숭이는 바나나를 얻지 못할 뿐 아니라 기어이 포획되고 만다.

## 잘 버려야 성공한다

어린 시절부터 정리를 잘하던 여인이 있었다. 그녀는 버리기의 명수였다. 아무리 복잡하고 힘든 일이 있어도 털어낼 것을 털어내며 정리하면 머리가 맑아지고 일이 잘 풀렸다. 살면서 어려운 일에 부닥칠 때마다 버리기와 정리를 통해 이것을 극복해온 그녀는 버리기에 대해 집중적으로 연구했다. 그리고 버리기만 잘해도 인생을 성공으로 이끌 수 있다는 결론을 얻고, 이것을 도와주는 회사까지 설립했다. 그녀는 버리기의 원칙을 제시했다.

*첫째, 설렘이 사라진 물건은 버려야 한다.*

*둘째, 버리기를 통해 스트레스를 해소한다.*

*셋째, 버리기를 통해 생산성, 판단력, 결단력이 커진다.*

그녀의 이름은 곤도 마리에다. 그녀의 책은 미국에서 베스트셀러가 되었고 'Kondo'라는 단어가 '정리하다'라는 뜻으로 통용되기에 이르렀다.[41]

버리지 못해 변화를 망설이며 과거에 머물러 있는 우리의 모습은 어리석은 원숭이와 닮았다. 우리가 집착하는 대상들은 세상이 변했기에 더는 쓸모없는 것일 수도 있다. 이런 무가치한 욕망에 사로잡혀 미래에 얻을 수 있는 것들을 포기한다면 퇴행만 거듭할 뿐이다. 노키아의 전성기를 이끌었던 요르마 올릴라는 "확실한 과거보다는 불확실한 미래가 낫다"라고 잘라서 말했다. 우리가 선택해야 할 것이 무엇인지는 자명하다.

## 버리기를 주저하는 사람들

A+에셋을 창업한 이후 첫 계열사로 A+라이프를 설립했다. 상조 분야의 낙후된 영업 관행을 혁신함으로써 한국의 상조 문화를 바꾸겠다는 야무진 포부가 있었다. 상조 분야의 낡고 해묵은 영업 방식에 변화를 주는 일은 결코 쉽지 않았다. 강고한 기득권과 편견이 막아서고 있었기 때문이다. 그러나 벽을 돌파하듯 앞으로 나아갔다.

삼성생명에서 처음 도입하여 업계에 충격을 가져왔던 5대 품질보증 제도를 상조에 도입했다. 노잣돈과 수고비를 한 푼도 받지 않고, 정품을 사용하지 않으면 현금으로 보상하고, 종교에 따른 맞춤 서비스를 도입했다. 전국에 의전 네트워크를 구축하고, 실제로 사용한 비용만 정산하는 실비 정산제를 시행함으로써 상조 서비스에 새바람을 불러왔다. 그리고 조문객용 메뉴판을 사용하도록 했다. 대부분의 장례식장은 방문객 1인당 상차림 금액이 정해져 있다. 식사를 하든 안 하든 동일한 금액을 받았다. 이것을 방문객이 실제 먹은 음식값만 받는 방식으로 바꾼 것이다. 결과적으로 상주는 30% 이상의 음식 비용을 절감할 수 있었다.

상조 서비스를 혁신해가면서 나는 낡은 상조 문화 하나를 발견했다. 상주가 조문객에게 술을 대접하는 것이다. 이미 익숙해져 이상하다고 느끼지 못하는 사람이 많지만, 근본적으로 생각하면 이해되기 어려운 처사다. 미국과 유럽, 동남아시아를 다녀봐도 우리나라 같은 문화를 가진 곳을 찾기 어려웠다.

고인을 떠나보내며 애도하는 가장 엄숙한 자리에서 술을 먹는다는 것은 어색하다. 어떤 경우에는 시쳇말로 술판이 벌어지기도 한다. 상갓집에서는 술을 마시면서 건배하지 않는 게 예의인 것을 보면 어느 정도는 음주 자체가 결례임을 직감하고 있는 듯 보인다.

더욱이 평소에도 음주를 절제하는 개신교인의 장례식장에서 술자리가 마련되는 것은 옳지 않다. 나는 적어도 개신교인의 장례식장에서는 술이 사라져야 한다고 본다. 이 변화된 관행을 뒷받침하기 위해 상조 서비스를 더욱 혁신시킬 것이다.

장례식장 술자리에 대한 내 생각에 동의하는 사람은 꽤 많지만, 이를 자신의 장례식에 받아들이는 사람은 드물다. 과거로부터 이어진 고정관념을 과감하게 버리지 못한다. 이래서는 변화가 이어질 수 없다. 변화를 위해 과감하게 버리는 사람이 많이 나오기를 기대한다.

## 버려야 할 네 가지

하버드 의대의 에드워드 할로웰 교수는 뇌의 인지 능력을 연구하다가 집중력은 목표를 좇는 것보다 필요 없는 것을 버릴 때 생긴다는 것을 발견했다. 그는 집중력을 위해 버려야 할 네 가지를 제시했다.

***첫째, 서두르는 급한 일.*** *시간이 촉박할수록 실수가 잦아지는 것처럼 집중이 필요한 일은 여유 있게 해야 한다.*

***둘째, 결정을 내리기 어려울 정도의 과잉 정보.*** *결단과 행동으로 이어지지 않는 정보는 아무런 쓸모가 없다.*

***셋째, 해결할 수 없는 일에 대한 걱정.*** *걱정은 그 자체로는 어떤 도움도 되지 않는다. 집중의 가장 큰 적이다.*

***넷째, 주의력을 빼앗는 잡동사니.*** *습관적으로 이메일을 확인하거나 스마트폰을 켜는 사람들은 정작 중요한 일에는 주의력을 빼앗기게 된다.*[42]

## 성공까지 버려라

단순함을 추구하는 미니멀리즘(minimalism)이 유행하면서 일상생활 속 버리기의 가치가 점점 부각되고 있다. 좀처럼 사용하지 않는 물건으로 공간을 채우던 것에서 벗어나 필수품만 제한적으로 갖추면 더 편리하고 쾌적하게 생활할 수 있다는 관점이 공감을 얻게 된 것이다.

기업이나 기관들에서 '업무 없애기'가 혁신기법 중 하나로 도입되고 있다. 기존 업무에서 성과가 낮고 비효율적인 부분을 찾아서 없애는 것이다. 긍정적인 방향이다. 그런데 여기서 흔히 놓치는 점이 있다. 잘못된 것, 비효율적인 것을 버리는 것은 상식이다. 물론 이조차 저항이 따르고 쉽지 않지만 말이다. 하지만 진정한 버리기는 더 나아가야 한다. 과거 우리를 성공으로 이끈 것들까지 버려야 진정한 변화가 시작된다.

## 익숙한 것과의 결별

아프리카 세렝게티는 아름답고 풍요로운 초원이다. 여기에는 30여 종의 초식동물과 500종이 넘는 조류가 서식하고 있다. 이 동물들에게 세렝게티는 축복받은 땅이며 성공적 삶 자체다. 하지만 이곳을 버려야 할 때가 온다. 건기가 오면 초원이 사막으로 변한다. 이때 250만 마리에 이르는 초식동물들은 1천 km 이상의 대이동을 해야 한다. 먹이와 물이라는 생존을 위해 과거를 과감히 버린다.

생존을 위해 대이동을 하는 세렝게티의 초식동물들

과거의 성공에 머물러 있으면 변화하지 못한다. 변화하지 못하면 생존할 수 없다. 내 성공을 이루어준 것들이라도 버려야 할 순간이 온다. 이때 과감한 선택을 해야 한다. 익숙한 고정관념을 과감히 버려야 한다. 과거 성공 방식에서 벗어나야 한다. 런던 경영대학원의 프레이크 페르묄런 교수는 "가장 좋은 관행이 가장 효율적이지 않다"라고 말한다. 그는 "사람들이 자신의 습관을 고치는 것을 힘들어한다. 기업 역시 오랫동안 사용돼 이제는 습관이 되어버린 관행을 알아채고, 어느 순간 그 관행이 '나쁜 습관'이 된 것을 받아들이고 바꾸는 것을 힘들어한다"라고 지적한다.

그렇다면 가장 좋게 여겨졌던 관행이 '나쁜 습관'이 됐음을 알 수 있는 방법은 무엇인가? 해당 관행을 유지하는 이유에 대한 질문에 "항상 그래 왔으니까요"라는 대답밖에 내놓지 못할 때다.[43]

사람이든 기업이든 성공을 이끌어왔거나, 해당 분야에서 오랫동안 통용되어온 관행이라도 그것을 유지하는 이유가 '늘 그래왔으니까'라면 당장 버려야 한다. 지금의 나를 만든 영업 방식이 이 시대에 맞지 않을 수 있다. 내가 가장 잘 다루는 도구의 기능과 효율성이 점점 떨어질 수 있다. 심지어 지금 가장 잘나가는 기존 제품이 혁신적 신제품의 출시를 막고 있을 수도 있다. 그렇다면 눈물을 머금고 버려야 한다.

나는 늘 돌아본다. 나의 세렝게티는 무엇인가? 건기가 코앞에 닥쳤는데도 세렝게티의 삶에 푹 젖어 있는 것은 아닌가? 나와 우리 회사의 성공 방식은 무엇이었나? 그것들은 지금도 여전히 효율적인가? 과거부터 해왔다는 이유만으로 의미 없이 반복하고 있지 않은가? 내가 버려야 할 것은 무엇인가? 내가 과감히 버리기를 주저하지는 않는가?

이제 우리의 세렝게티에 건기가 왔다. 그것은 4차 산업혁명의 기술 변화일 수도, 소비자의 행동과 트렌드 변화일 수도, 코로나19라는 감염병일 수도 있다. 이 모두를 포괄하는 게 더 맞을 것이다. 이 건기에 살아남으려면 초원을 버리고 떠나야 한다. 때를 놓치지 말고 버리자. 변화의 길로 들어서자.

# 언어를 바꾸라

"다음의 넷은 돌아오지 않는다.
입 밖에 낸 말, 쏴버린 화살, 흘러간 세월, 간과해버린 기회."
- 오마르 이븐 -

## 비난 대신 칭찬과 격려

초등학교에 다니던 시절, 겨울이면 학교 뒷산에 마른 솔가지와 솔방울을 주우러 다녔다. 마른 솔가지와 솔방울은 집에서 땔감으로 썼고, 연탄을 사용하더라도 불을 빨리 붙이고 화력을 높이기 위해 이용했다. 그래서 뒷산에는 어린 나무꾼들이 꽤 많이 모이곤 했다. 때로는 자루를 채운 아이 중 하나가 "토끼 사냥하자"라고 외치면 몰이가 시작되었다. 산 위쪽에서 소리쳐 놀란 토끼를 아래로 도망가게 해야 토끼가 잡힌다. 앞발이 짧고 뒷발이 긴 토끼는 내리막길에서 잘 뛰지 못한다. 그래서 아래쪽 길목을 잘 지킨 아이가 토끼를 잡을 수 있다.

토끼를 잡으면 선생님께 드렸다. 산골 학교다 보니 한 학년에 한 반씩밖에 없었다. 선생님도 각 학년 담임과 교장, 교감 선생님 이렇게 여덟 분이었다. 학교 근처에 선생님의 숙소가 있었다. 아이들이 토끼를 잡아서 드리면 선생님들은 그것을 잡아 회식을 하시곤 했다. 선생님들은 "이 토끼 누가 잡았냐?"라고 묻고 그 아이를 늘 칭찬하셨다.

2학년 때 나는 길목을 잘 지키고 있다가 토끼를 잡았다. 그것을 선생님께 드리자, 머리를 쓰다듬으며 칭찬해주셨다. 그리고 다음 해까지 1년 동안 여러 선생님이 나를 만나면 "토끼 잡은 놈"이라고 칭찬했다. 그해 내내 그 칭찬은 학교에 다니는 즐거움이었다. 어깨가 으쓱해지며 자부심이 생겼다. 세월이 지나도 그 기억은 긍정적인 이미지로 가슴에 남았다. 《칭찬은 고래도 춤추게 한다》라는 책이 나왔을 때 그때의 일을 떠올리며 깊이 공감할 수 있었다.

## 언어가 변화를 이끈다

우리가 변화를 이루고자 할 때는 언어를 바꾸어야 한다. 다른 사람을 헐뜯고 깎아내리는 언어 습관이 있다면 버리고, 칭찬하는 언어로 변화시키는 게 옳다. 그러면 칭찬을 들은 사람이 성장하고 칭찬한 사람도 성장한다.

반면에 비난의 언어는 사람을 망친다. 사람의 눈썹과 눈은 검은색인데, 입술과 혀는 붉은색인 이유가 있다고 한다. 붉은색은 경고색이다. 함부로 사용하지 말고 신중하게 쓰라는 조물주의 경고라는 것이다.

특히 경계해야 할 것이 다른 사람에 대한 비난이다.

남을 비방하며 말하는 스타일을 껌 씹는 것에 비유한 글을 읽은 적이 있다. 씹는 듯 안 씹는 듯 돌리며 씹는 유형, 딱딱 소리를 내며 씹는 유형, 씹다가 단물이 빠지면 어딘가 붙여놓았다가 다시 씹는 유형, 부풀려 풍선을 불어가며 씹는 유형이 있다고 한다. 글을 읽으며 껌을 씹는 각각의 모습이 떠올라 혐오스러운 느낌이 들었다. 이 혐오스러운 비방의 언어를 칭찬의 언어로 바꾸는 것이 긍정적 변화의 하나일 것이다.

이해인 수녀가 쓴《고운 마음 꽃이 되고 고운 말은 빛이 되고》라는 책이 있다. 언어의 영향력에 대해 깊이 성찰해온 그녀는 "사람마다 기쁘게 고운 말씨 갈고닦아 세상을 환히 밝히는 사랑의 빛이 되자"라고 말한다. 말이 지닌 힘을 생각해보고 기왕이면 다른 사람도 살리고 나 스스로도 더욱 성장하게 하는 말, 세상을 따뜻하고 희망 가득한 곳으로 만드는 말, '생명의 말'을 나누자는 것이다. 그리고 잘 말하기 위해서도 연습과 노력이 필요함을 강조한다.[44]

## 긍정적인 언어

옛 어르신들은 "입이 보살"이라는 말씀을 자주 하셨다. 부정적인 말을 하면 그것이 일종의 예언이나 저주가 되어 현실로 이루어진다는 뜻이다. 살아보니 그 말은 현실에서 잘 들어맞았다. "안 된다", "못한다", "될 리가 없다" 등의 부정적인 말을 쓰는 사람이 일을 성사시키는 것을 본 적이 없다.

일제 침탈과 전란의 폐허에서 대한민국이 이처럼 빨리 성장한 이유가 매일 아침 어머니들이 아이들의 코를 풀게 하면서 "흥(興)"이라고 말했기 때문이라는 우스갯소리가 있다. 이 말은 요즘 더 발전했다. '흥(興)'에는 '재미, 즐거움을 동반한 감정'이라는 뜻도 있는데, 한류 등의 엔터테인먼트 산업도 이러한 긍정적인 선언 때문에 발전이 시작되었다는 식이다.

인간은 아무리 쉬운 일이라도 '할 수 없다'라고 생각하는 일은 이룰 수 없다. 시도조차 하지 않을 것이기 때문이다. '할 수 있다'라고 긍정하는 만큼만 이룰 수 있다. 생각은 언어로 표현되지만, 때로는 언어가 생각을 형성하기도 한다. '할 수 없다'라고 말하는 것은 '할 수 없다'라고 생각하는 것의 뿌리가 되기도 한다.

HSBC은행 총괄 부회장이자 CEO인 사이먼 쿠퍼는 "'할 수 있다'라고 말하다 보면, 결국 실천하게 된다"라고 강조했다. 긍정적 언어가 성취를 불러온다는 본질을 꿰뚫은 멋진 말이다.

긍정적인 말은 실천에 앞서도 된다. 담배를 완전히 끊은 후에 주변 사람들에게 금연에 성공했다고 말하는 것과 지금부터 담배를 끊겠다는 결심을 주변 사람들에게 널리 알린 후에 금연을 시도하는 사람 중 누가 성공률이 높을까? 후자의 성공률이 훨씬 더 높다.

말만 앞세우는 게 좋지 않다고들 한다. 옳다. 하지만 긍정적인 말은 다르다. 이는 성취에 대한 예언이다. 부정적인 언어를 긍정적인 언어로 바꾸어야 바람직한 변화와 성장을 이루어낼 수 있다.

## 마음을 여는 한마디

앞에서 삼성생명의 위기 진단과 변화 추진 과정에서 맥킨지로부터 경영 컨설팅을 받은 이야기를 했다. 컨설팅이 끝난 지 10개월쯤 지났을 때, 80대 전후로 보이는 외국 노인이 나를 찾아왔다. 컨설팅 결과에 대한 만족도를 체크하러 온 것이라고 했다. 나는 그분에게 이렇게 말씀드렸다.

*"맥킨지는 컨설팅을 시작하면서 이걸 고쳐라, 안 그러면 망한다는 식으로 시작한다. 삼성생명은 40년 넘게 대한민국 1위 보험사였다. 회사의 강점을 먼저 얘기한 다음, 위기의식을 불어 넣고, 고쳐야 할 점을 얘기해주었으면 더 좋았을 것이다. 그래야 거부감도 덜 들고, 변화에 동참할 마음이 생기지 않겠느냐."*

그가 내 이야기를 듣고 "이런 피드백은 처음 듣는다. 회사에 꼭 전하겠다"라는 말을 몇 번이나 반복했던 기억이 난다. 결과적으로 볼 때 맥킨지의 컨설팅은 유효했지만, 자칫 시작 과정에서 반발을 불러올 수도 있었다.

배려 없는 말 한마디가 상대방의 마음 문을 닫게 할 수 있다. 그러나 지혜로운 말은 사람을 기꺼이 움직이게 한다. 그 속에서 변화의 씨앗이 싹튼다.

## 세대를 넘는 소통

'Z세대'라는 용어가 있다. 'Z'는 알파벳의 마지막 글자다. 최후의 세대, 현재의 젊은 세대를 'Z세대'라고 한다. 이 Z세대의 사고방식은 종잡을 수 없다. 다양하고 엉뚱하다.

공관병을 대상으로 한 갑질 논란이 사회 이슈로 불거졌을 때 이런 우스갯소리가 떠돌았다. 공관병이 관사의 감을 따는 것이 옳은가를 두고 다양한 연령을 대상으로 설문조사를 했다고 한다. 50대 이상은 "공관병이 따는 게 맞다", 40대는 "매뉴얼에 있다", 30대는 "왜 따야 하느냐"가 주된 응답이었다. 그런데 Z세대는 떨떠름한 표정으로 이렇게 말했다고 한다. "감 떨어지는 질문이군요."

이들이 바로 미래 세대다. 앞으로 사회의 주력이 될 것이다. 이들에 대해 공부해야 한다. 내 성에 차지 않는다고 뜯어고치려 하지 말고 이들을 이해하고 이들과 소통해야 한다.

## 토론과 소통의 언어

삼성그룹 대선배인 한 CEO께서 깊이 반성할 일이 있었다며 나에게 겪은 일을 들려주었다. 그의 외손녀가 하버드 대학에 다닌다. 그 학생이 학교 토론에 참여하게 되었다. 환경과 개발 규제에 대한 주제다. 선배는 외손녀에게 "네 생각은 어느 쪽이냐?"라고 물었는데, 외손녀는 규제에 찬성한다고 대답했다. 선배는 여기에 대해 "의견을 잘 정리해서

너의 주장대로 토론하면 되겠네"라고 말했다. 외손녀는 외할아버지를 물끄러미 보다가 이렇게 말했다. "내가 찬성 입장에서 토론할지, 반대 입장에서 토론할지 몰라요. 토론회 날에 임의로 배정되거든요"라고 답했다고 한다.

선배는 순간적으로 머리가 멍해졌다고 한다. 자기 생각과 반대되는 의견을 논리적으로 개진하도록 교육한다는 발상이 충격적으로 느껴졌다고 했다. 자기 생각을 죽어라 하고 고집하며 토론에서 이기도록 배운 자신의 방식과 너무나 달랐기 때문이다.

미국이나 서유럽의 이런 토론 교육은 오래된 것이다. 물론 현재 우리나라의 중 · 고등학교나 대학의 토론도 이와 비슷하다. 자기 의견에 따라 찬반을 나누지 않고 무작위로 역할을 정해준다. 어떤 경우는 토론 직전에 어떤 쪽에서 의견을 개진해야 하는지 알려주기도 한다. 그러면서 찬성과 반대 입장을 균형 있게 생각하는 습관을 기르는 것이다.

교육은 바뀌었는지 모르지만, 한국의 토론 문화는 그야말로 참담한 실정이다. 극심했던 조선의 당쟁을 연상시킨다. 진영을 나누어 대립하며, 다른 사람의 의견에는 귀를 막고 자기 논리만 반복할 뿐이다. 소통이 이루어지지 않는다. 정치권이 그렇고, 대중의 정치 토론도 이와 비슷하게 이루어진다.

토론을 배우는 학생이 아니더라도 때로는 다른 의견에 서보아야 한다. 나의 반대편에서 설득 논리를 찾다 보면 내 생각의 부족한 부분을 발견할 수 있다. 극한 대립으로 치닫지 않고 타협점을 찾을 수도 있다. 다른 사람의 의견을 경청하고 그의 처지에서 생각해보는 토론 문화가 필요하다. 요즘 '꼰대'라는 말이 유행이다. 꼰대의 특징 중 첫 번째가

남의 말을 안 듣고 자신의 말만 목소리 높여 주장하는 것이라고 한다.

요즘 모든 현장에서 원로의 권위가 잘 먹혀들지 않는다고 한다. 이럴 때 '세상이 변했다'거나 '젊은이들이 예의가 없다'라고 한탄하기보다 자신을 돌아보아야 한다. '내가 고집불통의 언어로 얘기하는 것은 아닌가?' 하고 말이다.

대립과 반목, 목소리 키우기를 버려야 한다. 유연하고 온화한 소통으로 바꾸는 게 바람직하다. 말하기에 앞서 잘 듣고, 일방적으로 주장하기에 앞서 상대편의 의견을 곱씹어보는 게 변화의 방향이다. 그래야 가정에서 대화가 꽃피고, 직장에서 생산적인 회의 문화가 생기며, 정치권에 토론 문화가 생긴다. 불통의 언어에서 소통의 언어로 변화시켜야 가정이 화목하고, 기업이 성장하고, 국가가 도약할 수 있을 것이다.

# 관계를 바꾸라

"지혜로운 자와 동행하면 지혜를 얻고
미련한 자와 사귀면 해를 받느니라"
- 잠언 13장 20절 -

## 인간관계에도 버리기가 필요하다

나는 고객과 지인에게 선물하기를 즐긴다. 두 번의 명절뿐만 아니라 기념하거나 감사할 일이 있으면 선물을 보낸다. 세월이 지나면서 선물을 보내는 사람의 리스트가 점점 길어졌다. 한때는 7,800명 수준까지 늘었다.

고객, 가까운 사람이 늘었다는 것은 반가운 일이다. 하지만 형식적인 관계가 늘어서 그렇게 되었다면 경계할 만한 일이다. 비용도 만만치 않다. 5만 원짜리 선물을 골라도 한 번 선물을 보낼 때 4억 원 가까이 든다.

'한 번 맺은 인간관계는 무조건 끝까지 간다'라는 저돌적인 의리가 비생산적으로 느껴졌다. 나는 생각을 바꾸어야 했다. 긍정적 변화를 위해서는 인간관계도 버릴 수 있어야 한다. 나는 숙고한 끝에 선물 명단을 더 줄여나가려 하고 있다.

이 과정에서 인간관계에 대해 다시 생각하며 변화를 주기로 했다. 정리해야 할 인간관계를 판단하는 세 가지 기준을 세웠다.

**첫째, 상호존중이 안 되는 사람.** 사회적인 지위가 높다거나, 나이가 많다거나, 과거 선배라는 점을 이용해 사람을 얕잡아보고 존중하지 않는 이들이 뜻밖에 많다. 나를 존중하지 않는 사람과의 관계는 과감하게 정리해야 한다고 생각한다.

**둘째, 함께하면서 성장이 일어나지 않는 사람.** 그 사람과 만나고 소통하며 관계를 이어갈 때 무언가 배울 것이 있고, 서로 긍정적인 변화가 일어나야 한다. 안타까운 이야기를 하나 하자면, 성과가 낮은 설계사들을 보면 늘 비슷한 성과를 내는 사람끼리 어울리고 함께 식사하는 것을 볼 수 있다. 그것이 심적으로 편안하고 자기 위안이 될지 모르지만, 성장에는 치명적이다. 성과가 높은 사람과 어울리며 그에게 배우고, 부자 고객을 만나 역량을 키우는 게 옳다. 성장 없는 인간관계는 버리고 나를 성장시킬 인간관계로 바꾸어나가는 게 옳다고 본다.

**셋째, 함께했을 때 즐거움이 없는 사람.** 만남에서 스트레스를 주는 사람이 있다. 마음의 상처와 고통을 주는 사람이라면 인간관계를 유지할 필요가 없다. 사람은 행복해야 한다. 인간관계 역시 그 행복에 이바지해야 한다. 인간관계를 위해 행복을 잃어서는 안 된다.

## 세 겹 줄 인간관계

초등학교 시절 잠깐 핸드볼을 한 적이 있다. 핸드볼에서는 공격할 때 반드시 골 에어리어 밖에서 공을 던져야 득점할 수 있다. 라인을 밟는 것까지는 허용되지만 넘어서면 반칙이다. 공격수가 슛을 던질 때 골 에어리어 안쪽에는 두 사람 이상이 방어한다. 한 사람이 동작에 속거나 점프에서 지면 그다음 사람이 막아야 하기 때문이다.

그런데 에이스 공격수가 슛을 날릴 때는 세 사람이 방어하는 게 효과적이다. 공격수가 점프할 때 세 사람의 수비가 동시에 점프하면 막아낼 확률이 매우 커진다. 첫 수비가 무너지면 그다음 수비가 막고, 그마저 흐트러지면 마지막 수비수가 막아낼 수 있다.

나는 이때를 생각하면서 '세 겹'의 튼튼함을 떠올리곤 한다. 그런데 세 겹이 강하다는 것은 독특한 경험에서 생긴 나만의 생각은 아니다. 고구려 연개소문은 죽기 전 아들 3형제를 모았다. 그들에게 화살 한 개씩을 주면서 부러뜨려보라고 했다. 모두 쉽게 부러뜨렸다. 그다음에는 화살 3개를 주면서 한 번에 부러뜨리라고 했다. 아들들은 부러뜨리지 못했다. 그러자 연개소문은 이렇게 유언했다. "너희 셋이 단합하면 누구도 쉽게 대하지 못할 것이다." 구약성경 전도서 4장 12절에도 "한 사람이면 패하겠거니와 두 사람이면 맞설 수 있나니 세 겹 줄은 쉽게 끊어지지 아니 하느니라"라는 구절이 있다.

나는 기왕 인간관계를 맺으려면 세 겹 줄로 튼튼하게 맺어야 한다고 본다. 첫째는 존중이고, 둘째는 성장이고, 셋째는 즐거움이다. 상호 존중하면서 서로에게 배우며 성장하고 즐거움을 느끼는 사이라면 그 인간관계는 견고하고 튼튼하며 누구도 침범하지 못할 것이다. 인간관계를 세 겹 줄로 만들어라. 그렇게 할 수 없는 관계라면 정리하는 게 옳다.

## 인간관계의 주인이 돼라

현실에서 인간관계는 냉혹하다. 미국 연방수사국(FBI)은 사람을 이해하고 다양한 인간관계에 어떻게 대응하느냐에 따라 국가의 운명이 좌우될 수 있음을 강조한다. 테러 용의자를 추적하고 국가 위기와 관련된 첩보를 수집하는 임무를 수행할 때 사람에게 중점을 둔다. 그리고 중요한 상황에서 상대가 어떻게 행동할지, 왜 그런 행동을 하는지 예측하는 방법을 연구하여 행동 분석 프로그램을 만들기도 했다.

그들은 인간관계에서 신뢰할 수 있는 여섯 가지 신호 체계를 다룬다. 동맹(서로의 성공을 위한 공생관계 구축), 관계 지속성(유대관계가 지속될 것이라는 믿음), 신뢰성(능력과 성실함의 입증), 행동 패턴(긍정적인 행동의 일관된 표출), 언어(능숙한 의사소통으로 관계 구축), 정서적 안정감(정서적 조화로 갈등 초월)이 그것이다.[45]

특히, 조직의 운명을 책임진 리더가 허술하고 잘못된 인간관계 속에 빠진다면 조직 전체에 끔찍한 결과를 불러올 수 있다. 나의 현재 인간관계를 냉정하고 객관적으로 살펴볼 수 있어야 한다.

그러나 인간관계에 집착하는 사람이 더러 있다. 이들은 타인이 자신을 어떻게 보는지를 무엇보다 중요하게 여기며 인간관계를 유지하는 데 모든 힘을 쏟는다. 그러면서 자기 주도성을 잃어간다. 자기 삶의 주도권을 다른 이의 손에 맡긴 채 살아간다. 그러면서도 그 사실을 인식조차 하지 못하고 고통을 받아들인다.

이런 사람들은 인간관계의 함정에 빠져 자신의 의지와 신념, 가치관과 상반된 쪽으로 향해 간다. 그 대가는 참혹하다. 누군가가 자신을 비방하거나 관계에서 소외시키면 이를 견디지 못하고 끌려다닌다. 인간관계를 누리지 못하고 노예가 되어버린다.

심리학자 웨인 다이어가 조언한 것처럼 모두에게 사랑받을 필요는 없다. 다른 사람과의 관계, 시선, 평가에 초연할 때 진정한 자아를 찾을 수 있다. 자기 삶의 주인이 될 때 인간관계의 주인도 될 수 있다는 점을 잊지 말아야 할 것이다.

## 인간관계의 여덟 가지 과오

지인에게 메시지로 받은 글 중에서 인간관계 변화에 생각할 거리를 주는 내용이 있어서 소개하려 한다.

**습관적(習慣的)으로 저지르는 여덟 가지 과오(過誤)**[46]

① 자기 할 일이 아닌데 덤비는 것은 '주착(做錯)'이라 한다.

② 상대방이 청하지도 않았는데 의견을 말하는 것은 '망령(妄靈)'이라 한다.

③ 남의 비위를 맞추려고 말하는 것을 '아첨(阿諂)'이라 한다.

④ 시비를 가리지 않고 마구 말을 하는 것을 '푼수[分數]'라고 한다.

⑤ 남의 단점을 말하기 좋아하는 것을 '참소(讒訴)'라 한다.

⑥ 남의 관계를 갈라놓는 것을 '이간(離間)질'이라 한다.

⑦ 나쁜 짓을 칭찬하여 사람을 타락시킴을 '간특(奸慝)'하다 한다.

⑧ 옳고 그름을 가리지 않고 비위를 맞춰 상대방의 속셈을 뽑아 보는 것을 '음흉(陰凶)'하다 한다.

# 부자로 변하라

"가난뱅이는 네 계절밖에 고생하지 않는다.
봄, 여름, 가을 그리고 겨울."
- 탈무드 -

## 부자라는 변화의 목표

바람직한 변화의 모습 중 하나는 가난한 사람이 부자가 되는 것이다. 바꾸어 말하면 우리는 부자가 되기 위해 변화해야 한다. 그런데 이 말은 그리 감동적으로 느껴지지 않을지도 모른다. 많이 나아졌다고는 하지만, 아직도 '부자'나 '돈' 등의 단어를 직접적인 목표로 거론하는 게 어색한 형편이다.

우리나라 사람들은 돈과 관련된 문제에서 이중적인 태도를 보이곤 한다. 돈을 원하지만 좋아하지는 않는다고 말한다. 부자를 부러워하지만 존경하지는 않는다. 마치 재벌 기업을 혐오하는 듯 비난하면서도 그 회사에 취업하기를 애타게 바라는 젊은이처럼 말이다.

최인훈의 소설《상도》는 거상 임상옥[47]의 생애를 다룬 소설이다. 여기서 돈은 칼에 비유된다. 칼은 날카롭고 위험하며 강력한 힘을 발휘하는 무기다. 그런데 이 칼은 사람을 살리는 '활인검(活人劍)'이 될 수도 있고, 죽이는 '살인검(殺人劍)'이 될 수도 있다. 누가 어떻게 쓰느냐에 따라 결정된다. 만약 칼이 다루기 무섭다고 해서 아무렇게나 방치한다면 흉악한 사람이 마구 휘두르게 되는 위험한 상황이 올 수도 있다. 값진 칼이 녹슬어 망가지는 게 그나마 나은 경우일 것이다.《탈무드》에 이런 말이 있다.

*"태어날 때 가난한 것은 네 탓이 아니지만, 죽을 때 가난한 것은 네 탓이다. 특히 죽음을 앞두고도 가난에서 벗어나지 못하고 재산을 전혀 쌓지 못한 것은 용서받지 못할 일이다."*

유대인은 수 천 년 동안 나라 없이 떠돌며 유랑생활을 했고, 언제든 거주지에서 쫓겨날 수 있었기에 부의 축적에 더 매달렸을 것이다. 유대인은 자식이 옹알이할 때부터 동전과 지폐를 구분하는 방법을 가르친다고 한다. 좀 더 크면 돈으로 물건을 교환할 수 있다는 개념을 알려준다. 돈이 있으면 원하는 물건을 가질 수 있고, 원하는 물건을 얻기 위해서는 돈을 벌어야 한다는 것을 가르치는 것이다. 미국에서 많은 유대인이 금융이나 법률 관련 업무에 종사하는 이유는 부자가 될수록 삶의 질이 높아진다는 것을 알기 때문이 아닐까?

## 부자로부터 배우기

A+에셋 창업 초기, 나는 '부자 마케팅'을 주요 전략으로 삼았다가 뜻하지 않은 오해를 받은 적이 많다. 부자 고객만 선호하고 그들을 위해서만 일한다는 편견도 있었다. 우리 회사가 지금까지 회사보다는 고객에게 더 이익이 되는 마케팅을 펼친다는 '착한 마케팅'을 모토로 해왔다는 점에서 이런 편견이 얼마나 그릇된 것인지 알 수 있을 것이다.

내가 부자 마케팅을 말한 이유는 설계사들의 역량을 높여 본인도 부자가 되도록 하기 위해서다. 부자들은 주변에 좋은 사람이 많다. 요구 수준이 높고 다양한 관심사를 가지고 있다. 그래서 부자들을 고객으로 삼으려면 전문가로서 역량을 높여야 한다. 또 한 가지, 설계사들이 부자들을 대하며 그들에게 배우기를 원했다. 그러면 그들도 부자가 될 가능성이 더 커진다. 게다가 까다로운 부자 고객의 니즈를 충족시킬 수 있는 설계사라면 일반 고객을 확보하는 일도 어렵지 않을 것이다.

나는 많은 부자를 만난다. 그런데 색안경을 끼고 그들을 보지 않는다. 오히려 존경심을 갖는다. 그들이 부자가 되기까지 흘렸을 땀방울을 떠올리고, 그들에게 부를 선사한 남다름이 무엇인지 찾아서 배우고자 한다. 부자의 눈높이로 인격과 실력을 키우고, 부자에게 배우고, 부자와 함께함으로써 설계사들이 부자가 되기를 원한 내 목표는 솔직할 뿐 탐욕스럽다고 할 수는 없을 것이다.

《논어》〈헌문〉 편에 "貧而無怨難, 富而無驕易(빈이무원난 부이무교이)"라는 구절이 나온다. 뜻을 풀이하면 "가난하면서 원망이 없기는 어렵지만, 부유하면서 교만하지 않기는 쉽다"라는 뜻이다. 이와 비슷한 의미를 지닌 교훈을 《탈무드》에서도 발견할 수 있다. "재산을 많이 가지고 있으면 걱정거리가 그만큼 늘어나지만, 재산이 전혀 없는 편이 걱정거리가 더 많다." 가난해도 행복할 수 있다는 우리의 바람과 달리, 현실은 가난이 수많은 문제를 불러옴을 보여준다. 《명심보감》에서도 "의가 끊어지고 친분이 엷어지는 것은 오직 돈 때문"이라고 오래된 세태를 지적한다. 부유한 것의 부작용 역시 존재하지만, 빈곤에 비하면 해결책을 찾는 게 상대적으로 쉽다. 인간적으로 살기 위해 애써 가난해질 필요는 없다. 부자로서 겸손을 잃지 않는 데 힘을 쏟는 게 훨씬 쉽다.

## 돈에 솔직해지자

솔직해지자. 마음껏 돈을 좋아하자. 부자가 되고 싶다고 대놓고 말하자. 더 많은 돈을 벌고자 노력하자. 그러면서 부자로 변모하자. 나는 내가 부자가 될 뿐 아니라 우리 회사의 임직원들과 설계사들이 모두 부자가 되기를 바란다. 그리고 우리 고객이 부자가 되기를 원한다. 더 나아가 우리나라가 부자 나라가 되기를 소망한다.

부자가 되고 싶다는 내면의 목소리에 더 솔직해질 필요가 있다. 그래야 돈을 벌고 모으고 쓰는 과정의 정당함을 확보하며, 개인과 사회가 발전할 방안에 대해 허심탄회하고 진지하게 토론할 수 있다.

돈을 공부하는 것을 터부시할 이유가 없다. 한인 기업 최초의 글로벌 외식 그룹인 폭스그룹을 이끄는 김승호 회장은 돈의 특징을 매우 흥미롭게 설명한다. 그는 돈을 일종의 인격체로 규정한다. 우리가 어떻게 대하느냐에 따라 돈이 자기 뜻을 가지고 움직인다는 것이다. 예를 들어 돈에 너무 집착해서 집 안에 가둬놓으면 나갈 기회를 엿보게 된다. 다른 돈에게도 주인이 수전노이니 이곳에 오지 말라고 설득할 것이다. 돈은 자신을 존중해주지 않는 사람이 부자가 되도록 허락하지 않는다. 가치 있는 일, 좋은 일에 쓰인 돈은 자신을 존중해준 주인에게 감동해서 다른 돈을 데리고 그 주인을 다시 찾을 것이다. 하지만 향락이나 도박에 사용된 돈은 비참한 심정으로 주인에게 등을 돌려 다시는 돌아오지 않게 된다는 것이다.[48]

돈을 인격체로 존중하고 올바로 사용하는 것이 부자가 되는 지름길이라는 독특한 견해는 우리가 부와 돈을 대하는 자세에 대해 큰 시사점을 준다. '황금을 보기를 돌같이 하는', 즉 돈을 하찮게 여기는 것이 고매한 인격으로 통하던 시대는 지났다. 아니, 그런 세상은 없었다. 오히려 돈을 소중하게 다루는 것이 균형 잡힌 인품의 한 덕목이 될 것이다.

감리교단을 세운 존 웨슬리 목사는 성직자로서 다루기에 조심스럽고 예민한 돈 문제에 대해 설교하는 것을 주저하지 않았다. 그는 이렇게 말했다.

> *첫째, 할 수 있는 대로 돈을 벌어라. 힘껏 벌되 귀중한 영혼을 잃어서는 안 되며 남에게 해를 끼치면서까지 돈을 벌어서는 안 된다.*
>
> *둘째, 할 수 있는 대로 저축하라. 낭비와 육체의 소욕, 허영의 만족을 위해 소비하지 말라.*
>
> *셋째, 할 수 있는 대로 돈을 잘 쓰라. 자신의 건강, 체력의 보존을*

*위한 의식(衣食)을 위해, 가족을 위해, 직업이나 사업 경영을 위해, 믿음의 식구들과 모든 사람의 유익을 위해 돈을 선용하라.*[49]

존 웨슬리가 각 항목 앞에 "할 수 있는 대로"라는 말을 붙인 것이 특히 인상적인데, 이는 돈벌이와 저축, 소비에서의 적극성을 강조한 대목으로 보인다. 웨슬리의 조언처럼 돈을 잘 벌고, 잘 저축하고, 잘 쓰기 위해 노력해야 한다. 그럼으로써 부자에 가까이 갈 수 있을 것이다.

성경에서도 부자를 무조건 나쁘다고만 하지는 않았다. 부(富)가 위험하다는 것이다. 마태복음 19장 24절 "낙타가 바늘귀로 들어가는 것이 부자가 하늘나라에 가는 것보다 쉽다"라는 말씀은 부의 위험함을 경계하라는 뜻이 아닐까 생각해본다.

부자를 목표 중 하나로 삼는 데 거리낌을 가지지 않아도 된다. 다만 돈과 부의 위험을 경계해야 한다. "물질로 인하여 자기를 상실(喪失)하고 세속으로 말미암아 본성(本性)을 잃는 사람은 본말(本末)을 전도(顚倒)한 사람"이라는 장자의 가르침을 기억할 필요가 있다.

# 금융 · 투자의 변화

"잠자는 동안에도 돈이 들어오는 방법을 찾아내지 못한다면
당신은 죽을 때까지 일해야만 할 것이다."
- 워런 버핏 -

## 금융 문맹

유산을 받은 타고난 부자가 아니라면 부자가 되기 위해 재산을 축적하는 방법은 두 가지다. 첫째, 열심히 일해서 대가를 받고 그것을 모으는 것이다. 둘째, 투자를 통해 돈을 불리는 것이다. 이처럼 노동과 투자를 병행함으로써 부에 가까이 갈 수 있다. 그런데 상당수 한국인은 투자에 대해 잘 모른다. 특히 금융에 어둡다. 기껏해야 땅이나 아파트 등의 부동산을 사는 걸 바람직한 투자라 여길 정도로 금융에는 문맹에 가깝다.

금융투자의 꽃은 주식이다. 미국의 주식시장은 전 세계 주식시장

의 절반을 넘는 비중을 차지한다. 여기서 매년 우리나라 GDP 규모의 수익이 창출된다. 우리나라 기업이 반도체와 휴대전화, 한류를 팔아서 벌어들이는 돈보다 미국의 주식시장에서 창출되는 이익이 더 크다.

미국인은 가계자산의 70~80% 이상을 금융자산으로 가지고 있다. 그중 절반가량이 주식이나 주식형 펀드, 채권이다. 노후자금 설계도 주식 기반의 401(k) 중심으로 이루어진다. 반면 우리나라는 가계자산의 75%가 부동산에 묶여 있고, 금융자산은 20%가 조금 넘는다. 금융자산 안에서도 보험과 예금 비중이 더 높고, 주식이나 채권, 펀드 등의 투자 상품은 20%가 안 된다.

최근 집값이 상승했지만, 부동산은 환금성이 약하고 경기나 정책, 인구 감소 등의 변화에 취약하다. 반면 우량기업의 주가나 종합주가지수는 장기적으로 우상향하는 속성을 보여준다. 따라서 장기적 관점의 가치투자가 훨씬 더 안전하다.

수익성도 주식이 더 높다. 서울 강남구 대치동 은마아파트를 보자. 처음 분양하던 1978년부터 2019년 말까지 40여 년 동안 96배 올랐다. 그렇다면 같은 기간 주식의 상징인 삼성전자는 얼마나 상승했을까? 무려 804배나 올랐다. 삼성전자만 오른 것은 아니다. 우량 종목 중에서 100배 이상 상승한 종목을 어렵지 않게 찾을 수 있다.

부동산이 안전하고 수익성이 높다는 생각은 사실과 다르다. 그런데도 한국인은 거꾸로 생각한다. 심지어 주식투자를 도박처럼 여긴다. 주식투자를 하지 않는다는 점을 자신이 성실하다는 증거로 내세우는 이가 있을 정도다.

## 금융을 가르치지 않는 나라

한국이 금융과 투자에 문외한이 된 이유는 무엇일까? 우리 사회가 금융·투자에 대해 교육을 하지 않았기 때문이다. 학교에서도 가정에서도 주식시장의 원리와 투자 방법에 대해 알려주지 않는다. 그래서 주식이 무엇인지 알지 못한다. 그 결과 몇몇 사람은 한탕주의에 휘말려 도박하듯 주식을 사고팔기도 한다. 반면 상당수는 주식투자를 피한다. 미국은 학교 정규 교육과정에서 주식투자를 가르친다. 초등학교 3학년 때 주식을 사고파는 것을 직접 경험한다. 중산층 가정, 특히 유대인 가정에서는 자녀가 중·고등학생 시절부터 주식에 투자하도록 하고, 자신이 투자한 기업에 대해 관심을 갖도록 유도한다. 식탁에서는 경제 상황과 투자한 기업에 관한 이야기가 오간다.

금융에 대한 낮은 인식은 주식뿐만이 아니다. 보험도 마찬가지다. 한국인의 금융 상품 중 보험이 차지하는 비중은 꽤 높다. GDP의 11~12%가 보험이다. 세계 5위 수준이다. 우리보다 GDP 기준 보험 가입액이 더 큰 나라들은 대부분 도시 국가들이다. 그런데도 우리나라의 보험 만족도는 세계 꼴찌 수준이다. 이에 대해서는 앞에서 자세히 설명했다.

중국에서도 중학교 3학년 교과서에 보험에 대해 상세히 다룬다고 한다. 우리나라는 학교에서 보험에 대해 배울 기회가 거의 없다. 한국 보험의 역사는 1922년 조선화재해상보험에서 이어진다. 현재의 메리츠화재해상보험이다. 100년 가까이 된다. 중국의 실질적인 민간보험은 기껏해야 30년 남짓이다. 그런데 보험을 가르치고 대하는 태도가 우리보다 낫다.

우리 사회에서 금융투자 교육이 활성화되지 않은 데는 부에 대한 욕망을 터부시하는 오래되고 위선적인 정서가 자리 잡고 있다고 본다. 《명심보감》에서 지적했듯이 "사람의 정의(情義)는 다 가난한 데서 끊어지고, 세속의 인정(人情)은 곧잘 돈 있는 집으로 쏠린다." 정당한 부의 축적에 관심을 두고 실질적인 방법론을 공부하는 것은 사회 공동체를 발전시키는 데 매우 유용하다. 부를 관리하고 축적하는 유용한 방법론을 공부하며 가르치자. 가정의 밥상머리에서, 학교 수업 중에 자연스럽게 등장시키자. 《하워드 막스 투자와 마켓 사이클의 법칙》[50]이나 《부의 대이동》[51] 같은 균형 잡힌 관점의 투자 전략서를 틈틈이 탐독하자.

## 금융의 변화가 사회 발전을 이끈다

금융은 미래 부가가치 창출의 원천이다. 하지만 우리 사회의 금융에 대한 인식과 지식, 문화는 참담한 실정이다. 총체적으로 바뀌어야 한다. 금융투자를 활성화할 제도 변화가 시급하다. 학교를 중심으로 한 실질적인 금융투자 교육이 필요하다. 이런 노력으로 민간의 투자 관행과 인식이 바뀔 수 있다. 부동산에 치우친 가계자산 비중도 합리적으로 조정될 필요가 있다.

나는 우리 회사가 한국 금융 수준을 높이는 데 이바지할 부분이 크다고 생각한다. 먼저 고객에게 최적화된 금융 상품을 판매하는 관행이 정착되도록 판매 채널을 변화시켜나갈 것이다. 또한 사회적으로 금융

지식을 키우는 교육과 캠페인에도 관심을 두고자 계획하고 있다.

KB금융지주 경영연구소가 조사하여 발표한 〈2020 한국 부자 보고서〉를 보면 부자들의 금융자산이 일반 가계에 비해 빠른 속도로 늘어난 것을 알 수 있다. 물론 부동산 비중이 늘었는데, 이는 최근의 가파른 부동산값 상승에 따른 현상이다. 부자들은 금융자산을 늘리고 있다. 그것도 대면 중심에서 인터넷과 모바일을 이용한 비대면 중심으로 이동하고 있다.

이런 금융 지식의 격차가 부의 격차를 더 늘릴 것으로 보인다. 부자로 변화하고 싶다면 금융과 투자를 공부해야 한다. 부자 나라가 되려면 미래 세대에게 금융과 투자를 가르쳐야 한다. 이것이 바람직한 변화 방향이다.

# 새로운 투자 트렌드

"투자의 성공과 실패를 가르는 것은 바로 비용이다.
어서 연필을 깎아라. 그리고 직접 계산하라."
- 존 보글 -

## ETF, 주식처럼 거래하는 펀드

2020년 말 이후 주식시장을 향한 관심이 커졌다. 코스피가 연일 장중 신고가를 경신하며 3000 시대로 접어들었기 때문이다. 주위에서도 "이 종목이 좋더라, 저 종목이 좋더라"라는 이야기가 심심치 않게 들려온다. 각종 매체에서 좋다고 이야기하는 주식들을 무턱대고 살 수 없다. 전문 지식이 부족한 상태에서 뛰어들었다가 손실을 볼 수 있다. 그래서 간접투자 방식을 선택하려 하면 비싼 운용 수수료가 걸린다. 쉽게 환매할 수 없다는 것은 단점이다.

하지만 이러한 문제점을 해결한 상품이 있다. 바로 ETF(Exchange

Trade Fund)다. '상장지수펀드'라고 불리는 이 상품은 시장에서 주식처럼 쉽게 거래가 가능한 인덱스펀드다. ETF는 KOSPI 200과 같이 특정 지수의 수익률을 추종하는 펀드를 구성하여 여러 가지 주식 또는 다른 자산에 투자한다. 그래서 소액으로도 여러 가지 종목에 분산투자하는 효과가 있다. 한 주식 종목에 투자하는 것보다 위험이 줄어든다.

ETF는 세계 최대 인덱스펀드 운용사인 뱅가드그룹의 설립자 존 C. 보글[52]에 의해 탄생했다. 그는 '월스트리트의 성인'이라 불리는 인물이다. 1975년 최초의 인덱스펀드 '뱅가드 500'을 선보인 보글은 《모든 주식을 소유하라》라는 책에서 "가장 효과적인 투자 전략은 수많은 종목으로 포트폴리오를 구성해서 개별 리스크를 완전히 제거하는 것"이라고 말했다.

전 세계 170개국에 2천만 명에 달하는 투자자를 확보한 뱅가드는 외형뿐 아니라 투자자들을 주주로 하는 지배구조로도 높은 평가를 받고 있다.

## ETF 투자 기회

ETF에는 다양한 상품이 있어 여러 분야에 간접투자할 수 있다. 가장 보편적인 코스피, 나스닥, S&P500 등 지수를 추종하는 상품은 물론 금, 은, 원유, 곡물 등 원자재에 대한 ETF도 있으며 채권이나 리츠 등 금융자산에 투자하는 ETF도 있다.

최근에는 그 분야가 더욱 세밀화되고 다양해져 바이오, 인터넷, 로

봇, 언택트, 전기차, 친환경, 2차전지, 헬스케어 등 업종과 테마로 묶은 새로운 ETF들이 전 세계적으로 생겨나고 있다. 2020년 미국 바이든 대통령의 당선 이후 앞서 소개한 종목들이 더욱 주목을 받을 것으로 예상된다.

실제로 2020년 한 해 동안 친환경, 인터넷 관련 ETF가 높은 수익률을 기록했다. 해당 자산에 투자하는 ETF의 수익률 상위 5개 종목은 다음과 같다.

**2020년 12월 14일 기준 최근 1년 글로벌 ETF 수익률 순위**

| ETF명 | 운용사 | 투자 자산 | 직전 1년 수익률(%) |
|---|---|---|---|
| Invesco Solar ETF | Invesco | 태양 에너지 관련 | 190.5 |
| ARK Genomic Revolution ETF | ARK Invest | 바이오 관련 | 185.3 |
| Invesco WilderHill Clean Energy ETF | Invesco | 재생 에너지 관련 | 180.5 |
| First Trust NASDAQ Clean Edge Green Energy Index Fund | First Trust | 재생 에너지 관련 | 162.4 |
| ARK Next Generation Internet ETF | ARK Invest | 차세대 인터넷 산업 | 161.8 |

출처: ETF.com

나스닥시장의 경우 2010년부터 2020년까지 10년간 연평균 30% 수익을 기록했는데, 지속적으로 미국 금융시장으로 자금이 몰리는 상황이다. 원달러 환율이 2020년 12월 기준 1,100원대로 많이 하락한 상황인데, 이런 환경이 미국 ETF 시장에 투자할 적기다.

우리나라에는 2002년 10월 삼성자산운용의 KODEX 200을 시초로 ETF가 상륙했다. 2002년 단 4개 종목이던 ETF는 2020년 12월 기준 466개의 ETF가 한국거래소에 상장될 만큼 성장했다. ETF를 운용하는 자산운용사만 해도 15개가 넘는다. 점유율로 보면 삼성자산운용의 KODEX가 1위, 그 뒤로 미래에셋자산운용의 TIGER, KB자산운용의 KBSTAR, 한화자산운용의 ARIRANG이 뒤를 잇고 있다.

ETF에 투자하기 위해선 어느 운용사가 어느 브랜드 ETF를 운용하는지에 대해 아는 것도 중요하다. 기본적으로 ETF는 액티브 펀드가 아니라 패시브 펀드이기 때문이다. ETF 상품을 개발할 때 보통 처음에 어떻게 상품을 세팅하고 운용하느냐가 정해져 있다. 정해진 룰에 의해 종목의 구성이라든가 비중이 정해져 있으므로 자산운용사의 역할이 매우 중요하다. 즉, 기초자산이 같은 ETF라도 자산운용사의 실력에 따라 성과가 달라진다는 이야기다.

2020년은 ETF 시장의 기념비적인 한 해로 기억될 것이다. 2020년 1월 ETF를 거래하는 계좌는 27만 개였지만, 코로나19 이후 동학개미 열풍에 힘입어 5월에 80만 계좌가 넘어 약 3배 가까이 증가했으며, 거래 금액으로도 개인 투자자 기준으로 5조 원이던 금액이 10조 원으로 2배 가까이 늘어났다.

국내 ETF도 높은 수익률을 기록하고 있다. 미래에셋자산운용의 TIGER 2차전지 테마의 경우 2020년 12월 기준으로 직전 1년 97.6%의 수익으로 가장 높은 수익률을 기록했다. 그 뒤를 97.4%의 KBSTAR 헬스케어, 96.4%의 KODEX 2차전지산업이 차지했다. 상위 10개의 국내 ETF가 90% 이상의 수익률을 기록했다. 글로벌, 국내 상관없이 ETF 상품은 높은 수익률을 자랑하며 자금을 끌어들이고 있다.

## ETF를 보완한 보험

이렇게 장점만 있을 것 같은 ETF도 단점이 있다. 자산운용사의 방법론에 의해 투자되다 보니 내가 원하는 특정 종목이나 상품을 빼거나 더할 수 없다. 또한, 국내 상장 ETF의 경우 KODEX 상품을 제외하면 거래량이 작아 유동성이 부족하다. 글로벌 ETF의 경우 매매차익에 대해 22%의 양도소득세가 부과되며, 분배금에도 배당소득세가 부과된다.

최근에는 보험상품을 통해 이러한 단점들을 줄여 투자하는 방식이 증가하고 있다. 개인이 직접 투자하기 어려운 글로벌 ETF나 국내 ETF에 자산운용사가 개발한 인공지능이 대신 투자해주고 수익을 내는 변액보험을 통한 투자를 소개하려고 한다. 이 상품은 GA 업계 최초로 GA와 보험사 그리고 자산운용사가 공동으로 개발한 상품으로 A+에셋이 상품을 기획하고 DGB생명이 상품을 개발했으며 삼성자산운용이 운용을 맡아 2020년 10월 13일 출시했다.

이 상품은 출시 직후부터 선풍적인 인기를 끌었다. 국내 ETF뿐만 아니라 글로벌 ETF까지 전 세계에 투자하며 블랙록, 뱅가드그룹 등 세계 최고의 실력을 갖춘 자산운용사의 투자 전략을 따라갈 수 있다. 또한, 인공지능이 자산을 운용하여 시장 상황에 따라 수시로 리밸런싱이 진행되어 상승기와 하락기 모두 시장에 능동적으로 대응하여 투자할 수 있다는 큰 장점을 지니고 있다.

# 5

# ‘변화’라는 이름의 기회

역전의 기회를 잡아라 | 그때 그들이 변화의 주역이었다면 | 두 번의 전란 | 영국이 자동차 산업에서 소외된 까닭은? | IBM, 마이크로소프트, 애플 | 미쳐야 변화할 수 있다 | 성장 동력을 잃어가는 보험 시장

# 역전의 기회를 잡아라

"약한 자들은 한 가지 무기가 있다.
자기가 강하다고 생각하는 결점이 없다는 것이 그것이다."
- 조르주 비도(전 프랑스 총리) -

## 약자의 역습

신라는 고구려와 백제보다 약한 나라였다. 신라가 가장 먼저 건국되었다고 하지만, 본격적인 국가의 기틀은 고구려나 백제보다 늦게 잡혔다. 신라는 군사력도 약했다. 5만 명 남짓의 군사가 전부였다. 고구려는 전성기 병력이 30~50만이라고 추측하는 기록이 있다. 백제도 이에 필적하는 강력한 대군을 가졌다고 한다. 영토도 신라가 가장 작았다.

그런 약소국 신라가 자신보다 훨씬 강력한 백제와 고구려를 차례로 무너뜨리고 한반도의 패권을 장악한 원인은 무엇일까? 민족적 자존심을 중요하게 여기는 사람들은 신라가 외세를 끌어들여 같은 민족의 나라를 멸망시켰고, 만주 지역을 차지하지 못한 반쪽짜리 통일이라고 비난하기도 한다. 하지만 민족 국가의 개념은 그보다 훨씬 후대에 생겼다. 그 시대에는 그저 싸우고 빼앗는 경쟁국이었을 뿐이다. 생존을 위해 국가 간 합종연횡이 빈번하던 시절에 동맹을 이용해 전쟁을 치른 것이 자주성이라는 잣대로 비난받을 일은 아닐 것이다.

고구려와 백제의 지도층이 부패와 내분으로 스스로 무너진 탓이 크다. 두 나라는 한때 왕성한 국력을 자랑하며 화려한 문화를 꽃피웠다. 고구려는 중원의 제국 수나라와 맞서며 그 멸망의 도화선에 불을 붙인 강대국이었다. 백제는 요서와 일본을 넘나든 국제적 문명국이었다. 그러나 이들은 과거의 화려한 영광을 지키지 못했다. 국제 질서와 경제, 백성의 삶이 바뀌는 변화의 압력에 저항하다가 무너져내렸다.

## 변화에 적극적이던 신라

신라는 변화에 적극적이었다. 군사적으로나 영토상으로 밀리는 처지에서 변화는 생존의 고육책이었을 것이다. 특히 선진 학문을 수용하는 데 열심이었다. 당나라에 많은 유학생을 보내 선진 학문과 사상, 기술을 수용했다. 신라를 기준으로 서쪽에 있는 당나라의 학문이라는 뜻으로 '서학(西學)'이라는 용어가 통용되었고, 통일신라(남북국)시대에 견당유학생(遣唐留學生)이 제도화된 것을 보면 당나라의 앞선 학문을 도입하는 데 매우 적극적이었음을 알 수 있다. 신라 유학생의 대표적인 인물이 최치원[53]이다.

신라가 포용한 것은 단지 당나라 학문과 문물만이 아니었다. 당시 당나라는 국제 교류가 활발했다. 멀리 아랍 세계와도 교역했다. 통일신라 때 관리 처용은 아랍인이라고 알려졌는데, 신라는 아랍인이 관직에 오를 정도로 외국 문화에 포용적이었다고 유추할 수 있겠다. 신라는 당나라 유학생들을 통해 세계의 발전된 학문을 끌어안았다. 지식인들은 학문의 도구인 문자(한자)를 자유롭게 구사했으며 국가 통치와 행정, 외교 역량을 갖추었다. 그러면서 지식 문명국으로 변모했다. 고구려와 백제의 압박에 시달리던 신라의 선택은 이러한 변화였다.

그리고 그 변화가 신라를 우위에 세웠다. 통치술로 내부 권력 구조를 공고히 하고, 외교를 통해 부족한 군사력을 보완했다. 그리고 변화에 실패해 흔들리던 백제와 고구려를 연이어 정복하고, 야욕을 드러낸 당나라 군대를 대동강 북쪽으로 축출함으로써 서기 676년 최초로 한반도를 통합했다.

시대의 변화는 닫혔던 기회의 문을 열어주었다. 신라는 스스로 축적한 변화의 역량을 바탕으로 이 문을 박차고 나섰다. 그것이 약소국이 승기를 잡는 과정이었다. 변화는 약자에게 역전을 이룰 최고의 기회다. 변화를 받아들이고 앞서서 이끌 때 기회를 살릴 수 있다.

그러나 신라의 승리는 오래가지 못했다. 부단한 변화를 이어갈 동력을 잃었기 때문이다. 권력층은 부패와 향락에 빠졌고, 어렵게 쌓아올린 지식 능력을 계속 발전시키지 못했다. 그러면서 퇴락을 거듭했고, 결국 새롭게 등장한 변화의 선도자 왕건이 이끄는 고려에 한반도 패권을 내어주고 만다.

역사는 신라의 삼국통일과 고려 건국처럼 기존 강자가 아닌 신흥

약자가 부상하여 패권을 장악하는 과정을 자주 보여준다. 약자와 거인의 싸움에서 당연히 거인이 이길 것이라고 단정하는 우리의 편견을 깨뜨린다. 미국의 저널리스트 말콤 글래드웰은《다윗과 골리앗》이라는 책을 통해 잘못된 통념을 지적하고 약자가 승자가 될 수 있음을 실증적으로 밝히고 있다. 역사학자 아레귄 토프트의 연구에 의하면 강대국과 약소국의 전투에서 약소국이 이길 확률은 28.5%인데, 강대국의 룰을 따르지 않고 다르게 접근한 전투에서는 승률이 63.6%까지 올라간다고 한다. 작고 약하다고 무조건 불리한 것은 아니라는 것이다. 기득권의 룰을 깨고 역사의 수레바퀴를 돌리는 사람은 불리한 조건에 놓인 약자들이다. 그렇다면 약자인 것이 그렇게 나쁜 일만은 아닐 수도 있다.[54]

약자의 무기는 민첩함이다. 민첩함에 대해서는 앞에서도 다루었다. 아프리카 초원의 케이프토끼는 시속 72km 이상은 달리지 못하지만, 110~120km로 달리는 치타의 공격에서 벗어나곤 한다. 방향을 선회하는 순간 전환 속도가 치타보다 월등하기 때문이다. 즉, 변화에 능한 약자는 강자의 틈바구니에서 생존하며 때로는 새로운 강자로 등장할 수 있다.

세계적 제국이 된 나라들조차 초기에는 국력이 미미해 주변국의 주목을 받지 못했고, 기존 강대국과 자웅을 겨룰 만한 힘도 없었다. 그러나 변화를 통해 기존 강대국이 갖지 못한 남다르고 독특한 역량을 갖추면서 강자로 떠올랐다. 그리고 성공에 젖어 변화를 이어가지 못할 때 역사의 무대에서 힘없이 내려왔다는 공통점이 있다.

소수민족이 세운 중국 최초의 통일 제국 원의 완성자 쿠빌라이 칸은 "변화로써 변화에 응한다"라는 제국 경영의 철학을 가지고 있었다.

변화만이 소수민족이 거대한 중국을 다스릴 통치 역량이었다.

## 파괴적 혁신

기업 세계는 국제 질서보다 훨씬 더 부침이 심하다. 기존 강자들끼리 패권을 주고받는 것이 아니라 눈에 띄지 않는 곳에서 변화를 이룬 새로운 도전자가 갑자기 부상하여 시장을 장악하는 일이 훨씬 더 많다. 앞에서 살펴보았듯이 30년 이상 시가총액 상위에 이름을 올리는 미국 기업들은 매우 드물다. 그 자리는 과거에는 이름조차 생소했던 기업들의 차지가 되었다.

이런 기업 세계의 변화 양상을 클레이튼 크리스텐슨 하버드대학 경영대학원 교수는 '파괴적 혁신'으로 설명한다. 성공을 이룬 기업은 가장 높은 수익을 안겨주는 기존 고객의 요구에 집중한다. 이 과정에서 새로운 고객이나 새로운 니즈를 무시하는 경향이 크다. 그러는 동안 기존 기업이 간과한 새로운 고객과 니즈에 초점을 맞추는 신규 기업이 등장한다. 이들은 기존 기업이 방치했던 작은 시장에서 출발했기에 초기 성공은 보잘것없다. 그러나 최초 성공의 원동력이던 장점을 그대로 유지한 채 기존 기업의 주류 고객이 요구한 수준까지 도달함으로써 시장을 장악한다. 이런 과정을 거쳐 파괴적 혁신이 일어난다는 것이다.

기존 기업들은 새로 등장한 고객과 새로운 니즈를 알면서도 변화를 주저한다. 변화가 초래하는 조직적 업무 부담과 저항이 두려우며, 새로운 영역이 요구하는 새로운 역량을 쌓는 것이 어렵기 때문이다. 또한 자신들의 존립 근거와 기득권을 스스로 부정하면서 규모가 작은 새로운 시장에 진출하기를 주저한다. 그 결과 변화의 기회를 놓치고 파괴적인 도전자에게 시장의 주도권을 빼앗기게 된다.[55]

## 새로운 가치를 제안하라

파괴적 혁신이 성공하려면 변화한 고객, 변화한 니즈를 발견하고 새로운 가치를 제시하는 데 있다. 이러한 변화를 이뤄내고 기존 고객의 요구까지 충족시킬 역량을 기르는 기업이 시장의 승자가 된다. 기존 고객의 요구에 대한 대응력을 기르는 '존속적 혁신'과 새로운 고객, 변화한 니즈, 새로운 시장에 초점을 맞추는 '파괴적 혁신'이 동시에 진행된다면 성장이 가속화될 것이다.

A+에셋은 기존 고객의 전통적 가치를 충족시키면서도 새로운 고객의 새로운 니즈를 발견하고 새로운 개념과 가치를 제안하는 방향으로 변화해왔다. 'GA(General Agency)'는 우리가 새로 만든 개념이 아니다. 금융 선진국에서 생기고 한국에 유입된 회사 형태다. 기존 금융회사는 상품 개발과 판매를 함께 진행했다. 자사 상품만 판매하므로 영업 현장에서 자사 상품의 장점은 강조하지만 약점은 숨기게 된다. 고객은 복잡한 금융 상품을 잘 모르고, 선택할 수 있는 경우의 수도 작기에 더 유리한 선택을 할 기회를 놓칠 가능성이 크다. 이러한 제조와 판매, 즉 제판 통합의 한계를 극복하고 여러 회사의 다양한 상품을 취급하며 고객에게 가장 유리한 선택을 하도록 돕자는 것이 GA의 취지다.

GA는 존재 방식 자체로 혁신적 성격이 있다. A+에셋은 창업 때부터 GA의 본질적 가치에 충실하고자 노력해왔다. 설계사 수를 늘려 보험 판매를 늘리는 양적 경쟁을 지양하고, 우수한 설계사가 고객에게 GA의 존재 가치에 맞는 상품 제안을 할 수 있는 질적 기반을 구축하는 데 주력했다.

## A+에셋, 파괴적 혁신의 역사

회사를 설립한 지 2년도 안 된 2009년 4월 GA 업계 최초로 한 달간 무경력 설계사 입문 과정을 개설하는 등 설계사의 판매 수준에 맞게 세분화된 교육 프로그램을 도입했다. GA는 대부분 비용 문제로 신입 설계사를 도입해 육성하는 대신 기존 설계사를 영입해 바로 영업 현장에 투입하는데, A+에셋이 이런 관습을 깨고 무경력자 교육과정을 도입한 것이다. 교육 내용도 판매 스킬보다는 고객과의 소통을 통한 니즈 파악, 니즈 분석을 통한 상품 설계, 상품 판매 후 고객 관리 등 고객 만족을 위한 판매 프로세스에 집중했다. 이러한 교육 시스템이 고객에게 이익이 된다면 수수료가 낮아지는 것은 기꺼이 감수한다는 '착한 마케팅'을 실천하는 기반이 되었다.

그러면서 새로운 고객의 새로운 요구에 눈을 떴다. 예를 들어 부유층 고객은 금융 상품 선택과 운용에 그들만의 고유한 니즈가 존재했다. 이들과 접점을 넓히면서 새로운 가치를 담은 제안을 하는 일이 중요했다. 이에 따라 '부자 마케팅'이라는 혁신이 시도되었다.

이를 위해 A+에셋은 GA 업계에서는 최초로 WM(Wealth Management) 본부를 만들었다. 보험뿐 아니라 부유층이나 기업 고객이 특히 관심 있는 세무, 노무, 법무, 자산운용 등에 걸쳐 종합적인 컨설팅이 가능하도록 했다. A+에셋의 WM 조직은 GA 업계에서 가장 우수하다고 정평이 나 있어 여러 금융사의 스카우트 표적이 되고 있다.

한편 여러 회사의 다양한 상품을 판매한다 해도 변화된 고객의 다양한 요구를 바로바로 충족시키기 어려웠다. 그래서 A+에셋이 상품을 기획해 보험회사에 주문하고 그것을 판매하는 오더 메이드 상품을 만들었다. 이 과정에서 보험 상품의 '주문생산'이라는 혁신이 이루어졌다.

오더 메이드 상품은 상품에 따라 3개월이나 6개월 등 A+에셋이 독점적으로 판매할 권한이 있다. A+에셋은 창립 이후부터 2021년 3월 현재까지 총 80종이 넘는 오더 메이드 상품을 만들었고, 지금도 전체 판매액 중 1/3 정도를 오더 메이드 상품이 차지하고 있다.

특히 최근에는 보험 업계 최초로 인공지능이 펀드를 자동 변경해 주는 오더 메이드 변액보험을 출시했는데, 두 달 만에 200억 원이 넘는 판매 실적을 올리는 성과를 거두기도 했다. 앞에서 ETF를 설명하면서 이에 대해 다루었다.

인터넷을 통해 고객이 주도적으로 상품 정보를 탐색하고 선택하는 경향이 늘어나고 있다. 코로나19 확산에 따른 사회적 거리 두기로 비대면 접촉이 일반화되는 환경에서 A+에셋은 고객의 새로운 요구를 충족시키고자 기술 혁신에 나섰다. 인공지능과 빅데이터를 활용한 분석 시스템을 사용이 간편한 앱으로 구현하고, 비대면과 대면을 통합한 '뉴택트' 마케팅 전략을 전개한 것이다. 과학적 분석과 정서적 고객 서비스를 연계시켜 한데 아우르는 O2O(Online to Offline)로의 혁신이 시작되었다.

A+에셋은 고객의 출생부터 사망 후에 이르기까지 생애 전체에 걸친 수준 높은 '토털 라이프케어 서비스'를 제공한다는 비전을 갖고 있다. 그래서 이러한 업무를 담당할 헬스케어, 실버케어, 부동산, 대출, 상조 등 계열사를 설립하여 운영했다. 또한 IT 솔루션 회사인 파인랩을 설립해 라이프케어 플랫폼을 구축할 기반도 갖추었다.

A+에셋의 성장은 본질적 가치에 탄탄히 뿌리를 내리는 동시에, 새로운 고객을 발굴해 새로운 개념을 창조하고 새로운 가치를 제안하는 혁신의 연속이었다. 존속적 혁신과 파괴적 혁신을 함께 전개한 것이다. A+에셋의 변화는 잠깐의 멈춤조차 허락하지 않을 것이다. 나는 현재의 혁신을 이끌며 다음 단계의 혁신을 계획하고 있다. 그 구체적 내용이 궁금하고 함께하고 싶다면 A+에셋의 일원이 되기 바란다.

# 그때 그들이 변화의 주역이었다면

"인간과 짐승을 구별하는 것은 인륜을 가진 데만 있는 것이 아니라
기술을 소유하고 그것을 발전시켜나가는 데 있다.
우리는 낙후된 실정을 직시하고
어서 빨리 서양의 근대 과학 기술을 받아들여야 한다."
- 정약용 -

## 역사에서 교훈 찾기

나는 역사 읽기를 즐긴다. 인물과 사건이 씨줄과 날줄로 엮이는 웅장한 서사. 그런 인류의 기억 속으로 들어가 인간 정신의 구현을 보는 것은 실로 흥미진진한 경험이다. 사업을 하면서부터는 역사 읽기의 실용적 목적이 더해졌다. 사안을 판단하고 결정할 때 역사적 사건으로부터 교훈을 얻는 일이 하나둘 생기기 시작했다.

알고 보니 기업 경영을 하는 사람이 역사 읽기를 즐기는 것은 매우 흔한 일이었다. 고 이건희 회장은 아들 이재용 부회장이 전공을 선택할 때, 인간 본성을 탐구하며 과거를 통해 미래 통찰력을 기르는 역

사를 공부하도록 권했다고 한다.[56] 이재용 부회장의 전공은 동양사학이다. 소프트뱅크의 손정의 회장도 역사 마니아로 알려져 있다. 그는 창업 30주년을 맞아 비전 선포식을 하기 전에 별도 조직을 만들어 광범위한 역사 연구를 하고 이것을 데이터베이스로 만들어 구체적인 교훈을 찾고자 했다.

내가 우리 역사를 읽으며 가장 매력적으로 느낀 인물은 정조대왕[57]과 다산 정약용이다. 동시대를 살았던 두 사람은 군신 관계를 뛰어넘는 인간적 우정을 나누었다. 나는 이 두 사람에게 기회와 시간이 좀 더 주어졌다면 한국의 역사는 크게 달라졌을 것이라 생각하며 큰 아쉬움을 느끼곤 한다.

## 정조대왕의 개혁성

영조의 뒤를 이은 정조는 비범한 인물이었다. 그는 남인과 소론을 등용함으로써 정계의 중심이던 노론을 견제하는 탕평책을 써서 정국을 안정시켰으며, 실학자를 기용하고 외국 첨단 문물을 도입하는 등 여러 방면에서 개혁 정치에 나섰다. 정조는 인간적인 면모에서도 과거의 틀에 얽매이지 않는 호방함을 보였다. 그 자신이 명궁이었는데, 허약한 문신들이 강인함을 갖추어야 한다고 하며 정약용 등의 선비들에게 종일 손이 부르틀 정도로 활쏘기를 연습시킨 기록이 남아 있다.

2009년 2월에는 정조가 신하 심환지와 주고받은 서신을 모은《정조 어찰집》이 발견되어 역사학계에 충격을 주었다. 여기에는 근엄한

왕의 모습과 거리가 먼 정조의 인간적인 면모가 드러난다. 편지 속의 정조는 성격이 급하고 욕설, 막말, 비속어를 쓰면서 신하들을 비난한다. 하지만 신하들을 함부로 처벌한 기록이 없는 것을 보면 공사의 균형 감각을 갖추었던 것으로 보인다.

이 편지 중에서는 난데없이 한글이 등장하기도 하고, '가가(呵呵)'라는 엉뚱한 표현도 나온다. 웃음소리 '끌끌'을 뜻하는 것인데, 젊은이들이 문자 메시지를 보내며 'ㅋㅋ'라고 쓰는 것의 원조는 정조인 셈이다.

## 수원 화성

정조는 부친 사도세자의 묘를 이장하면서 자신이 꿈꾸던 이상 도시를 구현하고자 했다. 기득권 사대부의 허상으로 가득한 한양이라는 오래된 틀을 벗어나, 다양한 개혁을 시도할 공간으로 수원 화성[58]을 건설했으리라 짐작해본다. 화성이 만들어지는 과정부터 과감하고 개혁적이어서 이런 추측은 설득력이 있다.

화성 설계의 중대한 작업을 맡은 이는 31세의 젊은 실학자 정약용이었다. 둘레 5.7km, 높이 4~6m 성곽을 건설하는 대역사였다. 농번기에는 공사인력을 동원할 수 없어 겨울 농한기에만 공사를 진행해야 했고, 당시의 토목 기술 수준도 매우 낮았다. 하지만 정약용은 당시 기술로는 10년쯤 걸릴 공사를 2년 9개월 만에 끝냈다.

여기서 정약용과 그를 알아보고 기용한 정조의 비범한 개혁성을 엿볼 수 있다. 정약용은 정조가 화성에 있는 사도세자의 묘를 참배하기 위해 한강을 건널 때 사람과 말, 물자를 배가 한 대씩 차례대로 나르는 방법 대신 여러 대의 배를 일렬로 연결해 한꺼번에 건널 수 있는 '배다리'를 고안해냈을 정도로 과학에 조예가 깊었다.

정약용은 수원 화성 건설에서도 도르래를 이용해 무거운 돌을 들어 올릴 수 있는 거중기와 녹로를 발명해 활용했다. 이 거중기가 있었기에 10톤이 넘는 무거운 돌을 높은 곳까지 쉽게 운반할 수 있었다. 정조는 "거중기를 만들어 무려 4만 냥의 예산을 아꼈다"라며 정약용을 칭찬한 기록도 접할 수 있다.

인력 운용 방식에서도 변화된 모습을 찾을 수 있다. 정약용은 천편일률적인 일당제 대신 '도급제적 성과급제'를 도입했다. 그는 "한 걸음마다 표시하는 나무를 세워 3,600단으로 나누고, 인부들에게 개울의 자갈을 지고 와 1단을 채우는 데 따라 품삯을 얼마씩 준다면, 그들은 자신이 계산하여 많이 져 나를수록 이익이 많으므로 힘껏 일하여 며칠 안

정약용의 거중기와 녹로

되어 채울 수 있을 것입니다. 날품을 주는 것과 비교하면 비용이 절약되고 공정도 빠를 것입니다"라고 정조에게 건의했다. 정조 역시 "품삯을 날짜로 계산해서 주지 않고 짐 단위로 거리의 원근을 헤아려 차등을 둔다면 강한 자는 넉넉히 백 전을 취할 것이요, 약한 자도 제 한 몸 가리기에는 족할 것이다"라며 동의했다.[59]

## 정조의 돌연사

하지만 정조와 정약용의 개혁은 계속되지 못했다. 정조가 갑작스러운 죽음을 맞았기 때문이다. 정조는 평생 암살과 모반 위험에 시달렸다. 강용휘 등의 자객이 존현각 지붕을 뜯다가 발각된 사건을 시작으로 이유백, 이택징 등의 모반이 뒤따랐다. 이후에는 문인방이 강원도에서 병사를 모아 동대문을 치려던 계획이 발각되었다. 구선복, 구이겸 등의 모반도 사전에 발각되었다.

다수의 역사학자는 정조가 병사했다고 보지만, 독살설 또한 끊이지 않고 있다. 권력을 장악하려는 세도가들에게 특출한 임금 정조는 눈엣가시 같은 존재였을 것이다. 정조의 과감한 개혁에 위협을 느낀 기득권층이 암살과 모반을 꾀하다가 독살이라는 방법을 동원했으리라고 추정하는 것이다.

## 애민의 개혁가 정약용

정조보다 열 살 아래인 정약용[60]은 과거장에서부터 정조의 각별한 애정을 받았다. 정조는 정약용에게서 자신이 지향하는 신하의 모습을 보았는지도 모른다. 구습에 얽매이지 않는 정약용의 개혁성은 정조의 마음을 사로잡기에 충분했다.

정약용이 성균관 유생일 때 정조가 성균관 유생들 모두에게 《중용》 해석을 명했다. 정약용은 율곡 이이의 관점에 따라 해석을 내놓아 정조의 칭찬을 받았다. 그때 남인은 퇴계를, 노론은 율곡을 숭상했다. 그런데 남인 명문가 자제이던 정약용이 당파가 아니라 학문적 소신에 따라 율곡의 해석을 받아들인 것이다. 당파가 다르면 이웃끼리 인사조차 하지 않던 그 시절에 말이다. 정조의 눈에 정약용은 소신과 균형감을 갖춘 인사로서 극심한 당쟁 속에서 개혁 정치를 해나갈 인재로 보였을 것이다.

정약용이 곡산 부사로 임명되었을 때의 일이다. 전임자 때 부패한 아전이 군포를 규정의 다섯 배쯤 징수하여 백성의 원성을 샀다. 그때 농민 이계심의 주도로 천 명이 관아로 몰려가 항의한 일이 있다. 관아에서는 이를 민란으로 간주하여 매를 때리며 탄압했다. 이계심은 도주했는데, 그 행방이 묘연했다. 고관들은 임지로 떠나는 정약용에게 이계심을 체포해 사형에 처해야 한다고 충고했다.

그런데 정약용이 부임하는 길에 이계심이 자수했다. 그는 엎드려서 백성이 괴로워하는 점 열 가지를 고언했다. 얼마 후 정약용은 그를 석방했다. 그때 "관장이 밝아지지 못하는 까닭은 백성이 자기 몸을 위해서만 교활해져 폐막을 보고도 관장에게 항의하지 않기 때문이다. 너 같은 사람은 관에서 마땅히 천 냥의 돈을 주고라도 사야 할 사람이다"라고 말했다.[61] 관료의 부정부패를 엄단하고 백성에게 너그러우며 그 목소리를 경청하는 애민적 개혁 정신이 잘 드러나는 사건이다. 그의 이런 가치관이 후일《목민심서》의 토대가 되었을 것이다.

앞에서 이야기한 것처럼 정약용은 거중기와 도급 성과급제 등 개혁적 방법으로 수원화성 건설을 성공적으로 마무리함으로써 한층 더 정조의 총애를 받았다. 정조와 정약용은 단순히 임금과 신하 사이가 아니었다. 위당 정인보 선생의 말처럼 "정조는 정약용이 있었기에 정조일 수 있었고, 정약용은 정조가 있었기에 정약용일 수 있었다." 두 사람은 당쟁으로 얼룩진 역사의 어두운 시기에 함께 변화를 시도한 친구이자 최고의 파트너였다. 정조는 다산을 미래의 재상으로 여겼고, 정약용은 정조를 이상적 군주라고 받아들였다. 그리고 이들은 서로에 대한 깊은 신뢰를 품고 함께 백성을 위한 나라 만들기에 헌신했다.[62]

정조는 정약용의 든든한 버팀목이 되어주었다. 정약용은 실학자로서 천주교를 깊이 연구했다. 그의 셋째 형 정약종은 독실한 천주교 신자로서 신유박해 때의 순교자다. 정약용이 천주교와 관련이 있다는 사실은 반대파들이 그를 탄핵할 좋은 명분이었다. 하지만 정조는 끝까지 정약용을 지켜주었다. 그러나 1800년 정조가 세상을 떠나자 그 이듬해 정약용도 유배길에 올라야 했다.

## 리더의 필독서

경상도 장기, 전라도 강진 등에서의 18년 유배 생활 동안 정약용은 연구와 집필에 열중했다. 그의 저작 중 가장 뛰어난 책을 '일표이서(一表二書)'라고 한다. 일표는 《경세유표》, 이서는 《목민심서》와 《흠흠신서》다. 《경세유표》는 국가를 경영하는 경륜을 다뤘고, 《목민심서》는 지방관의 행정, 《흠흠신서》는 종합 형법 이론서다. 특별히 《목민심서》는 시대를 뛰어넘는 통찰력과 혜안을 담고 있으며, 리더십의 진수라 불러도 손색이 없을 것이다.

일설에 의하면, 베트남의 호찌민이 독립운동을 하며 도망 다니던 와중에 꼭 챙겼던 책이 《목민심서》 48권이라고 한다. 해지고 너덜너덜해질 때까지 읽고 또 읽었다고 한다. 후에 《목민심서》에 대해 칭찬을

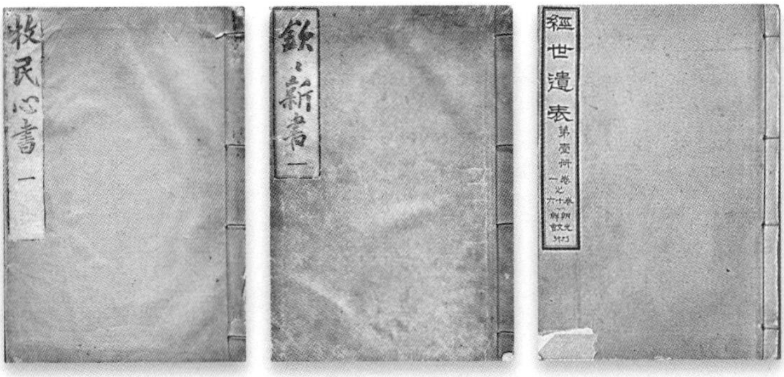

(왼쪽) 《목민심서》: 백성을 다스리는 지방 목민관(牧民官, 수령)의 치민(治民)에 관한 요령과 감계(鑑戒)가 될 만한 마음가짐과 태도 등을 저술한 책이다. (가운데) 《흠흠신서》: 곡산 부사로 재직할 때 실제로 수사했던 사건들을 바탕으로 서술한 판결과 형벌 및 치옥(治獄)에 대한 주의와 규범에 관한 책으로 사람의 생명에 관한 일을 가벼이 처리하지 않도록 유의할 점을 적었다. (오른쪽) 《경세유표》: 관제 · 군현제와 전제(田制) · 부역 · 공시(貢市) · 창저(倉儲) · 군제 · 과거제 · 해세(海稅) · 상세(商稅) · 마정(馬政) · 선법(船法) 등 국가 경영에 관한 일체의 제도 법규에 대해 적절하고도 준칙(準則)이 될 만한 것을 논정(論定)한 책이다.

아끼지 않으며 널리 추천했다는 이야기도 전해진다. 정약용을 연구해 박사학위를 받은 사람이 일본에서만 수백 명이라고 한다. 우리나라는 전문 연구자 수가 이보다 훨씬 적은 것이 안타깝다.

반찬 가짓수를 줄여서라도 "마땅히 써야 할 부분에 재물을 쓰고, 쓸데없는 비용이나 긴요하지 않은 데 쓸 것을 절제하라"라는 '절용'의 철학 등은 지금도 큰 귀감이 된다.

서문에서 "나라 곳곳에 부패가 만연하니 이 나라 장래가 어떻게 될까? 이 나라 청년들이 과거 시험에만 매달리니 나라의 장래가 어떻게 될까? 이대로 나간다면 나라가 망하는 길밖에 없겠구나"라고 한탄한 목소리는 이 시대에도 큰 울림이 된다.

그는 1818년 음력 5월 오랜 귀양길에서 돌아왔다. 그러나 정조가 없는 조정을 버리고 고향에서 말년을 보냈다. 그리고 1836년 음력 2일 회혼일(혼인 60주년) 아침, 〈회혼시〉를 남기고 세상을 떠났다.

## 좌절된 변화

내가 느끼기에 정조와 정약용이 개혁의 포부를 이루지 못한 것은 우리 역사의 크나큰 불운이다. 두 사람은 외롭게 싸웠지만 강고한 체계를 무너뜨리지 못했다. 변화에 대한 거센 저항을 물리치기에는 우군이 너무 적었고, 주어진 시간이 짧았다. 정조나 정약용에 대해 그다지 개혁적인 인물이 아니었으며, 개혁성은 권력을 강화하기 위한 수단이라는 평가도 있다.

하지만 나는 동의하지 않는다. 그 시대에 그런 진취적 변화를 시도했으며 성과를 거두었다는 사실만으로 높은 점수를 주어야 한다고 본다. 정조의 갑작스럽고 의문에 가득 찬 죽음에 독살설 같은 음모론이 나오는 것도 후대에서 지난 역사를 보면서 느끼는 좌절과 안타까움 때문이 아닐까. 정조가 죽고 정약용이 실각한 후 조선은 극심한 당쟁의 소용돌이에 빠졌다. 개혁의 소중한 기회는 사라졌다.

정조가 즉위한 1776년은 미국 독립 선언이 있던 해다. 1776년 7월 4일 영국 식민지이던 미국 13개 주 대표들이 필라델피아 인디펜던스홀에 모여 독립을 선언했다. 그리고 같은 해 영국의 경제학자 애덤 스미스[63]는 《국부론(*The Wealth of Nations*, 1776)》을 출간했다. 자본주의 경제학의 고전이 탄생한 것이다.

1760년부터 1820년 사이에 영국에서는 산업혁명이 전개되었다. 엄청난 기술 발전과 제조업의 혁신이 일어났고, 사회나 경제적으로 엄청난 변화를 일으켰다. 산업혁명의 물결은 구미 각국으로 퍼져나갔다. 가까운 일본도 점진적인 개방을 통해 변화의 싹을 틔우기 시작했다.

세상이 극적으로 변하고 있는데, 우리는 우물 안에 갇혀 소중한 변화의 기회를 살리지 못하고 뒤처졌다. 그 사실조차 알아차리지 못했다. 이런 비극의 역사가 다시 반복되지 말아야 할 것이다.

# 두 번의 전란

"평화를 원하는 자는 전쟁을 준비하라."

- 베게티우스(로마의 군사 이론가) -

## 적전분열(敵前分裂)

1582년 음력 6월, 일본 정치의 실질적 통치자인 막부(幕府, 바쿠후) 오다 노부나가 쇼군이 교토 혼노지에서 아케치 미쓰히데의 모반을 막지 못하고 자결한다. 이때 노부나가의 충복이던 도요토미 히데요시가 정권을 차지한다. 빈농 출신으로 야심이 가득했던 그는 기회를 놓치지 않았다. 주고쿠에서 대군을 이끌고 교토로 돌아와 야마자키 전투에서 아케치 미쓰히데의 반란군을 격파하고 오나 노부나가의 계승자가 된다. 이후 그는 일본 전국을 통일하고 국내를 안정시키고자 했다. 도요토미 히데요시는 중앙집권화의 방법으로 외국과의 전쟁을 계획했다. 전쟁

이야말로 온 나라가 하나로 뭉치는 계기가 되기 때문이다. 이와 더불어 수하들에게 나누어줄 영지를 제시함으로써 불만을 잠재웠다.

이 소식은 바다 건너 조선에도 전해졌다. 조정에서도 일본의 상황을 정확히 파악할 필요가 있었다. 처음에는 정탐꾼을 보냈지만, 일본에서의 검문이 강해지자 공식적인 사절단을 파견하기로 했다. 1589년 11월 일본의 사정을 파악할 목적으로 정사(正使) 황윤길, 부사(副使) 김성일을 필두로 통신사가 떠났다. 대마도를 거쳐 당시 일본 정치의 중심지이던 오사카로 들어갔다.

이 여정 내내 통신사 일행은 극심한 갈등을 빚었다. 정사와 부사의 당파가 달랐기 때문이다. 황윤길은 서인이었고 김성일은 동인이었다. 형식적 의례를 놓고도 분쟁이 벌어졌다. 도요토미 히데요시는 왕이 아닌 관백(關伯)이므로 왕의 예를 갖출 수 없다는 게 동인 김성일의 주장이었고, 끝내 이를 관철했다. 엄중한 시국에 중차대한 목적을 안고 떠난 이들이 당파적 정략과 지엽적인 의전 문제를 놓고 다투는 데 시간을 허비했다는 것은 다가올 불행을 예고하는 징표였다.

일본의 분위기를 살펴보고 도요토미 히데요시를 만난 후 귀국한 통신사들은 1591년 3월 선조를 접견했다. 정사였던 황윤길은 자신이 살펴본 바를 상세히 설명하면서 "반드시 병화(兵禍)가 일어날 것"이라고 보고했다. 그러자 부사였던 김성일은 "그럴 만한 정황이 전혀 없는데, 황윤길이 과장하는 것"이라며, "민심이 동요할 수 있으니 이런 예측은 도리에 어긋난다"라고 덧붙였다. 도요토미 히데요시에 대한 평가도 엇갈렸다. 황윤길은 "눈빛이 빛나며 담력과 지략이 뛰어난 사람으로 보였다"라고 했고, 김성일은 "눈이 쥐와 같아서 두려워할 위인이 못 된다"

라고 깎아내렸다.

두 사람이 상반된 보고를 하자 조정에서는 이를 놓고 갑론을박이 벌어졌다. 열띤 토론 이후 어처구니없는 결론을 냈다. "서인이 세력을 잃었기 때문에 민심을 요란하게 하려 한다"라는 것이었다. 조선 조정은 무사안일과 당파적 사고에 빠져서 코앞에 닥친 위험에 눈을 감자고 결정하고 말았다.

어전 회의가 끝난 후 류성룡이 김성일에게 물었다.

"당신이 지금 황윤길과 전혀 다른 말을 하는데, 만약에 전쟁이 일어나면 어떻게 하려고 그러십니까?"

그러자 김성일이 이렇게 대답했다.

"나도 왜적이 난리를 일으키지 않을 것이라고 확신할 수 없습니다. 다만 온 나라가 놀라고 혼란에 빠지지 않도록 하려고 그렇게 보고한 것입니다."

한마디로 전쟁을 준비하는 변화가 두려워 끔찍한 위험을 존재하지 않는 것으로 만들었다는 것이다.

## 변화의 때를 놓치다

이후에도 전쟁 위기를 알리는 정보가 들어왔다. 선위사(사신을 대하는 고위 외교관) 오억령이 일본 승려 현소로부터 "내년에 길을 빌려 명나라로 진격할 것이다"라는 말을 들었고, 그에게 재차 물어 확실한 정보임을 확인한 후 조정에 보고했다. 하지만 조선 조정은 비상식적인 이유로 그

보고를 묵살하고 오억령의 관직을 박탈했다. 이미 전쟁이 없을 것이라고 결정했는데, 전쟁이 일어난다고 경고하는 것은 국론분열이라는 것이다.

전쟁은 발발 가능성이 없더라도 반드시 대비해야 한다. 그것이 전쟁을 차단하여 평화를 유지하는 방법이다. 만에 하나의 위험이라도 감지된다면 더 철저히 준비해야 한다. 그것이 동서고금을 막론한 군사 정책의 기본이다. 당시 조선은 문약에 빠져 있었는데, 군사력을 증강하는 방향으로의 변화, 그 변화가 몰고 올 피로를 두려워하고 거부했다.

조선의 고위 관료들은 자신들의 안온한 생활이 위협받고 정치적 혼란을 불러올지 모르는 변화가 싫어서 전쟁의 가능성을 외면했다. 그들은 현실 정세가 변화하고 있음에도 선입견을 버리지 못했다. 명나라를 섬기는 사대정신에 따라 일본을 얕잡아보고 무시했다. 만에 하나 일본이 침공하더라도 대국 명나라가 이를 쉽게 물리쳐줄 것이라는 막연한 의존감도 작용했을 것이다.

《징비록》을 쓴 명재상 서애 류성룡조차 "왜적은 절대 군사를 출동시키지 않을 것이며, 출동시키더라도 두려워할 것이 없다"라고 섣불리 단정했다. 그 당시 일본은 포르투갈로부터 전수 받은 조총이라는 신무기로 무장했는데도 말이다.

## 임진왜란의 참화

불행하게도 1592년 4월, 임진왜란이 일어났다. 그 결과 어떤 참극

이 일어났는지는 우리가 잘 알고 있다. 전쟁의 참화를 겪으면서도, 전란이 끝난 후에도 조선 지도층의 인식은 변화하지 않았다. 수많은 백성이 생명과 삶의 터전을 잃고 있는데도 임금과 관료의 안위만을 위해 피난을 거듭하며 명나라 원군만 목놓아 기다리던 태도, 전란 후 공신을 책봉할 때도 목숨을 걸고 왜군과 싸운 사람이 아니라 피난지에서 임금을 보필하던 사람을 더 귀하게 여겼다.

## 국제 정세 변화

우리 선조들이 임진왜란을 치를 무렵 중국에서도 격변이 시작되고 있었다. 1588년 누르하치가 여진족을 통일하며 명나라를 위협할 세력으로 부상한 것이다. 1618년에는 '금(후금으로 부른다)'으로 국호를 바꾸고 본격적으로 명나라와 겨루기 시작했다.

이 무렵 조선은 국제 정세의 변화를 읽고 지혜롭게 대응했다. 당시 조선의 왕은 광해군이었다. 광해군은 피난한 선조를 대신하여 왕세자로서 조정을 이끌었다. 그때 전란의 끔찍함을 절실히 느꼈을 것이고, 즉위 후 가능한 한 전쟁을 피하려는 노력을 기울였다.

1619년 급부상하는 후금을 치기 위해 명나라가 만주로 출병했을 때 명나라에서는 조선에 지원군을 요청했다. 광해군으로서는 곤혹스러운 상황이었다. 임진왜란 때 원군을 보내준 동맹국이자 상국 명나라의 요청을 거절할 명분이 없었지만, 후금을 자극한다면 이것이 후환을 일으켜 다시 전란에 휩싸일 수 있었기 때문이다.

이때 광해군은 실리적인 선택을 한다. 강홍립에게 1만 군대를 맡겨 명을 돕게 하면서도 적극적으로 싸우지 말고 전황이 불리하면 항복하라고 지시한다. 명나라는 패배를 거듭했고 강홍립은 불리한 상황에서 후금에 투항했다.

광해군 재위 시기 후금의 지도자였던 홍타이지(청 태종)는 남하할 때 위협이 될 수 있는 조선을 정벌해야 한다고 생각했음에도 광해군이 줄타기 외교를 하는 것을 보며 전쟁을 발발하지 않았다.

광해군은 전략적 외교를 통해 전란의 위험을 제거하는 데 힘을 쏟았고, 재임 초기는 선정을 펼쳤다. 그러나 결국 인간적인 약점을 드러내고 말았다. 그는 왕권 유지에 극심한 불안감을 느꼈다. 이 때문에 임해군, 영창대군, 능창군 등 위협이 될 만한 왕족을 잔혹하게 숙청했으며, 인목대비를 폐하면서 조정의 신망을 잃었다. 그리고 이이첨 같은 간신을 등용하고 그에게 권력을 맡겼다. 조정은 혼란에 빠졌고 결국 정변이 일어났다. 1623년 서인이 중심이 되어 일으킨 인조반정으로 광해군은 쫓겨나고 말았다. 그는 조선에서 연산군에 이어 묘호(廟号)를 받지 못한 두 번째 왕으로 역사에 기록되었다.

## 변화한 현실을 외면하다

인조를 옹립한 서인은 사대정신이 투철했다. 실리보다는 명분을 내세웠으며, '향명배금(向明排金)'을 선언함으로써 후금을 자극했다. 인조 즉위 5년인 1627년 후금은 3만 명의 군사를 이끌고 조선을 침공했다. 이를 '정묘호란'이라 한다. 이때 후금의 명분 중 하나는 '광해군의 복수를 한다'라는 것이었는데, 조선의 태도 변화가 전쟁의 한 원인임을 읽을 수 있는 대목이다. 후금군은 파죽지세로 진격해 정주성과 인주성을 함락시켰고 평양성에 도착했다. 이때 소현세자는 전주로, 인조와 조선 조정은 강화도로 피난했다. 그러다가 전세가 호전되었다. 당시 명나라와 전쟁 중이던 후금은 배후가 취약해질 것을 염려하여 강화를 제의했고, 조선과 후금은 형제 관계를 맺고 정묘호란이 일단락되었다.

전란을 끝내기 위해 형식적으로 형제 관계를 맺었지만, 조선 집권층의 의식에는 변화가 없었다. 그들에게는 명나라밖에 없었다. 홍타이지는 국호를 '청'으로 바꾸고 황제를 칭할 결심을 하고 이를 통보하는 사신을 보냈다. 그러나 그 사신은 인조를 접견할 수조차 없었다. 이후 홍타이지의 즉위식에 참석한 조선 사신은 세 번 무릎을 꿇고 절하면서 아홉 차례 머리를 조아리는 삼궤구고두례(三跪九叩頭礼)를 거절했다. 그뿐만 아니라 청나라 화제가 조선 왕에게 보내는 친서마저 오는 길에 찢어버렸다. 명나라 황제만을 인정하겠다는 의지를 명확히 한 것이었다. 이런 태도는 남쪽의 배후를 염려하던 청나라를 자극했고, 결국 전쟁이 발발했다.

## 병자호란

1636년 12월, 12만의 청나라 군대가 조선을 침공했다. 정묘호란 때의 경험으로 청나라 군대는 조선 조정이 강화도로 피하지 못하도록 길목을 막았고, 결국 인조와 조선 조정은 남한산성에 피신했다. 조선군은 청나라 군대에 대적이 되지 못했다. 청나라 기병의 말발굽은 조선 강토를 짓밟았고, 한겨울 추위와 기근이 겹쳐 민중의 삶은 피폐하기 이를 데 없었다.

그런데도 남한산성의 조선 조정에서는 무용한 논쟁을 벌이고 있었다. 이때의 일을 다룬 영화가 〈남한산성〉이다. 김훈 작가가 쓴 동명의 소설을 원작으로 삼았다. 이조판서 최명길을 중심으로 한 주화파는 치욕을 감수하고서라도 백성을 살려야 한다고 주장했고, 예조판서 김상헌 중심의 척화파는 끝까지 항전할 것을 부르짖는다. 이런 논쟁을 벌이며 47일간을 끌었고 그동안 백성의 참혹한 희생이 더해갔다.

영화에서는 김상헌이 자결하는 모습을 보여준다. 하지만 실제로 그는 자결하지 않았다. 원작 소설에도 그런 내용은 없다. 김상헌을 민족적 자존심을 지킨 인물로 부각하려는 영화적 장치일 뿐이다. 그러나 김상헌은 치욕을 겪는 인조의 곁을 지키지도 않았다. 그토록 부르짖던 군신의 예를 저버린 것이다. 인조가 항복을 결심하고 성 밖으로 나갈 때 포위가 풀린 틈을 타 도주했으며 고향인 안동으로 가서 칩거했다. 그는 최명길과 인조보다 오래 살았다.

김상헌을 비롯한 척화파는 절박한 변화를 거부했을 뿐이다. 그 당시 주류의 사상적 가치는 성리학적 명분에 따라 명나라를 섬기는 사대주의였다. 현실을 오판한 도그마에 집착하여 자신의 선명성을 돋보이는 데만 관심을 둔 위선자들이었다.

전쟁의 참상을 직접 경험한 조선 중기의 문신 장유는 저서 《계곡집(谿谷集)》에 이런 글을 남겼다.

"척화를 주장하는 사람이라 할지라도 겉으로는 큰소리를 쳤지만, 속으로는 화의가 성립되는 것을 실로 바라고 있었다. 다만 실속 없이 떠들어대는 주장에 희생될까 두려워한 나머지 감히 분명하게 발언을 하지 못할 따름이었다.

그런데 유독 최명길이 이러한 사태에 직면하여 문득 앞장서서 그 말을 꺼내면서 주저하거나 피하는 것이 없었는데, 끝내는 이 일 때문에 그만 탄핵을 받고 물러나는 신세가 되고 말았다."[64]

## 변화의 용기가 있었다면

임진왜란과 병자호란은 막을 수 있거나 적어도 치밀하게 대비하여 백성의 희생을 줄일 수 있는 전쟁이었다. 당시의 정황이나 수집된 정보로도 예견할 수 있었다. 그러나 국제 정세 변화를 외면하고 관성에 사로잡혀 자신조차 믿지 않는 승리를 외쳤다. 현실과 벗어난 주류 사상을 더 선명하게 주장하는 것이 자신의 기득권을 유지하는 데 도움이 되었기 때문이다. 군사력을 강화하는 것이 군인의 득세를 불러오고, 결국 문신 위주의 권력 구도를 바꿀 것이라 두려움을 느꼈는지도 모른다.

이에 맞서 변화를 주장한 이들이 있다. 다가온 변화를 이해하고 전쟁을 막거나 대비하고자 했다. 그 목소리가 막히고 관직을 빼앗기며 비겁한 타협자라는 오명을 뒤집어쓰기를 마다하지 않았다. 그들이야말로 약한 백성 곁에서 그들의 처지를 옹호했다.

변화를 외면하는 사람, 편견에 빠져 자신의 인식과 행동을 바꾸지 않는 사람, 한 줌의 기득권을 끝끝내 놓지 못하는 사람들이 역사를 수렁에 빠뜨린다. 그들에게 변화의 용기가 있었다면 지금 우리 역사는 어떻게 바뀌었을까? 서러운 역사를 대하며 부질없는 상상에 빠져본다.

## 조선 후기, 거꾸로 가는 역사

조선의 건국 이념은 성리학이다. 더 정확히 말하면 주자학, 즉 주자가 해석한 유교 철학이다. 성리학을 신봉하는 신진사대부들이 부패하고 무능했던 고려 왕조를 무너뜨리고 조선을 건국했다. 성리학은 조선 초기 통치이념과 법체계를 만드는 기준이 되었고, 국가의 기틀을 만드는 데 크게 기여했다.

앞서 살펴본 대로 조선은 임진왜란과 병자호란, 연이은 두 차례의 전란으로 큰 위기에 봉착했다. 당시 중국도 명나라에서 청나라로 지배세력이 바뀌는 변혁기였다. 명나라가 멸망한 후 '변방의 오랑캐'로 여기던 여진족의 지배를 받게 된 명나라 지배계층은 큰 충격에 빠졌다. 이로 인해 성리학으로 대표되는 통치이념에 의문을 가지게 되었고, 청나라에서 이념 중심의 성리학을 탈피해 양명학이나 고증학 등 실리 중심의 새로운 학문이 발달하게 된 계기가 되었다.

조선은 달랐다. 중국의 지배세력이 바뀌었음에도 여전히 대의명분에 집착해 없어진 명나라를 숭상하고 청나라를 멀리했다. 조선은 오히려 성리학을 더 강화해야 한다고 생각했고, 결국 원리주의로 흘러 명분 없는 이념논쟁으로 치달았다. '사문난적(斯門亂賊)'이라며 주자의 해석과 다른 주장을 하는 유학자는 죽임을 당했고, 왕실의 장례식에서 상복을 몇 년 동안 입을 것인가를 두고 당파 싸움을 벌이는, 지금으로서는 웃지 못할 일도 있었다. '예'를 지킴에 있어 예외 없는 원칙대로 할 것이냐, 현실적인 변형도 가능한 것인가의 문제였지만, 결국 원리주의자들의 주장대로 시행됐다.

송나라에서 명나라로 이어지는 유학의 정통을 계승한 국가는 조선밖에 없다며, 이를 지키기 위해 외국과의 교류도 멀리했다. 주자학의 원조 국가인 송나라가 멸망했고, 이를 계승한 명나라까지 멸망했음에도 조선은 오히려 송나라의 주자학보다 더 원칙적인 주자학으로 회귀했다. 원칙주의 성리학은 조선 말기까지 이어졌고, 이를 뼛속까지 계승한 인물들이 조선 말기 "내 목을 자를지언정 내 머리털은 자를 수 없다"라며 단발령 등 개혁 조치들을 거부하고, 끝까지 쇄국을 주장했던 '위정척사(衛正斥邪)'파다.

## 망국의 길

조선 말기 변화를 거부한 조선은 망국의 길을 걷게 된다. 이것은 불과 22년의 시차를 두고 똑같이 쇄국에서 개항을 택한 일본과 조선의 사례를 보면 극명하게 드러난다. 일본은 미국의 강요로 1854년 개항한다. 물론 이전부터 네덜란드 등 유럽 국가들과 교류가 있었지만, 정식으로 개항한 것은 이때다. 일본은 사거리가 월등한 대포 등 미국의 무기를 보고 큰 충격에 빠졌지만, 이내 정신을 차리고 서양을 배워야 한다는 자각 운동이 일어났다. 권력을 유지하려는 막부 등 봉건 지배세력과 개혁을 주장하는 신진세력 간 서로 죽고 죽이는 큰 다툼이 있었지만, '메이지 유신(明治維新)'이라는 개혁을 이뤄냈다. 이후 서양과의 적극적인 교류로 동양에서 맨 처음 근대화를 이룬 국가가 되었고, 지금까지도 동양의 최강대국으로 인정받고 있다.

일본이 개항한 후 불과 12년 뒤에 조선도 개항하지만, 아무런 변화도 일어나지 않았다. 그 큰 충격을 받았는데도 아무것도 하지 않은 것이다. 갑신정변이나 갑오경장 등 개화파에 의한 개혁 시도가 있었지만, 번번이 실패하고 과거로 돌아갔다. 그런 조선에도 마지막 기회가 있었다. 1897년 대한제국 설립 때부터 1904년 러일전쟁이 일어나기까지 7년의 기간이다.

구한말 조선은 열강의 각축장이었다. 가장 먼저 기선을 잡은 것은 조선과 관계가 깊은 청나라였지만, 일본이 청일전쟁에서 승리하며(1895) 기세를 이어받는 듯했다. 그러나 만주와 조선에서 부동항을 확보해 태평양으로 진출하려던 러시아가 영국과 프랑스까지 끌어들여(삼국간섭) 일본 견제에 나섰다. 이에 일본이 굴복하고 청일전쟁에서 승리한 대가로 획득한 요동반도를 청나라에 돌려주게 된다. 이후 일본과 러시아는 물론 다른 서구 열강들도 전쟁을 염려해 선뜻 조선에 대한 주도권을 주장하지 못하면서 한반도에 힘의 균형이 맞춰지게 되었다. 심지어 열강들 사이에 조선을 중립국으로 만들자는 의견까지 있을 정도였다.

주변 정세를 어렴풋이나마 알고 있던 조선도 국호를 '대한제국'으로 바꾸며, 조선왕조 마지막 개혁이라 불리던 '광무(光武) 개혁'을 추진했다. 전기나 전신이 도입되고, 근대 학교의 도입, 은행 설치 등 서양식

제도를 도입해 변화에 나섰다. 그러나 오래가지 못했다. 또다시 과거로의 회귀, 오히려 더 먼 과거로의 회귀가 일어났다.

개혁을 추진해야 할 주체는 고종이었다. 그러나 고종은 대한제국을 황제를 위한 전제주의 국가로 만들어버렸다. 황제가 입법, 행정, 사법 등 모든 권한을 가지게 되었고, 모든 관리의 임면권까지 차지했다. 또한 각종 재정, 예를 들어 광산, 인삼, 소금 등의 수입을 국가가 아닌 궁내부, 즉 황실 소유로 바꾼다. 조선 시대 '사간원(司諫院)'이라는 기구가 있었다. 홍문관(弘文館), 사헌부(司憲府)와 함께 3사로 불리며, 여론을 담당하던 왕의 견제 기구였다. 사극에 "전하!! 아니 되옵니다"를 외치며 왕과 논쟁하던 장면이 많은데, 바로 그런 신하들의 역할이 사라져버린 것이다.

황실 소유로 바뀐 재정은 군대나 교육, 도로 등 국력 강화에 사용되지 않았다. 외빈을 대접하기 위해 덕수궁 안에 석조전을 짓는다거나, 황제의 생일이나 즉위 기념행사에 쓰이는 등 황실 용도로 사용되었다. 황실에 대한 뇌물도 횡행해 뇌물 액수가 관리의 선발 기준이 되었고, 심지어 7년 동안 총리대신을 석 달에 한 번꼴인 27차례나 바꿨다고 한다. 고종은 조선 시대 통틀어 직접 뇌물을 받은 유일한 왕이라는 말까지 있다.

무엇보다 외교적 균형을 추구해야 했던 대한제국은 지나친 친러 정책을 펼쳤다. 삼국간섭에서 본 러시아의 힘을 맹신한 까닭이다. 러시아의 확장에 불안을 느낀 일본은 오랜 준비 끝에 결국 러일전쟁(1904)을 일으켰고, 전쟁에서 승리했다. 청나라도, 러시아도 물리친 일본의 기세를 막을 국가는 없었다. 러일전쟁에서 승리한 다음 해인 1905년, 일본은 을사늑약으로 대한제국의 외교권을 박탈하며 한반도를 식민지화하기 위한 실질적인 준비를 끝냈다.

조선은 변화는커녕 과거로의 회귀를 택했다. 때로는 더 먼 과거로 돌아가는 일까지 있었다. 변화해야 할 때 과거를 택했고, 변화할 기회는 스스로의 선택으로 허무하게 날려버렸다. 조선을 멸망의 길로 가게 한 근본 원인이 무엇인지 곱씹어볼 필요가 있다. 제국주의의 욕심에 희생된 것인가, 아니면 변화되지 못해 '약자의 역습' 기회를 스스로 놓친 조선 자신 때문인가?

## 잔혹한 시대 변화 앞에서

유물론적 역사관을 가진 공산주의자들은 역사가 점점 더 나은 방향으로 나아간다고 생각한다. 기술과 생산력이 발전하고, 이에 따라 사회관계도 바뀌어서 진보를 이룬다는 게 그들의 주장이다. 인류 사회는 노예제에서 봉건제로, 봉건제에서 자본주의로 진보했으며, 사회주의를 거쳐 공산주의 이상 사회를 이룬다고 믿는다.

유물론자들에게 역사의 긍정적 변화는 과학이며 선이다. 물론 그들도 진보 과정에서 일시적인 퇴행이나 정체가 일어나기에 나선형의 발전이 진행된다고 했지만, 전체 흐름은 이상 사회를 향해 나아가고 있음을 의심하지 않았다. 하지만 세계 곳곳에서 사회주의 체제가 무너짐으로써 그들의 믿음이 그릇된 것이었음이 밝혀졌다. 변화는 유물론자들이 믿는 것처럼 단순하지 않다. 그 방향이 밝고 행복한 인류 공영을 향해 나아가지도 않는다.

역사의 변화는 때때로 우리가 예상하거나 기대했던 것과 너무나 다른 흐름을 보이는 경우가 많다. 그래서 변화는 잔인하다. 그것을 마주하는 사람에게 가혹한 선택을 요구한다. 어떤 때는 변화의 물결을 타야 하고, 어떤 때는 변화의 물결을 거슬러 올라가야 한다. 변화를 대하는 분별력이 요구된다.

프랑스에 '개와 늑대의 시간'이라는 표현이 있다. 해가 서산을 넘어가고 붉게 타던 노을도 사라지면서 낮도 밤도 아닌 모호한 경계의 시간을 말한다. 이때 저 언덕 너머 다가오는 짐승이 내가 기르던 개인지, 나를 해치러 오는 늑대인지 분간할 수 없다는 의미에서 유래됐다고 한다. 빠르고 정확한 판단으로 개인지 늑대인지 분간해야 하는 시간이다. 분간이 안 되면 일단 도망이라도 쳐야 한다. 이때 계속 머뭇거리고 바라만 보고 있는 것이 최악의 선택이다.

앞에서 임진왜란과 병자호란 때 정세 변화를 읽고 대비하는 노력이 필요했음을 이야기했다. 이 말은 무조건 강력해진 외세에 의존했어야 한다는 뜻은 아니었다. 정조 때 근대화의 기회를 놓친 것을 아쉬워하는 마음 역시 급진적으로 체제 변혁을 하거나 서구 문물을 들여왔어야 했다는 주장과는 다르다.

예상과 전혀 다르게, 홀연히 찾아온 변화를 직시해야 한다. 변화 자체를 외면해서는 안 된다. 편견과 고정관념에 사로잡혀 관성대로 목소리를 높이는 것은 지조나 절개가 아니다. 퇴행적 자기기만일 뿐이다. 시대 변화를 중요하게 받아들이고, 그 속에서 통찰을 발휘하며 용기를 내고 희생을 감수하면서까지 자기 변화에 나서야 한다. 그래야 변화의 물결에 올라탈지, 그 물결에 거슬러 올라갈지 결정할 수 있다.

독일의 대문호 괴테는 "인생은 속도가 아니라 방향이다"라고 말했다. 변화도 마찬가지일 것이다. 속도도 중요하지만, 방향이 제대로 서야 한다. 우리는 혼란스럽기까지 한 급변의 와중에서 방향을 잘 잡아야 한다. 그리고 그 방향으로 나아가야 한다.

# 영국이 자동차 산업에서 소외된 까닭은?

"어떤 규칙들은 사람들이 바꾸기를 두려워하는
오랜 관습에 지나지 않는다."
- 테레스 앤 파울러(미국 작가) -

## 자동차회사가 없는 나라

영국에는 잘나가는 자동차회사가 없다. 2005년 4월에는 유일하게 명맥을 유지한 영국 자동차 브랜드 로버가 파산했다. 그 이후로 영국은 세계 경제 대국 중 유일하게 자국의 자동차회사가 없는 나라가 되었다.

영국은 산업혁명의 발상지다. 한때 세계 제조업 생산의 절반을 차지하는 제조 강국이었다. 모든 공산품에 제조국을 표시하는 국제 상표법은 영국이 만들었다. 'Made in England'야말로 최고의 자부심이었기 때문이다. 독일 등 후발 공업국들은 반제품을 만들어 영국에서 완제품을 조립하는 방식으로라도 'Made in England' 표시를 얻으려 했다.

증기기관을 개발한 기술력을 확보했고, 일찍부터 잘 정비된 도로망을 갖추었기에 영국은 자동차 산업에서 우위에 설 만한 역량을 보유했다. 1826년에는 증기기관을 활용한 버스를 만들어 운행했고, 1901년부터 내연기관 자동차를 생산하기 시작했다. 이후 롤스로이스, 벤틀리, 애스턴 마틴, 재규어 등의 명차가 탄생했다. 하지만 이 브랜드들은 모두 외국 회사로 넘어갔다.

세계 최고 공업국이던 영국이 자국 국적의 자동차회사가 없는 나라가 된 이유는 무엇일까? 장하준 케임브리지대학교 경제학부 교수는 이에 대해 이렇게 설명한다.

> *"20세기 들면서 영국의 제조업이 뒤처지게 된 것은 대규모 자본 투자, 지속적인 연구개발, 체계적인 기술 교육 등을 필요로 하는 20세기식 대량 생산 체제에 영국의 경제 제도와 기업 문화가 제대로 적응하지 못했기 때문이다."*

영국은 일찍부터 주식시장이 발달해 주주자본주의가 매우 강했다. 그래서 어느 선진국보다도 배당률이 높고 단기 실적주의가 만연해 장기적인 투자, 특히 기술 투자를 하기가 어려웠던 것이 가장 큰 문제였다. 이에 더해 이공계를 경시하는 풍조 때문에 공학 수준이 낮았고, 체계적인 기술 교육에 소홀했던 것도 큰 문제였다. 이공계를 천시하다 보니 기술 계통 출신이 최고경영진에 편입되는 일이 드물었고, 주로 재무관리 쪽에서 최고경영진이 나오면서 기술 개발을 위한 투자보다는 단기적인 비용 절감이나 인수합병 등을 통해 기업의 이윤을 올리려는 풍조가 강했다.

게다가 귀족 사회여서 자본가의 사회적 지위가 낮았고, 그래도 상대적으로 지위가 높았던 금융계를 제외하고는 재능 있는 인재들이 사업에 투신하는 것을 꺼리도록 만들었다. 그러다 보니 사업을 통해 성공한 자본가들도 회사를 더 키우기보다는 축적한 부를 가지고 혼인 등을 통해 귀족 사회에 편입하는 것을 원하게 되었다."[65]

요약하자면 영국은 기존 문화와 시스템을 고집하며 변화를 거부했기에 공업에서 뒤처졌다는 것이다. 새롭게 요구되는 능력인 기술 개발과 생산 혁신을 등한시하고 기득권에 집착하는 사이에 세계 최고 공업국의 지위를 다른 나라에 빼앗겼을 뿐 아니라 제조업 분야의 경쟁력을 상실하게 되었다. 여기에 더해 강성 노동조합으로 인해 기업 성장이 지체되었다는 의견도 있다. 이 또한 기존 체계를 강경하게 옹호하고 새로운 변화에 나서지 않은 모습의 한 측면이 아닐까?

이런 제조업 일반의 좌절된 변화와 더불어 영국 사회의 독특한 폐쇄성이 자동차 산업의 발전 여지를 원천봉쇄해버렸다. 기존 질서와 기득권을 보호하기 위해 변화와 도약의 싹을 뽑아버린 어처구니없는 조치가 시행되었다.

## 붉은깃발법

'적기조례(赤旗条例, Red Flag Act, The Locomotives on Highways Act)'로도 불리는 붉은깃발법은 1865년 제정되었다. 변화에 대한 저항과 거부가 어떻

기관 차량 조례(Locomotive Act)는 흔히 '붉은깃발법', '적기조례' 또는 '적기법'이라고도 알려져 있으며, 19세기 중반 영국에서 시행된 법률이다.

게 산업과 사회의 발전을 가로막는지를 보여주는 역사적 교훈으로 꼽힌다.

증기기관을 최초로 개발한 영국에서는 증기기관 열차 개발이 진행되었다. 1825년에는 연철 레일이 개발됨으로써 화물을 중심으로 증기기관 열차의 상용화가 가속화되었다. 그리고 1830년에는 리버풀과 맨체스터를 연결하는 철도를 통해 여객 운송이 시작되었다.

이와는 별도로 증기기관 자동차가 등장했다. 영국 최초의 자동차는 28인승 증기기관 버스였다. 그런데 이 증기기관 자동차는 크게 환영받지 못했다. 각종 사고가 일어났고 석탄 연기로 인해 주변 공기가 오염되었기 때문이다. 바퀴로 도로가 훼손되는 것 역시 지탄의 이유가 되었다.

그러나 더 큰 문제는 따로 있었다. 이해관계가 충돌하는 이들의 반발이었다. 증기기관 열차와 마차 업자들은 새로운 운송 수단의 등장이 달가울 리 없었다. 이들은 정치권을 압박해서 증기기관 자동차의 운행을 금지하려 시도했다. 영국 의회는 증기기관 자동차에 마차나 열차보다 높은 세금을 부과했다. 2톤 무게마다 통행료를 매겼고, 외곽과 시내에서 운행 속도도 제한했다. 그러나 증기기관 자동차 운행은 줄거나 중단되지 않았다. 그래서 1865년, 빅토리아 여왕의 이름으로 세계 최초의 교통법인 '붉은깃발법'이 등장한 것이다. 이 법은 마차보다 빨리 달릴 수 없게 함으로써 증기기관 자동차의 장점을 아예 없애는 것이었다.

붉은깃발법에 따라 증기기관 자동차의 운행을 위해서는 운전기사와 기관원 외에도 기수를 고용해야 했다. 이 기수는 자동차의 55m 앞에서 차와 같은 속도로 달리면서 붉은 깃발을 흔들며 "자동차가 옵니다"라고 외쳐야 했다. 그리고 어떤 경우에도 경적을 울려서는 안 되며, 도로에서는 실린더 탭을 닫아서 증기가 분출되지 않게 해야 했다. 자동차 정면과 측면에는 조명을 달아서 일몰 후 1시간 이후부터, 일출 전 1시간 사이에 밝혀야 했다. 제한 속도는 외곽에서는 시속 6km, 시내에서는 시속 3km였다. 그 밖의 여러 가지 규제로 증기기관 자동차 운행을 제약했다.

1896년 법이 개정되어 기수가 붉은 깃발을 흔드는 조항은 삭제했지만, 20m 전방에 보행 요원을 두어 자동차 운행 사실을 알리도록 하는 방침은 계속 유지했다. 말을 만나면 차량이 정지해야 하고, 차량이 말을 놀라게 해서는 안 된다는 규정도 달았다.

붉은깃발법은 30년 동안이나 시행되다가 1896년이 되어서야 폐지되었다. 그 30년 동안 증기기관 자동차의 발전은 지체되었다. 증기기관 자동차는 단점이 큰 과도기적 산물이었지만, 그 단점을 보완하는 쪽으로 보완과 연구개발이 진행되는 게 바람직한 방향이었다. 만약 이러한 정책을 썼다면 기술 발전이 일어났을 것이다. 하지만 마차 업자 등 기득권층의 요구를 반영하여 변화를 거부하는 선택을 함으로써 그 기회를 상실하게 되었다.

증기기관 자동차를 개선해나가면서 기술을 발전시키고 관련 기반을 축적했다면 영국은 이후 내연기관 자동차 시대에 주도권을 잡고 획기적인 성장을 이룰 수 있었을 것이다. 하지만 영국 자동차 산업은 그 기회를 놓쳤고, 30년 세월을 허비하고 말았다.

붉은깃발법으로 기존 마차 업자들은 이익을 얻었을까? 증기기관 자동차 억제로 잠시 변화를 막을 수는 있었지만, 이후 내연기관 자동차 시대에는 생존할 수 없었다. 영국에서는 마차도 자동차도 모두 경쟁력을 잃는 결과를 가져왔다. 자동차 공업의 패권은 영국을 떠나 미국과 독일, 이탈리아, 프랑스, 일본, 한국 등으로 흩어졌다. 중국과 인도에도 있는 자국 자동차회사가 영국에는 없는 현실은 이때부터 이미 예정된 운명인지도 모른다.

## 나를 옭아맨 족쇄가 없는가?

현대 사회에서 붉은깃발법은 산업 발전과 변화를 가로막는 지나친 규제를 상징하는 단어가 되었다. 산업을 둘러싼 각종 법률 논의가 있을 때마다 붉은깃발법 사례가 거론되기도 한다. 나는 정치와 행정에는 문외한인지라 우리 업계에, 그리고 우리 회사에 붉은깃발법 같은 족쇄가 없는지 살펴보곤 한다. 이런 관찰은 생각보다 쉽지 않다. 관성을 벗어난 유연한 시각으로 바라보아야 하기 때문이다. 오랜 세월이 지난 지금은 붉은깃발법이 우스꽝스럽게 여겨지지만, 그 당시에는 이상하게 생각하는 사람들이 많지 않았다. 그래서 30년이나 유지될 수 있었다.

고정관념을 모두 내려놓고 절차와 관행, 업무방식 등을 하나하나 따져보아야 겨우 눈에 띌 정도다. 우리 회사가, 더 구체적으로는 나 자신이 얽매인 붉은깃발법은 얼마나 많이 존재하는가? 나는 왜 그것을 부여잡은 채 변화를 거부하고 있는가? 이 때문에 사라지는 소중한 기회는 무엇인가? 날카로운 질문을 던지며 깊이 성찰해볼 일이다.

# IBM, 마이크로소프트, 애플

"현대 세계는 구식 대기업에게는 변덕스럽고 적대적인 장소다."
- 앨빈 토플러 -

## IBM의 시대

컴퓨터 시대를 연 일등공신을 꼽으라면 IBM이 그 첫 자리를 차지할 것이다. IBM의 효시는 천공카드 시스템 회사 CTR(Computing Tabulating Recording Company)이다. 원시적 형태의 자동 계산 방식인 천공카드를 제작하고, 이를 이용한 통계와 계산을 주 업무로 삼았다. 이 시스템은 세무, 인구조사 등에 폭넓게 활용되었고, 현재까지 시험과 채점에 쓰이는 OMR 카드의 모체가 되었다.

IBM의 경영진은 미래 변화를 읽는 데 탁월한 능력을 발휘했다. 맹아적 형태로 존재하던 컴퓨터가 널리 쓰일 것을 감지했고, 이를 위한 투자를 아끼지 않았다. 1924년에는 회사 이름을 IBM(International Business Machines Corporation)으로 바꾸고 컴퓨터 시대를 대비하기 시작했다.

이름에서 알 수 있듯 IBM은 'Business Machines'에 초점을 맞추었다. 당시 엄청난 가격의 컴퓨터를 보유할 수 있는 곳은 대규모 기업뿐이었다. 1964년 IBM의 CEO였던 토마스 왓슨(Thomas J. Watson Jr.)은 회사의 운명을 건 거대 프로젝트를 진행한다. 최초의 현대적 메인 프레임 컴퓨터 'IBM System 360'을 개발한 것이다. 이 프로젝트의 성공으로 IBM은 세계적 회사의 반열에 들게 된다.

IBM의 탁월함은 여기서 그치지 않는다. 곧이어 IBM은 개인용 컴퓨터(Personal Computer) 시대를 예측하고 개발에 나선다. 1981년에는 'IBM 퍼스널 컴퓨터(IBM Personal Computer)'라는 제품을 내놓았다. 우리가 흔히 쓰는 'PC'라는 용어도 IBM이 만든 것이다. 최초의 PC인 IBM 5150은 지금 보면 조악하기 이를 데 없지만, 당시로는 획기적 발상의 산물이었다. 웬만한 기업조차 보유하지 못했던 컴퓨터를 개인에게 공급할 야심을 품었다는 것은 선구자적 혜안이라 극찬할 만하다. 흥미롭게는 당시 개인용 컴퓨터 분야에서는 소규모 회사가 IBM과 경쟁을 펼치려 했다. 바로 애플컴퓨터의 매킨토시였다. 싸움은 싱겁게 IBM의 승리로 끝났다.

IBM이 PC의 시대를 직감하고 본격 개발에 착수한 것은 역사를 선도하는 업적이었지만, 그 예측은 완전하지 못했다. 하드웨어의 시각에 머물러 있었기에 소프트웨어의 무한한 가능성을 염두에 두지 못했다.

IBM이 상상한 것처럼 전 세계 개인들에게 PC가 보급된다면, 운영체제부터 응용프로그램에 이르기까지 실로 엄청난 시장이 펼쳐질

터였다. 그러나 컴퓨터 산업의 최강자 IBM은 그 가능성을 제대로 알아보지 못했고, 변화를 일으키지 않았다. 세계 소프트웨어 시장의 패권은 업계의 주목을 받지 못하던 한 젊은이에게 넘어가는 중이었다.

PC의 산실 IBM은 역설적으로 세계 컴퓨터 시장의 최전성기에 무력한 모습을 보였다. 그들의 발목을 잡은 것은 다름 아닌 성공 자체였다. IBM은 성공으로 인해 규모가 비대해졌고 운영이 관료화되었다. 빠른 속도로 변하는 시장에서 뒤처졌다. 과거의 성공에 붙잡혀 변화의 능력을 잃은 것이다. IBM이 망하는 게 아니냐는 우려도 나왔다. 하지만 루 거스너가 CEO로 부임한 이후 기업 체질을 바꾸었고, 거스너로부터 바통을 이어받은 새뮤얼 팔미사노는 IBM을 한 걸음 더 나아가 'IT 컨설팅 업체'로 탈바꿈시켰다. IBM은 여전히 건재하지만, PC의 시대에 변화에 잘 대응했다면 어떻게 되었을지 아쉬움이 남는다.

## 마이크로소프트와 소프트웨어의 시대

IBM이 불을 지핀 PC의 시대에서 최고의 수혜자가 된 기업은 따로 있었다. 인텔과 마이크로소프트였다. 인텔은 컴퓨터 대량 보급에 맞춘 고성능 프로세스에 집중했다. 인텔 공동 창업자 고든 무어는 "반도체의 집적도는 18개월마다 두 배로 높아진다"라는 이른바 '무어의 법칙' 아래 프로세스 성능을 개선하며 세계 최고의 반도체 기업으로 등극했다.

그리고 PC 시대의 최고 영웅이 그 모습을 드러냈다. 마이크로소프트의 빌 게이츠였다. 하버드대학을 중퇴한 앳된 청년은 하드웨어 위주, 그것도 메인 프레임 위주의 컴퓨터 산업 현실에서 소프트웨어가 중심이 되는 미래를 상상했다. 그는 IBM이 출시할 PC 운영체제를 공급하고자 했다.

하지만 그가 개발한 PC 운영체제는 없었다. 빌 게이츠는 IBM과의 담판을 앞두고 시애틀컴퓨터프로덕트라는 회사를 찾아갔다. 이 회사 대표로부터 '86-DOS'라는 운영체제의 모든 권리를 5만 달러라는 헐값에 사들였다. 그리고 이를 개량하여 'MS-DOS'라는 이름으로 포장했다.

그는 IBM 고위 임원과 협상 자리에 앉았다. 빌 게이츠는 IBM의 거액 일시금 제안을 거절했다. 그 대신 판매 대당 로열티를 요구했다. 이 계약은 컴퓨터 산업의 판도를 바꿀 만한 엄청난 결과를 가져왔다. 결과적으로 헐값에 운영체제 전권을 넘긴 시애틀컴퓨터프로덕트나 이를 완전하게 인수하지 못한 IBM으로 보자면 실패한 계약이었다.

IBM 등 컴퓨터 기업들이 하드웨어에 매달려 있는 동안 마이크로소프트는 도스와 윈도 등의 운영체제와 그 위에서 돌아가는 오피스 프로그램을 엄청나게 팔아치우며 PC 시대의 진정한 승자가 되었다. 그리고 인터넷이 보급되고 활성화되자 인터넷 웹브라우저를 보급하며 전 세계 소프트웨어 업계의 독보적 존재로 우뚝 섰다. 마이크로소프트는 전 세계 시가총액 1위 기업이 되었다. 이는 빌 게이츠가 미래의 변화상을 정확하게 읽고 현명하게 대응한 데서 비롯되었다.

전 세계인의 PC를 사실상 장악한 마이크로소프트는 진정한 승자였다. 세계 최고 기업 마이크로소프트를 위협할 존재는 나타나지 않을 것 같이 보였다. 그러나 마이크로소프트도 새로운 변화의 흐름을 간과하고 있었다. 손 안의 컴퓨터인 스마트폰 등장에 관심을 두지 않았다. 소프트웨어 중심 업체이기에 기기에 관심을 두지 않을 수 있다. 하지만 스마트폰 운영체제까지 소홀히 본 것은 시대와 시장 변화를 놓친 결과를 가져왔다.

마이크로소프트는 여전히 건재하지만, 애플에 시가총액 1위 기업의 영예를 넘기고 말았다. 그리고 최고 주력 분야인 운영체제 시장은 모바일 기기에서는 장악하지 못했다. 이 시장은 신생 기업 구글(안드로이드)과 애플(iOS)이 나누어 가지게 되었다.

## 애플과 새로운 혁신

IBM과 마이크로소프트의 전성기에 애플은 크게 두각을 드러내지 못했다. 애플의 매킨토시 컴퓨터는 디자이너 같은 특정 업종이나 일부 마니아의 기호품으로 통했다. 따라서 대중적인 성과는 거두지 못했다. 독보적인 그래픽 사용자 인터페이스도 마이크로소프트의 윈도에 모방을 당해서 차별성을 잃어갔다. 애플은 심각한 부진에 빠졌고 1985년에는 급기야 창업자 스티브 잡스를 해고하기에 이르렀다. 그래도 애플은 도약의 기회를 찾지 못했고, 1997년에는 스티브 잡스가 다시 애플로 돌아왔다.

스티브 잡스는 혁신의 대명사다. 그는 기존의 산업 질서를 따르지 않았다. 새롭게 해석하고 혁신적 제품과 서비스를 내놓았다. 탁월한 기능과 디자인의 MP3 플레이어 아이팟을 내놓았고, 음악을 공급하는 '아이튠즈'라는 서비스도 열었다.

애플 혁신의 결정체는 아이폰이다. 과거에 볼 수 없었던 디자인과 기능, 화면 터치로 모든 기능이 작동하는 방식은 전 세계인을 열광시켰다. 애플은 단순한 기기 제조 회사가 아니었다. 운영체제(iOS)부터 서비스(앱스토어)까지 생태계 전체를 장악했다.

애플을 이끈 스티브 잡스는 시대의 아이콘이 되었다. 그의 빛나는 창의력과 혁신 의지는 비즈니스를 하는 이들의 본보기로 통했다. 2011년 세상을 떠났지만, 애플은 여전히 그의 그림자 아래에 있는 것처럼 보인다.

스티브 잡스 사후에도 애플의 위용은 수그러들지 않았다. 그동안 높이 쌓아 올린 아성을 허물어뜨릴 기업은 지금도 찾기 어렵다. 하지만 애플이 앞으로도 무조건 승승장구할 것이라 속단할 수는 없다. IBM과 마이크로소프트처럼 시대의 변화를 놓친다면 언제든 왕좌를 빼앗길 것이다.

## 변화를 멈춘다면

기업 세계에 영원한 1위는 없다. 세상과 고객의 변화에서 잠시라도 눈을 뗀다면, 그 변화를 앞서서 선도하지 못한다면 머뭇거리는 사이에 자리를 빼앗길 것이다. 영광스러운 지위는 새로운 변화의 통찰력을 지닌 후발주자에게 넘어가고 말 것이다.

지방을 다녀오다가 고속도로에서 졸음운전을 경고하는 표어를 보았다.

*"깜빡 졸음! 번쩍 저승!"*

세계 최고 기업들의 경쟁사를 정리하면서 문득 그 표어가 떠오른다.

# 미쳐야 변화할 수 있다

"편집광만이 살아남는다."

- 앤드루 그로브(인텔 전 CEO) -

## 미치지 않으면 뜻을 이룰 수 없다

《미쳐야 미친다》라는 독특한 제목의 책이 있다. 2004년 출판되어 베스트셀러에 올랐고 지금까지 대중으로부터 사랑받는 인문 교양서다. '미쳐야 미친다'는 '불광불급(不狂不及)'이라 표현되었는데, 한자성어 '약여불광 종불급지(若汝不狂 終不及之)'를 줄인 신조어라고 한다. '미치지 않고서는 원하는 그곳에 다다를 수 없다'라는 뜻이다. 이 책에는 열정과 광기를 품고 미친 듯이 성실하게 매달림으로써 학문과 예술의 높은 경지에 오른 조선 지식인들의 이야기가 소개된다.

이 책에 소개된 김득신(金得臣)이라는 인물은 매우 흥미롭다. 열 살

에야 겨우 글을 배우기 시작한 그는 간단한 문장도 외우지 못해 부모를 실망시켰다. 지혜가 부족하고 재주가 몹시 노둔했지만, 김득신은 엽기적이리만큼 외워 읽기를 부지런히 했다. 그는 독서록을 썼는데, 천 번을 읽지 않은 것은 기록에 올리지도 않았다고 한다. 사마천의 《사기(史記)》 중 〈백이전〉은 11만 3천 번이나 읽었고, 1만 번 이상 읽은 문장도 36편에 달했다.

김득신이 한번은 말을 타고 어떤 사람 집을 지나가는데, 책 읽는 소리가 들려왔다. 그는 말을 멈추고 한참 동안 듣더니 이렇게 말했다. "그 글이 아주 익숙한데, 무슨 글인지 생각이 안 나는구나." 그러자 말고삐를 끌던 하인이 김득신을 올려다보며 말했다. "부학자(夫學者) 재적극박(載籍極博) 어쩌고저쩌고한 것은 나리가 평생 맨날 읽으신 것이니 쇤네도 알겠습니다. 나리가 모르신단 말씀입니까?" 이렇듯 너무 노둔하여 주변 사람들을 웃겼던 김득신을 사람들은 자주 화제에 올렸다. 그러나 그 말에는 비아냥거림이 아니라 그의 노력에 대한 존경이 담겨 있었다.[66]

독일의 심리 상담가 롤프 메르클레는 "천재는 노력하는 사람을 이길 수 없고 노력하는 사람은 즐기는 사람을 이길 수 없다"라고 말했다. 여기에 한 구절을 덧붙여야 할 것 같다. "즐기는 사람은 미친 사람을 이길 수 없다." 무엇인가에 미친 듯 매달려 집요하게 노력하는 사람은 그가 아무리 둔재라도 반드시 그 뜻을 이룰 수 있다. 우리가 '1만 시간의 법칙'이라 부르는 원리도 같은 맥락이 아니겠는가.

## 변화에도 광기가 필요하다

구글에서는 '문샷(Moonshot)'이라고 이름 붙인 몇몇 연구개발 프로젝트를 진행한다고 한다. 구글 글라스, 자율주행 자동차, 대기권에 거대한 풍선을 띄워 전 세계를 인터넷망으로 연결하는 '프로젝트 룬(loon)' 등이 이것이다. '문샷'은 원래 '로켓을 달에 보낸다'라는 뜻이다. 이것을 확장하여 '인간의 미래를 바꿀 거대한 아이디어를 현실로 바꾸는 작업'을 의미하는 용어로 사용하고 있다. 즉, 최고 수준의 혁신을 일컫는 말이 '문샷'이다.

이 문샷을 교묘하게 비튼 단어가 책 제목으로 등장했다. 《룬샷(*Loonshot*)》이다. 미국의 천재적인 물리학자이자 경영자인 사피 바칼(Safi Bhacall)이 이 책을 썼다. 영어 'loon'은 '미치광이, 얼간이'를 뜻하는 단어다. 그러면 룬샷은 '미치광이 취급을 받으면서 매달리는 불가능한 과제나 프로젝트'라 할 수 있다. 사피 바칼은 이러한 미친 시도, 즉 룬샷만이 기업과 세상의 변화를 이끈다고 강조한다. 《미쳐야 미친다》의 미국판인 셈이다.

《룬샷》에는 거대한 변화를 만들어낸 미친 아이디어의 대표적 사례로 스티브 잡스가 이끈 애플과 제2차 세계대전에서 미국의 승리를 꼽는다. 스티브 잡스는 아이콘(컴퓨터 명령어를 누구나 쉽게 알아볼 수 있는 직관적인 그림으로 나타낸 것)을 클릭하면 실행되는 컴퓨터, 화면을 손으로 터치하면 작동되는 기기, 컴퓨터의 기능을 고스란히 담은 휴대폰 등을 꿈꾸었다. 그 당시로는 '미친 생각'에 가깝게 여겨졌다. 그러나 이는 현실이 되어 현대 사회의 존재 방식을 바꾸어놓았다.

독일군의 파죽지세에 눌려 패색이 짙어가던 제2차 세계대전의 양상을 바꾸어놓은 것은 미군의 군사 기술력이었다. 원래 미군은 전통적인 보병 중심 전략과 소총, 전차, 군함, 전투기 등 재래식 전략의 수적 우위를 추구했다. 그런데 컴퓨터공학자로 MIT 부총장이던 버니바 부쉬라는 인물이 나타나 군대와 과학기술의 접목을 주장했다. 그의 주장은 보수적인 군 지휘계통에 받아들여지지 않았다. 전장을 모르는 철부지 과학자의 얼빠진 생각으로 치부되었다. 하지만 부쉬는 집요하게 매달렸다. 대학 부총장 지위까지 내려놓고 이 일에 전력을 쏟았다. 결국 마이크로파 레이더가 개발되었고, 독일군의 위협적인 잠수함 U보트를 무력화시키며 승기를 잡게 된다. 이후 미군은 첨단 과학기술로 무장했고, 이것은 미국 첨단 산업의 발전으로 이어졌다. 제2차 세계대전 이후 미국이 세계의 중심에 선 이유 중 하나를 여기에서 찾을 수 있다.[67]

이처럼 인류의 변화는 광기와 열정을 가진 사람들의 미친 아이디어에서 비롯되었다. 코페르니쿠스에서 갈릴레이로 이어지는 지동설은 신성모독의 불온한 관점으로 여겨졌다. 하지만 그들로부터 진정한 의미의 과학이 시작되었다.

독일의 금세공업자 요하네스 구텐베르크는 손으로 적는 방식으로 소량의 성서만 만들던 때에 성서를 인쇄하여 대량 보급할 생각을 품었다. 하지만 그는 금세공업자조합에서 쫓겨났고 투자자와 불화를 일으키는 등 환영받지 못했다. 그의 아이디어는 멍청한 생각으로 여겨졌다. 하지만의 기계식 인쇄는 이른바 지식혁명을 불러왔고, 인류의 의사소통 방식을 바꾸어놓았다.

니콜라 테슬라는 교류 전기 시스템을 발명한 인물이다. 당대의 사람들은 교류 전기가 감전 위험이 크다며 두려워했다. 특히 에디슨은 교류 전기의 위험을 알리는 쇼를 개최하기도 했다. 하지만 우리는 그 덕분에 가전제품을 편리하게 사용할 수 있게 되었다.

비행기를 만들겠다는 라이트 형제는 몽상가로 취급받았다. 그러나 그들은 위험한 도전을 멈추지 않았다. 결국 그들은 훨씬 가까워진 세계를 선물했다.

만약, 인류사에 미친 아이디어를 가지고 이를 실행에 옮기려 한 무모한 도전자들이 없었다면 현재의 모습은 존재하지 않을 것이다. 변화는 그들의 광기를 먹고 자랄 수 있었다.

## 룬샷을 포용하는 구조

앞에서 거대한 변화는 미친 아이디어에서 시작된다고 말했다. 그런데 미친 아이디어만으로는 변화가 일어나지 않는다. 그 아이디어를 실현할 구조와 조직이 존재해야 한다. 애플이 4차 산업혁명의 대변화에 불씨를 댕길 수 있었던 이유는 기발한 아이디어가 있었기 때문은 아니다. '아이콘'이나 '터치스크린' 아이디어는 제록스에 이미 존재했다. 그것을 광범위한 실행에 옮겨낼 조직적 의지와 역량이 뒷받침되었기에 비로소 혁신으로 이어졌다. 애플의 혁신은 쫓겨났던 스티브 잡스가 돌아온 이후에 꽃을 피웠다. CEO 스티브 잡스가 선두에 서서 미친 아이디어를 조직적으로 채택하고 집요하게 실행에 옮겼기 때문이다.

제2차 세계대전 때 미군에 과학기술을 접목하고자 한 버니바 부쉬도 마찬가지다. 그의 아이디어는 처음부터 철저히 묵살되었다. 부쉬는 변화는 아이디어 자체가 아니라 그 아이디어를 현장으로 가져감으로써 이루어짐을 절감했다. 즉, 군이 괴상한 아이디어를 탐구할 기회와 독립성을 보장하고 포용하는 수준으로 변화해야 했다. 부쉬는 군 조직의 변화에 주력했다. 천신만고 끝에 기회를 얻어 대통령을 설득하고는 미군 내에 '과학연구개발국'이라는 새로운 조직을 설립하기에 이른다. 이 조직은 군과 과학기술의 융합을 이끌었다.

기존 전투기에 마이크로파 레이더와 무선 항법 장치를 탑재하여 독일군 U보트를 무력화시켰고, 말라리아와 파상풍 치료제, 혈장 수혈 방식을 연구하여 질병과 상해에서 미군을 보호했다. 그리고 '원자폭탄'이라는 무기까지 탄생했다.

과학연구개발국의 연구 성과는 현재 미국의 첨단 산업인 GPS, PC, 바이오, 인터넷, 심박조율기, 인공심장, MRI, 인터넷 검색 알고리즘 등의 원형을 제공했다. 한마디로 제2차 세계대전 이후 강대한 미국을 만든 견인차 역할을 한 것이다.

앞의 사례들을 통해 변화의 아이디어를 담을 그릇이 있어야 진정한 변화가 이루어질 수 있음을 알 수 있다. 우리나라 역사를 보자면, 다산 정약용의 다양한 개혁적 시도가 실현될 수 있었던 데는 정조대왕의 전폭적 지원이 있었다. 이것은 허균의 불운한 생애와 대비된다. 나는 조선 역사에서 가장 흥미로운 인물로 허균을 꼽는다. 그는 엘리트 유학자였지만, 불교를 숭상하고 도교를 연구했다. 일부에서 전해지는 바에 의하면 그는 조선 최초의 천주교인이라고도 한다. 중국에 가서 천주교 기도문을 가지고 온 것을 계기로 하늘을 섬기는 학을 했다는 기록이 남아 있다. 그는 적자와 서자를 따지지 않고 능력을 중심으로 인재를 폭넓게 등용할 것을 주장했고, 국민 복지가 정치의 최우선이어야 함을 역설했다. 지식인에게 외면받던 한글로 사회 개혁 사상을 담은 소설《홍길동전》을 쓴 것은 파격의 극치다. 하지만 허균의 변화 의지는 실현되지 못했다. 그것을 담아낼 구조와 조직이 없었기 때문이다. 그는 적서 차별과 신분제 등에 항거하는 혁명을 계획하다가 결국 능지처참이라는 비극적 운명을 맞이하고 말았다.

## 조화와 균형

미친 아이디어를 조직에서 적극적으로 포용하여 수용할 때 위대한 변화가 이루어진다면 현대 조직들은 괴상한 아이디어들을 모으고 실행에 옮기는 데 주력해야 할까? 그렇지 않다. 이상한 행동만 일삼는다고 혁신이 이루어질 수는 없다. 문제는 조화와 균형이다.

《룬샷》의 저자 사피 바칼은 조화와 균형이 중요함을 강조한다. 그는 '상분리'와 '동적 평형'이라는 물리학적 개념을 들었다. 어렵게 느껴질 수 있으니 단순하게 '분리'와 '균형'이라고 생각하자. 제2차 세계대전 당시 미군을 예로 들면, 과학기술 아이디어를 창출하는 그룹과 일선에서 전투를 수행하는 그룹을 '분리'한다. 과학연구개발국이라는 새로운 조직을 만든 것은 이 때문이다. 분리를 통해 연구자들은 방해 없이 연구에 몰두하며 아이디어를 보호받을 수 있다. 또한 전장의 군인들도 위험하고 실험적인 시도에 휘둘리지 않으며 전투를 수행하게 된다.

그리고 이 두 그룹을 동등하게 배려하고 지원해야 한다. 특정 그룹을 편애하거나 무시하면 안 된다. 그리고 두 그룹 간 소통이 원활하게 이루어지도록 촉진해야 한다. 이러한 분리, 균형, 소통을 잘 이루어내는 것은 경영자의 리더십에 달려 있다.

《룬샷》의 독특한 관점을 접하며 나와 회사를 돌아볼 소중한 기회를 얻었다. 우리 회사는 비록 괴팍할지언정 미래를 바꿀 만한 창의적인 아이디어를 얼마나 수용하는가? 구성원들이 무모하리만큼 과감한 아이디어를 자유롭게 개진할 기반이 형성되어 있는가? 자문하며 반성했다. 한편으로는 새로운 아이디어에만 매몰되어 균형을 잃지는 않는지도 돌아보았다.

파격과 일상, 새로움과 전통을 함께 보호하며 균형과 소통을 이룰 시스템을 만드는 것이 위대한 변화의 전제 조건이 된다. A+에셋은 변화를 담는 균형 잡힌 큰 그릇이 되고자 한다.

# 성장 동력을 잃어가는 보험 시장

"오늘은 힘이 들고 내일은 더 견디기 어려울 것입니다.
그러나 모레는 찬란할 것입니다."
- 마윈(알리바바 창업자) -

## 마이너스 성장의 늪에 빠진 한국 보험 시장

한국은 보험 강국이다. 수입보험료 기준으로 미국, 중국, 일본, 영국, 프랑스, 독일에 이어 세계 7위의 시장 규모다. 인구 비례로 계산한다면 일본과 비슷하고, 중국을 월등하게 앞선다.

보험연구원의 2019년 〈보험 가입 실태 조사〉에 따르면, 가구당 보험 가입률은 98.2%다. 모든 가구가 보험에 가입해 있다. 가구당 보험 가입 건수는 3~4건이다. 2012년 이후 꾸준한 증가 추세를 보이는 중이다.

이런 한국 보험 시장에 빨간불이 켜지고 있다. 2019년 9월 16일 글로벌 재보험사 스위스리는 2018년 세계 보험 시장 현황을 분석하여 발표했다. 한국은 수입보험료 상위 10위권 국가 중 유일하게 −1.21% 성장률을 기록했다. 같은 기간 미국이 5.01%, 중국이 6.17%, 일본이 3.82%, 영국이 5.19%, 프랑스가 5.57%, 독일이 6.3% 성장한 것과 대비를 이룬다.[68] 그런데 한국 보험 시장의 마이너스 성장은 2018년 일만이 아니다. 2016년부터 4년간 이어진 고질적 현상이다.

2021년 보험 산업 전망도 암울하다. 보험연구원은 2021년 한국 보험 시장의 수입보험료가 저성장 추세로 회귀할 것이라고 전망했다. 구체적으로 생명보험은 2020년 2.5% 성장에서 2021년은 −0.4%로 역신장하고, 손해보험은 2020년 6.1% 성장에서 2021년은 4.0%로 성장이 둔화될 것으로 보았다.

보험연구원은 그 이유로 보험 산업의 전통적 사업 모형이 한계를 보이고 있는 점을 가장 큰 이유로 들었다. 저연령 인구의 감소로 전통적인 개인 보험 수요가 감소하고, 기업 보험 또한 구조적 저성장으로 수요 위축이 불가피하다고 전망했다. 또한 대표적 신규 성장 동력으로 꼽히는 건강관리 서비스, 디지털 보험 시장 등은 아직 초기 단계에 머무르는 등 전통적 사업 모형을 대체할 신규 사업 모형의 도입이 지연되고 있기 때문이라고 분석했다.

한국 보험 시장이 계속 마이너스 지표를 기록하는 이유는 무엇일까? 2018년 조사한 스위스리는 2022년 도입되는 새 회계기준(IFRS17)의 여파로 저축성 보험 판매가 감소하는 것을 주요 원인으로 꼽았다. 보장성과 비교해 저축성 보험은 보험료가 20% 더 많다.

여기에 시장 환경 변화까지 더해 보험사들을 괴롭히고 있다. 저출산 · 고령화와 저금리 · 저성장이라는 사회 변화가 보험 산업에 치명타를 안겼다는 것이다. 시장의 성숙, 보험요율 경쟁 심화, 해약 증가 등도 보험 시장 위축에 영향을 끼쳤다.

## 변화의 기회를 살리지 못한 보험 마케팅

보험 시장 위축에 대한 연구기관과 보험회사들의 원인 분석은 타당성이 있다. 한국 보험 시장 발전을 가로막는 구조적 원인이 분명히 존재한다. 그렇지만 나는 더욱 근본적인 데서 원인을 찾아야 한다고 본다. 시대가 변하고 소비자가 변하는 데도 이에 발맞추지 못하고 과거 영업 방식을 답습함으로써 변화의 기회를 살리지 못한 것이 치명적이었다.

한국 보험 시장의 수입보험료가 점차 감소하는 것보다 더 안타까운 일은 보험계약 유지율이 계속 떨어지고 있다는 점이다. 보험계약 유지율은 보험을 최초 계약한 뒤 해지하지 않고 계속 유지하는 비율로, 완전판매 여부나 소비자 만족도, 계약관리 능력 등을 판단하는 건강성 지표다. 그런데 이 유지율이 감소하고 있다. 생명보험 상품의 13회차 보험계약 유지율 평균은 2016년 82.4%, 2017년 81.2%, 2018년 80.7%로 하락했다. 25회차 유지율도 2016년 69.8%, 2017년 68.6%, 2018년 65.5%로 하락 추세다.

손해보험 상품도 13회차 유지율이 2016년 83.6%, 2017년 82.3%, 2018년 81.9%로 하락세를 보였고, 25회차 유지율은 2016년 69.95%에서 2017년 70.9%로 상승했다가 2018년 68.8%로 다시 내려앉았다. 이 하락세는 2019년과 2020년에도 계속되고 있다.

고객이 자신의 상황에 가장 적합하면서도 유리한 상품을 선택했다면 보험의 특성상 특별한 일이 없는 한 해지하지 않을 것이다. 그래서 '보험계약 유지율'은 전 세계 보험에서 가장 중요한 고객 만족 지표로 사용된다.

우리나라에서 보험계약 유지율이 낮은 것은 그만큼 소비자의 만족도와 신뢰도가 낮다는 것을 의미한다. 즉, 한국 보험업계는 변화하는 환경에서 소비자의 신뢰를 얻는 데 실패한 것이라는 뼈아픈 자성을 해야 할 것이다.

보험연구원이 2020년 11월 3일 발표한 보고서 〈보험 산업 진단과 과제(III): 소비자 중심 경영〉에 따르면 국내 보험 소비자의 만족 수준은 타 산업과 비교할 때 최하위 수준이다. 소비자가 체감하는 보험의 중요도는 더 높아졌으나, 만족도가 낮아졌다는 결과는 충격적이다.

이 보고서는 보험 소비자의 만족도가 낮은 이유로 "정보통신 기술의 발달과 핀테크 및 플랫폼 기업의 보험 시장 진입 등에 따른 보험비 행태 변화에 대해 명확한 분석이 부족하기 때문"이라고 지적했다. 소비자의 특성을 충분히 고려하지 않고 설계된 상품 개발과 마케팅 관행은 소비자의 불만과 불신을 초래할 수밖에 없다. 보험 업계가 변화하지 않았기에 지금과 같은 처참한 성적표를 받게 된 것이다.

## 고객에게 초점을 맞춘 변화

A+에셋은 보험계약 유지율을 중요한 경영 지표로 설정하고 이를

높이기 위해 최선을 다하고 있다. 2019년 기준으로 볼 때 A+에셋의 보험계약 유지율은 GA 업계 최고이며, 대형 생명보험 3사(삼성 · 한화 · 교보)보다 높았다. A+에셋의 13회차 유지율은 86.6%, 25회차 유지율은 73.1%였다. 대형 생명보험 3사의 평균보다 13회차 유지율은 6%, 25회차 유지율은 무려 9% 더 높았다. 생명보험 유지율은 업계 전체에서 1위, 손해보험 유지율은 근소한 차이로 2위다. 생명보험, 손해보험 전체를 합친 순위에서는 1위를 기록하고 있다. 하지만 나는 이 정도로 만족하지 않는다. 13회차 유지율이 일본 생명보험회사 수준인 93%를 따라잡는 것을 목표로 혼신의 힘을 다하고 있다.

A+에셋은 보험 소비자의 변화에 초점을 맞추고 있다. 보험 소비자의 권리 강화 요구가 점점 커지고 있고, 상품 개발과 판매 전반에 걸친 참여도 증가하고 있다. 또한 온라인과 모바일 소비가 확대되면서 보험 정보를 탐색하고 구매하는 접점이 비대면으로 변화하고 있다. 코로나19는 이러한 현상을 더욱 가속화할 것이다.

A+에셋은 이런 현상을 면밀히 관찰하며 변화한 소비자에 맞춰 마케팅 체질을 끊임없이 바꾸고 있다. 회사 설립 목적 자체가 '수많은 보험회사와 보험 상품 중에서 고객에게 가장 유리한 선택을 제공하는 것'이다. 이를 지키기 위해서는 더욱 고도화된 마케팅을 통해 고객 신뢰와 만족을 높여나가야 한다.

A+에셋은 '보플'이라는 보험관리 앱을 출시했다. 인공지능(AI) 기술을 접목한 이 앱은 소비자가 자신이 가입한 보험 내역을 자동으로 분석하고, 보험 가입 상황을 효과적으로 알아볼 수 있게 했다. 다른 보험 관련 앱들이 많지만, 가입 현황과 함께 보험료만 정리된 형태가 대

부분이다. 소비자가 자가 진단을 하는 데 부족하며, 보유한 보험의 문제를 알기 어렵다는 단점이 있다. 하지만 보플은 소비자가 가입한 보험의 보장 내역이 잘 분석돼 있어 자가 진단이 가능하고, 향후 필요한 보험의 방향성을 잡을 수 있다. 또한 소비자는 보플을 통해 전문 설계사를 매칭할 수 있다. 궁금한 내용을 설계사에게 질문할 수 있고, 불만족스러운 부분이나 요구 사항 등을 해소할 기회가 생긴다. 정확한 정보를 바탕으로 전문가와의 정서적 교감이 보태져 신뢰하고 안심할 수 있게 된다.

소비자의 변화에 발맞춘 변화를 통해 A+에셋은 업계의 불황에도 불구하고 꾸준한 성장을 이루어왔다. 2019년 A+에셋의 실적은 매출액 2,316억 원, 영업이익 203억 원, 당기순이익 140억 원을 기록했다. 2018년보다 각각 약 15%, 24%, 81% 증가한 수치다. 코로나19라는 초유의 어려움에 직면한 2020년에도 성장세는 꺾이지 않았다. 2020년 매출액은 2019년 상반기의 2,693억 원에서 2,851억 원으로, 영업이익은 209억 원에서 232억 원으로, 당기순이익은 154억 원에서 218억 원으로 성장하는 획기적인 성과를 거두었다.

A+에셋은 GA 업계 최초로 2020년 11월 한국거래소(KOSPI)에 상장했다. 경영 성과와 함께 소비자 중심의 축적된 변화로 GA에 대한 이해와 신뢰도가 낮은 증권업계를 설득할 수 있었다. A+에셋의 차별적인 성과는 결국 고객에게 초점을 맞춘 끊임없는 변화와 혁신이 축적된 힘이라 믿는다.

# 6

# 착한 변화를 이루기 위해

변화의 영성, 나의 변화가 세상을 바꾼다 | 로뎀나무 아래서 | 두려움은 없다 | 변하지 않는 것을 지키기 위해 변화한다 | 고객, 기업 최고의 가치

# 변화의 영성,
# 나의 변화가 세상을 바꾼다

"나는 날마다 죽노라"
- 고린도전서 15장 31절 -

## 박해자가 순교자가 되다

사울[69]이라는 이름의 청년이 이스라엘 국경을 넘어 시리아 다마스쿠스로 향하는 발걸음을 재촉했다. 그는 종교적 열정과 의협심에 불타고 있었다. '하나님의 아들, 예수'를 믿는다는 불순한 무리를 체포하여 감옥으로 보내는 것이 그의 신성한 책무였다. '그리스도인'이라 불리는 어리석은 이들은 몇 해 전 로마 총독의 재판을 받고 십자가에 처형된 예수를 따랐는데, 그 사람이 부활했다고 속이며 잘못된 가르침을 전파하고 있다고 믿었다. 그 이단 종파가 더 이상 퍼져나가는 것을 내버려 둘 수 없었다.

얼마 전 사울은 이단 무리의 주요 인물 중 한 사람인 스데반을 투석형에 처할 때 증인이 되었다. 그 이후 이단자들을 체포하고 처벌하는 것을 자신의 사명으로 받아들였다. 유대교의 신성한 권위와 율법을 지키는 데 민족의 운명이 걸렸다고 믿었기 때문이다. 사울은 유대교의 대대적 탄압을 피해 흩어진 그리스도인을 붙잡기 위해 동분서주했다. 그는 공식적 권한을 부여받은 열성적인 박해자였다.

사울이 다마스쿠스에 거의 다 도착할 무렵 갑자기 하늘로부터 빛이 내려와 그를 에워쌌다. 사울은 땅바닥에 쓰러졌다. 그에게 신비로운 음성이 들렸다.

"사울아, 사울아, 너는 왜 나를 박해하느냐?"

카라바조(1573~1610), 〈다마스쿠스로 가는 길에서 일어난 회심〉, 1601년 작, 이탈리아 밀라노.

두려움에 사로잡힌 사울이 말했다.

"당신은 누구십니까?"

다시 음성이 들렸다.

"나는 네가 박해하는 예수다."

목소리는 이어졌다.

"일어나서 시내로 들어가라. 그곳에 네가 어떻게 해야 할지 가르쳐줄 사람이 있다."

사울은 일어섰지만, 앞이 보이지 않았다. 보이지 않는 눈처럼 그의 마음도 암흑천지였다. 한순간의 사건으로 견고했던 신념이 모래성처럼 무너졌다. 사울은 일행의 부축을 받아 시내로 갔고, 그곳에서 아나니아라는 그리스도인 지도자를 만났다. 그에게서 가르침을 받은 사울은 회심하고 예수를 받아들였다. 그러자 그의 눈을 덮었던 비늘 같은 것이 벗겨지며 다시 눈이 밝아졌다. 사울은 세례를 받고, 그가 그토록 혐오하고 박해하던 그리스도인이 되었다.

기독교 박해자였던 그는 선교자로 변모하여 터키와 그리스, 로마까지 기독교 복음을 전파했다. 그의 선교 여정은 순탄하지 않았다. 유대인에게 다섯 번 몰매를 맞았고, 돌에 맞아 죽을 뻔한 적이 있으며, 항해 중 세 차례 파선을 당했다. 밤과 낮, 하루를 꼬박 바다에 둥둥 떠다니며 표류하기도 했다. 재판을 받는 죄수의 신분으로 로마에 간 그는 투옥된 가운데서 선교했고, 결국 참수형을 당해 순교했다.

## 내 변화가 역사적 사건이 된다

나는 사울(로마식 이름은 바울)의 회심이 인류 역사에서 가장 극적이고 위대한 변화가 아닐까 생각한다. 바울의 발걸음을 통해 로마의 변방 식민지에서 일어난 소수 종파의 가르침이 전 세계인의 믿음과 가치, 문화가 되었다. 고대 철학의 발원지였던 그리스의 지혜도, 대제국 로마의 위용도 기독교 복음 앞에 무릎을 꿇고 설복당했다. 바울이 뿌린 씨앗이 열매가 되어 로마, 뒤를 이어 서유럽과 동유럽, 중동에 기독교가 전파되었다. 시간이 지나서 아프리카와 신대륙, 아시아에도 기독교가 전해졌다. 바울의 변화는 기독교 세계 선교의 출발점이 되는 역사적 사건이었다.

물론 바울 자신의 의지로 변화를 이룬 것은 아니다. 바울의 변화는 하나님께서 개입하신 사건이었다. 그러나 신비롭게도 바울이 그 변화를 수용함으로써 하나님의 뜻이 관철되었다. 바울은 기꺼이 변화를 받아들였을 뿐 아니라 변화를 사랑했다. 그는 "누구든지 그리스도 안에 있으면 새로운 피조물이라. 이전 것은 지나갔으니, 보라 새것이 되었도다(고린도전서 5장 17절)"라고 고백한다. 그리고 "나는 날마다 죽노라(고린도전서 15장 31절)"라고 썼다.

겨자씨 한 톨보다 못한 믿음을 지닌 내가 사도 바울의 이야기를 하는 이유는 그의 아름답고 위대한 변화를 숭앙하며 본받고 싶기 때문이다. 바울은 박해자에서 선교자로의 극적 회심 이후에도 하루하루 죽고 다시 사는 수준의 변화를 이루어간 사람이다. 변화에 대해 말하면서 바울을 건너뛸 수 없었다. 그래서 부끄러움을 감수하고 그 내용을 소개한다.

어찌 보면 한 사람의 변화는 그의 운명적 소임이 아닐까? 바울이 변화를 받아들인 그 순간 새로운 세계사가 쓰이기 시작한 것처럼 보잘것없는 나의 변화도 위대함을 품고 있을지 모른다. 나의 변화가 가족과 친구, 동료의 변화를 촉발하고, 회사의 변화를 이끌고, 더 나아가 산업, 지역사회나 국가 변화의 촉매가 된다. 작은 나의 변화가 모여서 시대의 변화가 이루어지고 그것이 역사가 된다.

앞에서 말했듯, 변화는 인간에게 부여된 거룩한 사명이다. 우리는 변화를 통해 역사를 만들어가는 존재다. 그리고 변화는 인간의 특권이기도 하다. 인간과 동물의 차별점은 변화에 있다. 그 어떤 동물도 타고난 삶의 방식을 바꾸지 않는다. 인간만이 변화를 이루고 누린다. 기왕 주어진 변화라면 기쁘게 받아들이고 적극적으로 해내자. 변화를 누리자.

# 로뎀나무 아래서

"로뎀나무 아래에 누워 자더니 천사가 그를 어루만지며 그에게 이르되
일어나서 먹으라 하는지라"
- 열왕기상 19장 5절 -

## 엘리야의 로뎀나무

잔혹한 변화의 시대를 맞아 삶의 방향을 결단해야 했던 사람이 있다. 이스라엘의 예언자 엘리야다. 다윗왕과 솔로몬왕 때 전성기를 누린 이스라엘은 솔로몬왕 사후에 쇠락의 길로 들어섰다. 성경은 그 이유로 당시 지도층과 민중이 여호와 신앙을 버렸기 때문이라고 말한다.

그들은 자신의 선조를 이집트의 폭압에서 건져내 새로운 땅으로 이끌어준 신 여호와를 버리고, 물질 만능주의와 약육강식의 신 바알을 선택했다. 왕국은 분열되었고 정의는 자취를 감추었으며, 약하고 가난한 사람들의 통곡 소리가 땅을 뒤덮었다. 아합왕 시대 이스라엘의 폭정

은 극에 달했다. 아합왕은 페니키아 공주인 이세벨을 왕후로 맞았는데, 그녀로 말미암아 바알 숭배가 국교가 되었다.

예언자 엘리야는 이런 시대에 정면으로 맞섰다. 그는 야훼 신앙의 회복을 부르짖었다. 그는 이스라엘이 극심한 가뭄과 이에 따른 기근에 시달릴 것을 예언했다. 그의 예언대로 가뭄이 계속되던 중 왕에게 제안했다. 바알과 여호와께 각각 제사를 드려 누가 진정한 신인지를 밝히자고 했다. 갈멜산에서 제사가 치러졌다. 바알을 위해 쌓은 제단에는 아무런 일도 일어나지 않았다. 뒤이어 여호와를 위해 쌓은 제단에는 불이 내려왔다. 모였던 민중은 신의 임재를 경험했다. 엘리야는 그 자리에서 세상을 현혹하던 바알 사제들을 처단했다. 제사를 치르고 얼마 지나지 않아 이스라엘에는 비가 내렸다. 엘리야가 예언한 그대로였다.

보통의 서사라면 악이 처단되고 정의가 구현되며 착한 사람들은 행복하게 산다는 해피엔딩을 맺어야 한다. 그러나 엘리야는 분노한 이세벨을 피해 황급히 도망치는 처지가 되었다. 그는 뙤약볕이 내리쬐는 거친 광야를 걷다가 로뎀나무 아래에 기대어 앉는다. 그리고 기도한다.

광야의 로뎀나무

차라리 지금 자신을 죽여 달라고. 그에게 주어진 사명의 무게가 너무 혹독하다고 느꼈다. 그리고 엄청난 일이 일어났음에도 전혀 변하지 않는 현실 때문에 절망에 빠졌을지도 모른다.

엘리야는 지쳐서 잠이 든다. 얼마 후 천사가 와서 그를 위로하듯 어루만진다. 그리고 구운 떡과 물 한 병을 준다. 엘리야는 그것을 먹은 후 다시 잠이 들었다. 다시 천사가 와서 엘리야를 깨운다. 그리고 길을 떠나라고 말한다. 로뎀나무 아래서의 휴식과 음식으로 힘을 얻은 엘리야는 자리를 박차고 일어선다. 그는 40일을 걸어 호렙산에 도착했고, 거기서 하나님으로부터 새로운 명령을 받는다. 그것은 왕을 바꾸고 새로운 예언자를 세우라는 대변혁의 사명이었다.

나는 성경을 읽으며 로뎀나무가 울창한 잎을 지닌 큰 나무일 것이라 어렴풋이 상상했다. 그런데 실제는 생각하던 것과 달랐다. 옛날에 빗자루를 만들던 싸리 같은 것으로 나무라고 하기에는 앙상하고 볼품이 없었다. 광야의 따가운 햇빛을 피할 만한 그늘을 제공하지 못한다. 그래서 유대인은 로뎀나무 그늘에서 햇빛을 피하는 상황을 매우 비참한 처지라고 여긴다.

엘리야가 로뎀나무에 기대어 앉아 자신의 생명을 거두어 달라고 호소하는 처지가 안쓰럽게 느껴진다. 그러나 엘리야는 로뎀나무 아래에서 회복되었다. 변화와 도전의 동력을 얻었다. 엘리야에게 로뎀나무는 재도약의 베이스캠프 같은 곳이 아니었을까?

## 내 인생의 로뎀나무

담대한 비전을 품고 그것을 이루기 위해 성실하게 노력했다 하더라도 늘 만족스러운 결과가 주어지는 것은 아니다. 나는 그것을 너무나 잘 알고 있다. 세상의 변화는 늘 기대를 배신한다. 하지만 그것이 끝은 아니다. 그 자리에서 털고 일어나 더 멋진 변화를 향한 여정을 시작해야 한다.

돌이켜보면 내 삶에도 수없이 많은 로뎀나무가 있었다. 그것이 로뎀나무였음을 세월이 지나니 알 수 있었다. 거기서 나는 밥 한 그릇, 국 한 사발을 먹고 새로운 힘을 얻었다.

학교에 다니고 장교로 군 생활을 하고 취직해서 일하면서 가는 곳마다, 하는 일마다 난관에 부닥쳤다. 왜 이리 뜻대로 안 풀리는지 야속하게 느껴진 적도 있었다. 하지만 그때마다 절박한 심정으로 매달렸고 결국 돌파구를 찾아냈다. 돌이켜보면 순간순간 로뎀나무 그늘이 있어 다시 도전할 힘을 얻었다. 모두 하나님의 은혜다.

사업을 시작한 후에도 날마다 거대한 벽에 부닥쳤다. 업계의 낡은 영업 관행을 극복하고 고객을 진정으로 위하는 마케팅을 하겠다는 큰 비전을 품었지만, 그것을 현실로 풀어내기란 결코 쉽지 않았다. 때로는 억울한 오해에 시달려야 했고, 계획한 성과가 나오지 않아 어려움을 겪은 적이 한두 번이 아니다. 그러나 그때마다 로뎀나무 그늘이 있었다. 뜻을 함께한 동료들이 힘을 주었다. 특히 '착한 마케팅'을 현장에서 실천에 옮기는 설계사들은 큰 용기가 되었다.

암이 의심된다는 진단을 받은 적이 있다. 담담하게 대응하려고 했지만, 마음에 두려움이 생기는 것은 어쩔 수 없었다. 다행히 정밀 진단 결과 암이 아니었다. 나는 죽음을 기준으로 삶의 여러 부분을 돌이켜보았다. 무엇이 중요하고 어떤 삶을 살아야 하는지가 뚜렷하게 떠올랐다. 그때를 기점으로 내 생각과 행동, 우선순위는 많이 달라졌다. 돌아보니 그때 나는 내면의 변화를 이루는 로뎀나무 그늘에 앉아 있었다.

삼성생명의 후배였으며, 아끼고 믿었던 사장급 임원 한 사람이 조직을 깨고 나가는 배신을 했다. 이때 회사는 심각한 손실을 겪었다. 나는 배신감과 분노, 좌절감을 느껴야 했다. 극심한 우울감에 정신과 상담을 받기도 했다.

참으로 감사하게 이때도 로뎀나무 그늘에서 힘을 얻을 수 있었다. 그 로뎀나무의 이름은 용서였다. 정리되지 않은 채 나를 괴롭히는 상처에 시달릴 수만은 없었다. 조쉬 빌링스의 "용서만큼 완벽한 복수는 없다"라는 명언이 깊은 공감을 불러일으켰다. 기도하면서 용서하자고 마음먹으니 마음을 흔들던 고통과 상처가 사라졌다. 그리고 몸과 마음을 추슬러 다시 도전에 나설 수 있었다. 나는 변화했으며 조직을 변화시킬 담력도 생겼다.

나는 삶의 무수한 고갯길에서 로뎀나무 그늘의 휴식을 얻었다. 아주 어린 시절부터 말이다. 초등학교에 다니던 어느 해에는 큰 홍수가 났다. 이로 인해 우리 집은 사과 농사를 완전히 망쳤다. 가계가 휘청거리던 상황에서 어머니는 제법 큰 결심을 하셨다. 한 번도 장사라고 해본 적이 없었는데도 김장철에 리어카에 배추를 가득 싣고 왜관장에 내다 팔기로 한 것이다.

왜관장은 집에서 20리 길이었는데, 집에서 가려면 내가 다니던 초

다시 찾은 모교 낙산초등학교

등학교를 지나가야 했다. 초등학교를 지나 왜관장 쪽으로 5리쯤 더 가면 언덕이 있었다. 어머니 혼자서 리어카를 끌고 오르기 힘든 가파른 오르막길이었다. 할 수 없이 내가 리어카를 밀어드려야 했다. 그리고 학교로 갔는데 내가 오는 것을 본 친구들이 "왜 반대쪽에서 오냐?"라고 물었다. 그때 나는 우물쭈물하며 얼버무리고 말았다. 그러곤 어머니가 가시는 쪽을 바라보았다. 어머니가 끄는 힘겨운 리어카가 아련하게 시골길을 가고 있었다. 50년도 더 된 일이지만, 때때로 그 장면이 생생하게 떠오른다.

비교적 유복한 가정에서 자란 나는 큰 부족함이 없었다. 하지만 그래 봐야 농사짓는 집이었다. 빈부격차가 크지 않던 시절이라 어렵기는 매한가지였다. 밤이면 호롱불 아래에서 공부하며 컸다. 초등학교 때는 5리를 걸어서 학교에 다녔다. 중학교 때도 호롱불 아래서 숙제를 했고, 자전거로 1시간쯤 걸리는 20리 길을 달려 학교에 다녔다. 한겨울이면 강바람이 피부를 저미듯 파고들었다. 온몸에 견디기 힘든 한기가 퍼져

오들오들 떨기 일쑤였다. 혹 자전거 체인이 빠지면 다시 끼우느라 꽁꽁 얼어붙은 손이 시커먼 기름 범벅이 되기도 했고, 그럴 때면 낙동강 바람이 워낙 매서워 눈물을 찔끔거리기도 했다. 항상 배고프고 갖고 싶은 것도 많아 늘 결핍감을 느끼던 시절이었다.

가끔 고향에 내려갈 때면 내가 다니던 초등학교 교정을 걸어보기도 한다. 그 시절에는 그렇게 넓어 보이던 운동장이 조그맣다. 매달리려고 낑낑대던 철봉이 다시 보니 나지막하다. 그도 그럴 것이 50년 넘는 세월이 흘렀다. 조그만 철부지가 머리가 허연 중늙은이가 되었다. 그럼에도 기억은 어제 일인 것처럼 가까이 있다. 손에 잡힐 듯하다. 리어카를 끌고 언덕을 내려가시던 어머니의 모습, 자전거로 달리던 한겨울의 강둑은 서러움이 아니라 아련한 그리움이 되었다. 그때 그 기억들이 내 인생의 로뎀나무인지도 모른다.

## 변화의 베이스캠프

이 책을 읽는 독자 중에 좌절감에 빠진 사람이 있을지도 모르겠다. 나는 안간힘을 쓰는데, 세상이 도와주지 않아서 실패가 거듭되는 불운에 화가 나 있을 수도 있다. 위대한 예언자 엘리야도 삶을 포기할 정도의 실의에 휩싸였는데, 평범한 사람들이야 오죽하겠는가. 변화의 몸부림이 부질없이 느껴진다면, 홀로 사막에 서 있는 듯 막막하고 외로움에 휩싸인다면, 로뎀나무 그늘을 찾아보자.

앞에서 말했듯 로뎀나무는 보잘것없다. 인생의 획기적 전환점을 만들어줄 만한 거창한 것이 없다. 그 작은 그늘에서 뙤약볕을 피하는 처지가 한층 더 청승맞아 보이기도 할 터이다. 그러나 이곳이 중요하다. 빵 한 조각, 물 한 컵의 조촐한 식사로 힘을 얻어야 한다.

자신의 삶을 다시 돌아보자. 긍정적인 태도로 감사할 것을 생각해보자. 주변의 소중한 사람들을 둘러보자. 그리고 변화의 방향을 깊이 성찰해보자. 방향이 옳으면 된다. 그 과정에서 난관은 자연스럽다. 금세 이루어지지 않는다고 애태우지 말자. 한 번에 쉽게 얻을 수 있는 변화라면 가치가 없다. 값진 것일수록 역경과 시간을 요구한다. 로뎀나무 아래에서는 '좌절하지 않고 변하겠다'라는 결단으로 충분하다.

절망의 어두움이 우리를 휘감을 때 로뎀나무를 찾자. 나처럼 기독교인이라면 기도하자. 용서든, 사색이든, 공부든, 운동이든, 가족과 나누는 따뜻한 대화든, 회복하고 새롭게 변화할 용기를 얻을 수 있는 베이스캠프를 만들자. 여기서 또 새롭게 시작하면 된다. 이 책이 절망의 터널을 뚫고자 하는 당신에게 작은 로뎀나무가 되기를 바란다.

# 두려움은 없다

"두려워하지 말라 내가 너와 함께 함이라
놀라지 말라 나는 네 하나님이 됨이라
내가 너를 굳세게 하리라 참으로 너를 도와주리라
참으로 나의 의로운 오른손으로 너를 붙들리라"
- 이사야 41장 10절 -

## 두려움의 시대

'변화의 시대'는 두려움의 시대다. 4차 산업혁명은 사람들에게 과거에는 상상하지 못했던 편리함을 안겨주었지만, 두려움 또한 가져다주었다. 대표적인 것이 일자리다. 단순 직무에 종사하는 이들뿐 아니라 의사나 회계사, 변호사, 대학교수 같은 전문가들조차 로봇이나 인공지능에 밥그릇을 빼앗길지 모른다며 불안해하고 있다.

이 책을 쓰는 지금, 코로나19로 두려움에 빠진 사람들이 많다. 혹시 나와 가족이, 동료들이 병에 옮을까 두려워한다. 사회적 거리 두기로 언제 가게나 회사의 문을 닫아야 할지 공포가 몰려온다. 더욱이 코로나19는 연결된 글로벌 사회의 취약함을 드러냈다. 언제든 비슷한 고통에 빠질 수 있다. 코로나19가 바꾸어놓은 세상의 모습에 적응하고 이 변화를 헤쳐나가는 것 역시 두렵기 그지없다.

이 책의 주제인 변화는 항상 두려움을 동반한다. 사람은 항상 현재 상태로 있는 것을 선호한다. 편안하기 때문이다. 지금의 안락함을 놓고 미지의 세계로 들어가는 것은 두려운 일이다. 그래서 변화에 몸부림치며 저항하기도 한다. 조직도 마찬가지다. 기업이든 국가든 변화의 소용돌이에 빠지는 것은 구성원을 두렵게 만든다.

어느 선박의 냉동창고에서 한 선원의 시신이 발견되었다. 그는 다른 동료의 실수로 냉동창고에 갇혔는데, 갇힌 동안 자신이 죽어가는 과정을 벽에 자세히 기록해놓았다. 그는 극심한 두려움을 느꼈고, 엄습하는 한기에 몸을 오들오들 떨다가 싸늘하게 얼어 죽었다. 그런데 동료 선원들은 그의 죽음을 도저히 이해하지 못했다. 죽은 선원이 갇힐 때 냉동창고의 전원이 꺼진 상태였기 때문이다. 선원을 죽음에 이르게 한 것은 낮은 온도가 아니라 두려움이었다.

변화의 고통보다 두려움이 훨씬 더 치명적이다. 그런데도 사람들은 변화를 더 두렵게 느낀다. 미국 대기업들이 조직 혁신 프로젝트를 수행할 때는 구성원들의 감정과 심리에 촉각을 곤두세운다. 부정적 감정이 변화에 대한 거부감을 불러오기도 하고, 때에 따라서는 극단적 선택으로 이어지기도 하기 때문이다. 변화에 대한 두려움 때문에 죽음을 선택하는 것은 어리석기 그지없다.

할리우드 영화 〈쇼생크 탈출〉에는 주인공 말고 또 다른 인상적인 스토리가 들어 있다. 장기 복역한 노인 브룩스다. 그는 다른 죄수들과 달리 가석방 심사에 시큰둥하다. 모두가 원하는 감옥 밖으로 나가는 변화가 그에게는 한없는 두려움이었다. 그러던 그가 가석방으로 자유의 몸이 되었다. 그에게 세상은 두렵고 고통스러울 뿐이었다. 그는 변화에 적응하지 못하고 스스로 삶을 마감하고 만다. 이는 단지 영화의 한 장면이 아니다. 변화에 두려움을 느끼는 인간 존재의 전형적 모습을 상징적으로 그려낸 것이다.

## 두려움을 직시하라

두려움에서 자유로운 사람은 없다. 특히 기업을 경영하는 사람들은 두려움을 그림자처럼 달고 다닌다. GE의 전설적인 CEO 잭 웰치조차 늘 두려움과 싸웠다고 한다. 그는 이렇게 말했다. "뭔가를 경영하는 사람들은 밤에 집에 가서 늘 똑같은 두려움과 마주하게 된다. 내가 이 회사를 망치는 것은 아닐까?"[70]

그러나 두려움을 피하지 않고 그 실체를 똑바로 마주할 때 우리는 두려움을 이길 힘을 얻게 된다. 영화화된 유명한 소설《해리 포터》[71] 시리즈에는 보가트라는 이름의 괴물이 나온다. 이 기묘한 괴물은 두려움을 먹고 산다. 자신과 마주친 사람의 내면에서 가장 두려워하는 형태로 나타난다. 그런데 이 괴물을 물리칠 간단한 마법이 있다. '리디큘러스'라는 주문이다. 눈앞에 펼쳐진 두려움의 가장 우스꽝스러운 모습을 상상하며 주문을 외우면 된다.

어릴 적에 귀신을 무서워하는 친구들이 많았다. 장롱이나 이불 속에 귀신이 숨어 있지나 않을까 잠 못 이루고 방구석에서 떠는 아이도 있었다. 이때의 처방은 단순하다. 불을 켜고 장롱문을 활짝 열어보거나 이불을 젖혀 그 안을 확인해보면 된다.

우리가 두려워하는 대상을 정면에서 보자. 시선을 돌릴 이유가 없다. 어차피 대면할 존재다. 그 실체를 객관화하여 살펴보자. 때로는 우스꽝스럽고 하찮은 존재로 여기자. 그러면 우리의 두려움이 불러온 것들이 실제로는 두려워할 만한 존재가 아님을 확인할 수 있을 것이다.

미국의 자기계발 전문가이며 출판사 대표인 토머스 넬슨 회장은 두려움을 이기는 방법에 대해 이렇게 조언한다.

> *"나는 두려움을 느낄 때마다 정면 대결을 택했다. 공포는 익숙해지면 사라진다는 사실을 알았기 때문이다. 공포는 대개 마음속에 있는 것, 실제로는 존재하지 않음에도 우리가 마주하기 싫어하기 때문에 나타난다. 따라서 공포를 무력화시키고 멀리 쫓아내는 방법은 그 한복판으로 직접 뛰어드는 것이다. 그리고 자기가 두려워하는 그 일을 직접 해보는 것이다. 공포는 우리 마음속에 자라므로 그것과 마주하기를 회피할수록 더욱 커진다. 공포를 쫓는 유일한 방법은 그것과 맞닥뜨리는 것이다."*[72]

두렵다고 피하지 말라. 그것을 직시하라. 루스벨트 전 미국 대통령의 말처럼 우리가 진정으로 두려워할 것은 두려움 그 자체다.

## 실패 받아들이기

사람들이 어떤 일을 미루는 이유는 무엇일까? 흔히 게으름 때문이라고 생각할 것이다. 맞다. 게으른 사람들은 잘 미룬다. 그런데 연구에 의하면 성취동기가 높고 부지런한 사람들도 미루는 일이 잦다고 한다. 왜 그럴까? '완벽해지려는 마음'과 '실패에 대한 두려움' 때문이라고 한다. 예를 들어 대도시에서 직장생활을 하는 젊은 커리어우먼은 사소한 일로 고향의 어머니와 심한 언쟁을 벌였는데, 사과와 화해의 전화를 하는 것을 몇 년이나 미루었다고 한다. 심지어 어머니가 먼저 연락하지 못하도록 자신의 전화번호도 바꾸었다. 사과하고 관계를 회복하고 싶은 마음이 강했지만, 차일피일 미루기만 했다. '혹시 어머니가 사과를 받아주지 않으면 어쩌지', '관계가 더 나빠질 수도 있어' 등과 같은 두려운 마음 때문이다. 그런 마음에서 벗어나야 한다. 사소한 실패를 두려워하는 마음 때문에 해야 할 일을 미루고, 그 결과 더 크고 근본적인 실패를 맞이해야 한다.

모든 일에서 첫 시도부터 완벽하게 성공하는 사람은 없다. 오히려 실패가 자연스럽고 당연한 과정이다. 나도 무수한 실패를 경험했다. 고객으로부터의 거절, 야심 차게 출발한 프로젝트의 낮은 성과, 심지어 인간적인 배신과 사기에 이르기까지 실패의 연속이었다. 하지만 그것을 성공으로 가는 한 과정으로 받아들였기에 성취에 이를 수 있었다.

완벽해지려 하지 말자. 우리는 모두 미숙하다. 미국의 대문호 어니스트 헤밍웨이는 "모든 초고는 쓰레기다. 특히 내 글은 더하다"라고 말했다. 이 말은 처음부터 완벽한 글을 쓰지 못하는 게 두려워 펜조차 들지 못하는 이들에게 경종을 울린다. 일단 쓰고 나중에 고쳐도 충분하다. 두려움을 버리고 일단 쓰기 시작해야 글을 완성할 수 있다.

변화도 마찬가지다. 변화의 결과 완벽한 성공이 주어지지 않을지 모른다는 두려움으로 절박한 변화를 미룰 수는 없다. 구약성경을 보면 믿음의 조상으로 추앙받는 아브라함도 실패와 실수의 연속이었다. 그는 하나님의 계시를 받고 자신의 고향을 버리고 낯선 땅으로 향하는 대변화를 감행했다. 역사의 전환점이 될 위대한 변화였다.

그러나 아브라함은 하나님을 전적으로 신뢰하지 못한 것으로 보인다. 약속의 땅 가나안에 도착한 이후에 기근이 들자 이집트로 이주하는 실수를 저지른다. 실수는 여기서 그치지 않는다. 아브라함의 아내 사래는 출중한 미인이었는데, 이집트의 유력자들이 그녀를 취하려는 욕심에 아브라함은 해칠지 모른다는 두려움에 빠져 아내를 누이라고 속인다. 앞뒤 사정을 모른 파라오(이집트의 왕)가 사래를 아내로 맞이하려다가 하나님의 경고를 받고 그만두는 일이 벌어진다. 이집트에서 가나안에 돌아온 후에는 사래를 통해 아들을 얻고 후손이 큰 민족을 이룰 것이라는 하나님의 약속을 의심하고 조급한 마음에 빠진다. 그래서 아내의 여종인 하갈을 통해 아들을 낳는데, 그의 이름이 이스마엘이다. 그는 아랍 민족의 조상이다. 유대인과 아랍 민족의 뿌리 깊은 분쟁은 이때 씨앗이 뿌려졌다.

이처럼 아브라함은 번번이 실수했다. 하지만 하나님께서는 그를 용서하고 바른길로 인도하셨다. 누구나 실수하고 실패한다. 변화의 과정도 마찬가지다. 변화를 시도한다고 해서 처음부터 기대했던 결과가 나오지 않는다. 아브라함이 축복을 약속받은 땅인 가나안에 도착했을 때 부닥친 것은 뜻밖에도 기근이었던 것처럼 말이다.

변화하려면 완벽한 성공에 대한 집착을 버려야 한다. 과정상의 실패를 두려워하지 말고 당연한 것으로 받아들여야 한다. 때로는 실수하여 넘어질 수 있지만, 옳은 길로 들어섰다면 털고 일어서면 된다. 실패에 대한 두려움에 변화를 미루지 말자. 과감하게 첫발을 내딛자.

## 두려움의 영적 해석

경제학자 출신으로 활발한 집필과 종교 활동을 펼치고 있는 양병무 박사의 《행복한 성경 읽기》라는 책을 감동적으로 읽었다. 양병무 박사는 성경을 읽으며 깨달은 성경의 중심 주제를 자기 나름의 체계에 따라 분류하고 설득력 있게 들려주었다. 그가 판단한 성경의 첫 번째 주제는 '두려움'이다.

성경에는 "두려워하지 말라"라는 말이 80회 정도 나온다고 한다. 이는 인간이 두려움의 존재이기 때문일 것이다. 실존주의 철학자 마르틴 하이데거는 "염려하지 않는 인간은 진정한 인간이 아니다"라고 말하며, 두려움이 인간의 본질적 감정임을 지적했다.

영적 차원에서 두려움의 반대말은 믿음이다. 믿음이 있다면 두려움이 없다. 믿음이 흔들리면 두려움이 찾아온다. 믿음의 정도에 따라 두려움의 크기가 달라진다. 용기란 두려움이 없는 상태가 아니라 두려움에 정면으로 대응하는 능력을 말한다. 신앙인과 비신앙인의 차이는 두려움이 있느냐 없느냐가 아니라 그 두려움을 어떻게 이겨내느냐에 달려 있다.

양병무 박사는 두려움에 맞서는 방법을 성경 속에서 찾아 제시했다. 그는 욕망을 내려놓고 보이지 않는 세계, 즉 하나님의 통치와 보호를 인정할 때 두려움 대신 평화가 찾아온다고 말한다. 홍해 바다를 가른 하나님의 능력을 삶 속에서 경험한다면 사망의 음침한 골짜기를 다닐지라도 두려워하지 않을 수 있다. 민족이 절멸할 절체절명의 위기에서 죽음의 공포를 이기고 나아간 에스더처럼 “죽으면 죽으리라”라고 다짐하고 담대하게 나아갈 수 있다.

# 변하지 않는 것을 지키기 위해 변화한다

"그런즉 믿음, 소망, 사랑, 이 세 가지는 항상 있을 것인데
그 중의 제일은 사랑이라"
- 고린도전서 13장 13절 -

## 해 아래 새것이 없나니

초등학교 때 우리 옆집은 동네 최고의 부잣집으로, 대구 청과물 시장에서 손꼽힐 정도로 큰 가게를 운영했다. 그 집 어른은 이북에서 내려온 사람이었는데, 우리보다 대여섯 배 더 큰 과수원을 운영했다. 일꾼이 숙식하는 집만도 세 채나 되었다. 과수원 지하를 파서 사과를 시원하게 보관할 저장고를 만들었다. 그리고 저장고에서 꺼낸 사과 상자를 쉴 새 없이 삼륜 트럭에 실어 날랐다. 종일 다녀도 자동차 한 대 볼까 말까 하던 시절이었다. 차가 내뿜는 매연과 기름 냄새를 맡는 게 신기하고 좋아서 차를 쫓아다니기도 했다. 그 집을 드나드는 삼륜 트럭을

보니 신세계를 접하는 느낌이 들었다. 트럭을 꼭 타보고 싶었다.

나는 트럭 기사 아저씨들을 볼 때마다 큰 목소리로 싹싹하게 인사했다. “안녕하세요. 저는 옆집에 사는 곽근호입니다.” 그러다가 부탁을 덧붙였다. “저는 낙산초등학교에 다니는데요. 오가시다가 저를 보시면 태워주십시오. 제가 두 손을 들게요.” 그런데 트럭이 다니는 시간과 하교 시간이 엇갈려 차에 올라탈 기회가 좀처럼 오지 않았다. 그러던 어느 날 하굣길에 트럭을 보았다. 나는 두 손을 크게 흔들며 표시했다. 트럭 기사 아저씨가 나를 발견하고는 차를 멈추어 세웠다.

드디어 트럭에 올라탔다. 집에서 학교까지는 5리 길이었다. 꼬맹이 초등학생이 걸어 다니기는 제법 먼 거리다. 그런데 트럭에 타니 순식간에 집에 도착했다. 이렇게 편리한 것이 있다니 놀라울 따름이었다. 트럭에서 내려서 허리를 굽혀 “고맙습니다”라는 인사를 연거푸 했다.

그날 이후로는 기사 아저씨들이 학교 앞으로 나를 찾아와서 수업이 끝날 때까지 기다리다가 태워주곤 했다. 내가 보이지 않으면 다른 아이들에게 “곽근호 어디 있냐?”라고 물어본 적도 있다. 나는 어린 나이에 자동차를 타고 하교하는 호사를 누린 것이다.

그때의 기억이 계속 뇌리에 남았다. 철부지에게도 어렴풋한 두 가지 깨달음이 생겼다. 하나는 예의 바르고 친절하게 사는 게 유익하다는 지혜다. 다른 하나는 세상에는 더 좋고 편리한 것들이 있으며, 그것을 얻기 위해 노력하면 이룰 수 있다는 자신감이었다. 세월이 흘러서 덜덜거리는 삼륜 트럭은 돈을 받고도 타지 않는 세상을 맞게 되었다. 그렇지만 내가 희미하게나마 느꼈던 인생의 지혜는 변함없이 내 속에 남아 있다. 그리고 지금도 여전히 그 교훈에 의지한다.

어쩌면 세상을 사는 근본적인 지혜는 변하지 않는 것일지도 모른다. 구약성경에서도 "이미 있던 것이 후에 다시 있겠고, 이미 한 일을 후에 다시 할지라. 해 아래에는 새것이 없나니 무엇을 가리켜 이르기를 보라 이것이 새것이라 할 것이 있으랴. 우리가 있기 오래전 세대들에도 이미 있었느니라"(전도서 1장 9~10절)라고 기록되어 있다.

## 以不變 応万變

60년 넘는 세월을 살다 보니 나 나름대로 삶의 철학 같은 것이 자리 잡았다. 이것을 "하나님 말고 세상에 영원한 것은 없다", "비밀은 반드시 깨진다", "공짜가 더 비싸다", "늙은 뱃사공이 물길을 잘 안다", "몽당연필이 명석한 두뇌보다 낫다" 등으로 표현하여 대화 때 거론하기도 한다.

제행무상(諸行無常: 태어나는 존재는 모두 죽는다), 회자정리(會者定離: 만나면 헤어짐이 세상사의 이치다), 원증회고(怨憎會苦: 미운 사람, 싫은 것, 바라지 않는 일을 피할 수 없다), 구부득고(求不得苦: 원하는 행복을 얻기 힘드니 세상살이가 만만치 않다)로 이루어진 '인생의 네 가지 깨달음'에 고개를 끄덕이기도 한다. 수천 년 전의 기록인 성경을 읽을 때면 새로운 깨달음이 생긴다.

내가 갑자기 이렇게 말하면 지금까지 역설한 변화의 당위성이 흔들린다고 느끼는 사람이 있을지도 모른다. 그렇지 않다. 변화의 세계는 역설적이다. "변화로써 변화에 응한다"라는 쿠빌라이 칸의 명제가 옳지만, "이불변 응만변(以不變 応万變)" 역시 유효한 지혜다. 이 구절은 베트

남의 지도자 호찌민의 행동 원칙이었다. "변하지 않는 가치와 정신으로 수만 가지 변화에 대응한다"라는 뜻이다. 나는 여기서 한발 더 나아가 생각해보았다. 변하지 않는 아름다운 가치를 지키기 위해 변해야 한다.

A+에셋이 플랫폼 기업이 되더라도 '착한 마케팅'이라는 경영철학은 절대 포기하지 않을 것이다. 정확히 말하자면 A+에셋의 변화와 혁신의 중심은 고객이라는 불변의 가치를 지키기 위한 수단이다. 선량하고 아름다운 것들을 보존하기 위해 변화를 거부한다는 말은 핑계에 지나지 않는다. 불변해야 할 가치를 지키려면 더 크게 변화해야 한다.

불변의 가치로는 무엇이 있을까? 성경에서는 "믿음, 소망, 사랑, 이 세 가지는 항상 있을 것인데 그 중의 제일은 사랑이라"(고린도전서 13장 13절)라고 말한다. 사랑이야말로 인류 역사상 한 번도 빛을 잃은 적이 없는 불변의 진리다. 예언도 폐하고, 방언도 그치고, 지식도 폐하지만 사랑은 언제까지나 떨어지지 않을 것이다.

그 밖에 내가 소중하게 여기는 가치들이 있다. 그중 하나가 '정직'이다. 나는 내가 세상을 떠난 후 "곽근호는 거짓말하지 않는 솔직하고 정직한 사람이었다"라는 평가가 나의 묘비명이 되기를 바란다. 이를 이루기 위해 항심을 가지고 노력할 것이다.

## 정직의 가치

나는 어린 시절 부모님으로부터 정직을 배웠다. 형들이 타지로 떠난 후 부모님, 동생과 함께 한 방에서 지냈다. 때로는 늦은 밤이나 새벽녘에도 잠들지 않고 동생과 키득거리며 장난을 쳤다. 그럴 때면 옆에 누워 계시던 아버지가 나직한 목소리로 "이놈들, 버릇이 없구나"라고 말씀하시며 두 형제가 대청마루로 나가서 무릎을 꿇은 채 다듬잇방망이를 들고 벌서도록 하셨다. 그리고 "5분이다"라고 벌서야 할 시간을 알려주셨다. 처음에 벌을 받을 때는 방에 계신 아버지가 볼 수 없으니 방망이를 내려놓고 있었다. 그러면 3~4분쯤 지나 아버지가 방문을 열고 우리를 보셨다.

"5분 연장이다." 벌 받는 시간이 더 길어졌다. 하지만 그러고 얼마 지나지 않아 방문을 열어 제대로 벌서고 있는 우리를 보시면서 "들어오너라. 2분 단축이다"라고 풀어주셨다. 아버지는 눈속임보다 정직이 더 편하고 유용함을 일깨워주시려고 했던 것 같다. 아버지께 벌을 받으며 정직의 가치를 몸에 익혔지만, 급할 때면 거짓말이 입 밖으로 튀어나왔다.

그러다 평생 기억에 남을 사건이 하나 생겼다. 초등학교 시절 장터에서 물건을 훔친 적이 있다. 윗부분을 돌려가면서 여러 색으로 쓸 수 있는 볼펜을 파는 것을 보았는데, 신기하고 갖고 싶은 마음에 충동적으로 슬쩍 주머니에 넣었다. 볼펜이 없어진 것을 안 주인이 주위를 살피다가 나를 의심스러운 눈으로 쳐다봤다. 나에게 볼펜을 가져갔느냐고 물었고 나는 절대 아니라고 둘러댔다. 마침 어머니가 그곳을 지나다시다가 이 장면을 보셨다. 자초지종을 들은 어머니는 나에게 정말 볼펜을 훔쳤는지 물으셨다. 나는 또 아니라고 대답했다. 내 말을 철석같이 믿은 어머니는 그럴 아이가 아니라며 나를 옹호하셨다. 그러나 곧 내 주머니에서 문제의 불펜이 나왔다. 어머니는 나에게 깊이 실망하셨고 호되게 야단치셨다.

물건을 훔친 것도 나쁘지만, 잘못을 바로잡을 기회가 있었는데도 거짓말한 것을 더욱 질책하셨다. 어머니는 아무 말 없이 나의 손을 잡고 끌고 가셨다. 과수원 옆 골목길에서 종아리에 피가 나도록 때리는 어머니의 눈에서 눈물이 글썽이는 모습을 보았다. 어릴 때 이 사건이 나에게는 지금도 인생의 작은 교훈이 되고 있다. 진실하고 정직한 삶, 내가 평생 싸우며 지켜나가야 할 숙제이기도 하다.

어린 시절 깊이 심어진 정직의 가치는 인생을 살아가는 데 시금석이 되었다. 그 이후 거짓말을 하지 않았다고 말할 수는 없지만, 정직하고자 최선을 다한 것만은 분명한 사실이다. 고객에게 투명하게 정보를 공개할 수 있다는 점에서 GA 사업을 매력적으로 느꼈다. 정직을 중요하게 여기는 마음가짐이 삶과 일을 이끌어온 것이다.

# 고객, 기업 최고의 가치

"고객은 대면을 하든 전화를 통해서든 직원들과 접촉하는 시점인
최초 15~30초가 서로의 참된 '진실의 순간(MOT: Moment Of Truth)'이다.
이 순간에 고객이 만족을 느끼지 못하면 고객은 떠나간다."
- 얀 칼존[스칸디나비아 에어라인 시스템(SAS) 사장] -

## 고객이 전부다

기업이 붙잡고 가야 할 불변의 가치가 있다면 단연코 '고객'일 것이다. 경영학의 아버지 피터 드러커도 기업의 존재 목적은 이윤이 아닌 고객이라고 분명하게 못을 박았다. 여기에는 타협의 여지가 없다. 고객은 기업이 생존하고 성장해야 할 유일한 근거다. 기업이 변화해야 한다면 그것은 고객 때문이다.

애플은 마니아층의 극성스러운 사랑을 디딤돌로 삼아 세계 최고의 기업으로 도약했다. 시가총액 상위를 차지한 플랫폼 기업들의 경쟁력은 광범위한 고객층에서 생긴다. 첨단 비즈니스가 아니라도 상관없

다. 어떤 업종의 사업을 하든 고객의 신뢰와 사랑을 얻는 기업은 성장을 이룬다.

고도의 기술력을 갖춘 기업들로 이루어진 초우량 기업군 중에 독특한 회사가 하나 눈에 띈다. 맥도날드다. 독특할 것이라고는 없이 패스트푸드를 판매하는 프랜차이즈 업체가 최고의 브랜드가치를 지닌 글로벌 기업으로 성장한 것이 기묘하게 느껴지기도 한다. 그러나 맥도날드의 성장은 행운에서 비롯되지 않았다. 고객을 향한 집요한 관심이 그들을 성공 가도로 이끌었다.

맥도날드는 고객을 위해 '싸게, 좋게, 빠르게' 서비스한다. 그리고 고객의 편에 서서 그들의 이익이 되는 선택을 권한다. 손님이 "상하이버거 단품 하나와 베이컨디럭스 세트 주세요"라고 하면 점원은 "손님, 상하이버거 세트와 베이컨디럭스 단품을 선택하시면 100원이 더 쌉니다"라고 답한다. 고객의 동전 하나까지 배려하고 상냥한 미소를 지으며 친절하게 응대하는 직원의 태도는 고객을 감동시키고 큰 신뢰를 준다. 맥도날드의 저력은 바로 여기에 있다. 업무 매뉴얼화, 글로벌 소싱을 통한 원가 절감 등의 경영 기법이 지향하는 목표 지점 역시 고객이다.

## A+에셋 방식

역설적으로 회사에 손해가 나더라도 고객의 이익을 중심으로 선택하고 행동하는 것이 A+에셋의 경영철학이다. 어떤 고객이 자신이 보유한 포트폴리오에 대해 컨설팅을 의뢰해왔다. 이때 담당 설계사가 기존 포트폴리오의 단점만을 찾아 비판하며 그 계약을 해지하고 새로운 금융 상품으로 가입을 유도했다고 하자. 그러면 그 고객은 설계사의 속내를 눈치채지 못할까? 그렇지 않다. 고객은 그가 어떤 의도를 가졌는지를 금방 간파할 것이다. 그러니 다른 금융기관이 추천한 포트폴리오라 하더라도 고객의 니즈에 맞게 구성돼 있다면 "좋은 포트폴리오니까 그냥 장기간 가지고 계시는 게 좋을 것 같습니다. 이미 좋은 파트너와 거래하고 계시는군요"라고 말하는 게 옳다.

고객의 포트폴리오에서 잘된 부분을 먼저 부각하고, 필요한 부분만 보완하면 좋겠다고 제안해야 한다. 이 과정에서 고객은 설계사를 신뢰한다. 계약을 놓쳐 이익의 기회를 잃더라도 고객의 신뢰를 얻으면 그것으로 충분하다. 장기적으로 본다면 어느 것이 더 이익이겠는가? 이것이 A+에셋의 경영방식이다.

## 죽어도 바꿀 수 없는 것

A+에셋 사내 발표회 자리에서 두고두고 기억에 남을 감동적인 이야기를 들었다. A+에셋은 '착한 보험 119'를 콘셉트로 인포모셜 광고를 진행해왔다. 이 광고를 본 많은 고객이 여러 가지 문의를 했다. 그분들 중에는 응대하기에 매우 까다로운 분들이 많다. 이런 상담은 대개 경험이 많은 임원급 설계사가 맡는다. 사실 실적과 수입이 좋은 임원급 설계사 입장에서는 이런 일이 달가울 리 없다. 시간과 노력에 비해 성과가 나기 힘들기 때문이다. 그 시간에 다른 영업을 하는 게 더 효과적일

지 모른다. 그런데도 많은 임원급 설계사들이 이 일에 헌신적인 모습을 보였다. 이는 현장에서 솔선수범하는 리더의 모습으로 귀감이 된다.

발표자는 A+에셋에서 가장 높은 수준의 실적을 올리는 설계사였다. 그녀는 아파트 경비원이 직업인 70세 독거 남성을 상담했다. 이분은 당시 월수입이 100만 원도 안 되는데, 월 보험료로 68만 원을 지출하고 있었다. 대부분 케이블TV 방송 광고를 보고 가입한 계약이었다. 여러 건을 중복해 가입한 상태라 보장도 효율적이지 않았다. 자세히 살펴보니 이상한 점도 눈에 띄었다. 이분은 9년 전 암 병력이 있는데도 암 보험에 가입하고 있었다. 자세히 알아보니 '암'이 '염증'으로 잘못 기록돼 있었다. 이 상황에서는 보험료를 계속 내더라도 나중에 보험금을 받지 못할 가능성이 크다. 그래서 조정 끝에 이미 낸 보험료를 되돌려 받는 방식으로 잘못 가입된 보험계약을 해지했다. 그 결과 납입 금액 260만 원을 돌려받을 수 있었다. 그리고 큰 의미 없이 허비되는 보험도 정리했다.

이분은 필요 없는 보험을 절반 이상 해약해 생계를 짓누르는 무거운 보험료 부담을 줄였고, 목돈도 생겨서 그녀를 은인처럼 여기게 됐다. 그런데 그녀는 어려운 상담 과정에서 한 건의 계약도 올리지 못했다. 정말 열심히 했는데도 말이다.

그다음에 이어진 이야기가 내 마음에 깊은 울림을 주었다. 이분의 소식을 전해 들은 비슷한 처지의 동료와 친구들이 이 설계사를 찾아왔다. 그래도 그녀는 전혀 번거롭게 느끼지 않고 성실하게 대했다. 심지어는 동료 경비원들을 상담할 수 있도록 소개해 달라고 부탁하기까지 했다. 지식과 정보가 부족해서 보험에 잘못 가입하고 고생하는 분들에

게 상담해주는 것을 높은 소득을 올리는 것 못지않게 중요하다고 느꼈다고 한다. 모인 사람 모두가 그녀의 이야기에 아낌없는 박수를 보내며 눈시울을 적셨다. 그녀가 발표 마지막에 한 말이 가슴속에 또렷하게 남아 있다.

> *"저는 연봉이 4억 원이 넘습니다. 이만하면 소득이 적은 게 아니죠. 하지만 그럴수록 더 큰 책임감을 느낍니다. 저는 더 나은 컨설팅을 통해 어려운 처지에 놓인 사람에게 봉사할 수 있는 나의 직업이 최고라고 생각합니다."*

이것이 A+에셋이 존재하는 한 변함없이 끝까지 지키고 추구할 가치다.

에필로그

# 변화를 향한 여정을 시작하자

"똑같은 강물에 몸을 두 번 담글 수는 없다."

헤라클레이토스의 말이다. 끊임없이 흘러가는 강에서 물은 항상 새롭다. 그런데 흐르는 것은 강물만이 아니다. 강물을 바라보는 인간 또한 잠시도 쉬지 않고 흘러간다. 우리도 하나의 강물인 셈이다.

과거, 현재, 미래라는 시간의 흐름 속에서 우리는 도도한 강물이 된다. 그런데 우리는 스스로 강물임을 잘 인식하지 못한다. 이것이 변화에 실패하는 중요한 이유 중 하나다. 우리는 이미 어제의 그 물결일 수 없음에도 어제의 물결인 양 착각하곤 한다. 오늘을 어제로부터 격리하지 못하여 어제의 인간으로 살아간다.

변화는 자신을 잃는 것이 아니라 자신을 지키는 길이다. 어제의 물결은 흘러갔으나 강은 여전히 강으로 남는다. 이와 마찬가지로 어제의 나는 흘러갔으나 새로운 나로 남아 면면한 인생의 강을 이룬다. 어제에만 존재했던 나를 어찌 나라 부를 수 있겠는가. 오늘도 존재하고 내일도 존재해야 바로 나다. 흐름이라는 변화 없이 나는 존재할 수도 없다.

이제 변화로의 여정을 시작하자. 변화는 떠남이다. 부족했던 오늘을 떠나 더 나은 내일로 향하는 끝없는 여정이다. 그것은 하나의 존재가 더 나은 존재로 성장하는 과정이다.

익숙한 오늘을 떠나기 싫은가? 변화가 두려운가? 실패에 대한 공포가 당신을 옥죄는가? 그러나 우리가 진정으로 두려워해야 할 것은 변화로 인한 실패가 아니다. 정말 두려운 것은 변화를 외면하고 멈춰서는 것이다. 그것은 죽음이다. 흐름을 멈춘 강이며, 성장을 멈춘 생명체와 같다. 탁월한 사람들은 변화의 달인이다. 그들은 변화로 인한 실패를 두려워하지 않는다. 오히려 그들은 매일 실패로부터 배운다. 그 실패 속에 자신을 단련하고 더 강인한 변화를 일으킨다. 실패 속에서 미래의 향기를 맡고 그곳을 향해 나아간다.

위대한 사람들의 위대한 능력은 변하지 않는 것과 변하는 것을 융합하는 데 있다. 그들은 흔들림 없이 가치와 철학을 지키고 사람에 대한 애정을 잃지 않았다. 그렇지만 한순간도 같은 자리에 머물지 않고 자신을 변화시켰다. 변하지 않는 것과 변하는 것을 한 군데 섞어 완전히 새로운 존재를 창조해냈다. 그러나 가치와 철학이 없는 이들, 변화하지 못하는 이들은 항상 뒤로 처졌다. 이것은 기업 세계에서도 마찬가지다. 소니와 모토로라, 노키아는 현재의 성공에 발목이 잡혀 오늘을 떠나지 못하고 안주하며 변화를 거부하다가 몰락을 맞았다.

변화는 숙명이다. 기쁘고 열정적으로 받아들이자. 변화를 향해서

라면 광기를 가져도 좋다. 변화한 자신에 대한 믿음을 갖자. 마음속 깊은 곳부터 바꾸자. 인생은 믿음이 자신을 구현해가는 것이니 마음속의 생각이 바뀌면 삶도 바뀔 것이다.

불가능한 꿈을 꾸자. 미쳤다는 비난을 듣더라도 나와 세상을 바꿀 기발한 야망을 품자. 그 꿈을 실현하기 위해 내일 죽을 사람처럼 집요하게 매달리며 매일매일 변화하자. 순자(荀子)의 말처럼 "한 발짝이 쌓이지 않으면 천 리 길을 갈 수 없고, 작은 흐름이 쌓이지 않으면 강과 바다가 이루어질 수 없다. 공(功)을 이룸은 중단하지 않는 데 있으니, 자르는 것을 중단하지 않으면 쇠나 돌도 뚫을 수 있다."

이제 책을 덮고 변화를 향한 여정을 시작하자. 새로움을 갈망하자. 위대한 변화는 새로움을 사랑하는 이에게 축복처럼 찾아올 것이다.

"너희는 이 세대를 본받지 말고
오직 마음을 새롭게 함으로 변화를 받아
하나님의 선하시고 기뻐하시고 온전하신 뜻이
무엇인지 분별하도록 하라"
- 로마서 12장 2절 -

# 미주

1 알렉산드로스 3세 메가스(기원전 356년 7월 20일~기원전 323년 6월 10일) 또는 알렉산더 대왕(영어명: Alexander The Great)은 고대 그리스 북부 마케도니아 왕국의 아르게아다이 왕조 제26대 군주다. 아리스토텔레스와 플라톤의 제자이기도 했다. 기원전 356년 펠라에서 태어난 알렉산드로스는 20세의 나이로 아버지 필리포스 2세를 계승해 바실레우스가 되었다. 알렉산드로스는 치세 기간 대부분을 서남아시아와 북아프리카 지역에 대한 미증유의 군사 정복 활동으로 보냈다. 30세가 되었을 때 그리스를 시작으로 남쪽으로는 이집트, 동쪽으로는 인도 북서부까지 확장되었다. 그 이전까지 고대 서양에 전례가 없던 대제국을 건설했다. 그는 전투에서 패배한 적이 없고, 역사상 가장 성공적인 군사 지도자 중 하나로 평가되고 있다.

2 김대원, 《2등은 없다》, 21세기북스, 2011.

3 빅터 에밀 프랭클(Viktor Emil Frankl, 1905년 3월 26일~1997년 9월 2일)은 오스트리아 빈에서 태어난 유대인으로 신경학자이며 심리학자다. 홀로코스트의 생존자였으며, 테레지엔슈타트, 아우슈비츠, 카우퍼링과 투르크맨 수용소에서 살아남았다. 빅터 프랭클은 로고테라피의 창시자이며, 오스트리아 정신요법 제3학파인 로고테라피학파를 창시했다. 저서인 《죽음의 수용소에서(*Man's Search for Meaning*)》는 포로수용소에서의 경험을 기록한 책이며, 그는 이 책을 작성하면서 존재 의미의 중요성과 수용소에서 계속해서 살아갈 의미를 찾았다. 빅터 프랭클은 실존주의 상담 치료의 핵심 인물이 되었고, 인간성 심리학(인본주의 심리학)자

들에게 큰 영향을 주었다.

4 보건복지부, 〈OECD 보건통계 2019년〉, 2019. 7. 21.

5 《과학 혁명의 구조(*The Structure of Scientific Revolutions*, 1962)》는 철학자 토머스 S. 쿤이 저술한 과학사 책이다. 이 책의 출판은 과학사, 과학철학, 과학지식사회학에서의 기념비적 사건이며, 현재도 진행되고 있는 광범위한 평가와 반응을 촉발했다. 쿤은 정상 과학에서의 진보에 대한 일반적인 인식에 도전했다. 일반적인 과학적 진보는 이미 수용된 사실과 이론의 '축적에 의한 발전'으로 인식되었다. 쿤은 정상 과학에서의 개념적인 연속성 시기가 혁명적인 과학 시기에 의해 방해되는 불연속적인 모델을 주장했다. 혁명의 시기 동안에 발견된 '이상 현상'은 새로운 패러다임을 야기한다고 보았다.

6 서용구, 〈뉴노멀이란 무엇인가〉, 《서울경제》, 2019. 8. 22.

7 '한국경제신문 코로나 특별취재팀'은 코로나19가 만들어낸 현재, 그리고 새롭게 짜일 미래의 질서를 조망하는 책을 내놓았다. 코로나 이후 달라질 미래의 윤곽은 그 누구도 정확하게 알지 못한다. 하지만 손 놓고 있을 수 없다. 이 책의 관심은 코로나19가 바꿔놓을 세상이다. 그 새로운 세상에서 어떤 모습으로 살아남을 것이냐다. 이 책은 일상생활 · 경제 · 산업 · 투자를 중심에 놓고 논의를 풀어간다. 국내외 대학의 경제 · 경영, 정치 · 사회 분야 교수, 중앙정부와 지방자치단체의 공무원, 의료 분야 권위자들과 방역 당국, 기업 임원과 연구소 연구위원 등 전문가의 인사이트를 더하고 일반 시민이 전하는 현장의 목소리를 폭넓게 취재한 결과물이다.

8 마이클 쿠수마노, 데이비드 요피, 애너벨 가우어(오수원 역), 《플랫폼 비즈니스의 모든 것》, 부키, 2021. 이 책은 MIT 슬론 경영대학원 교수 마이클 쿠수마노, 하버드대학교 경영대학원 행정학 교수 데이비드 요피, 서리대학교 교수 애너벨 가우어 등 세계 최고의 플랫폼 권위자들이 30여 년간 연구한 성과를 집대성한 결과물이다. 최신 데이터와 탁월한 인사이트를 바탕으로 플랫폼 비즈니스란 무엇이며 어떻게 플랫폼 생태계를 구축하고 비즈니스를 성공적으로 이끌 수 있는지 단계별 전략과 솔루션을 설명한다.

9 옥스퍼드대학교 수학 교수였던 작가 루이스 캐럴은 수줍음 많은 성격의 전형적인 학자였다. 그는 대학 학장이던 리델의 집을 찾아갔다가 리델의 어린 세 딸을 만났

고, 그들에게 들려준 이야기가 《이상한 나라의 앨리스》로 탄생했다. 단숨에 당대 최고의 아동문학가로 떠오른 루이스 캐럴은 1871년 《이상한 나라의 앨리스》 속편인 《거울나라의 앨리스》를 발표했다. 《거울나라의 앨리스》는 거울 속 세상으로 들어간 앨리스의 모험을 담은 이야기로, 작가 특유의 재치와 유머가 넘치는 소설이다. 사실 앨리스는 리델의 둘째 딸 이름으로 루이스 캐럴이 평생 사랑했던 뮤즈였다. 루이스 캐럴은 앨리스에게 체스 두는 법을 가르쳐주다가 체스 게임을 이야기의 도구로 삼아 《거울나라의 앨리스》라는 기발하고 유쾌한 이야기를 만들어냈다. 《이상한 나라의 앨리스》가 한여름이 배경이었다면 속편인 《거울나라의 앨리스》는 연말을 며칠 앞둔 1869년 크리스마스가 배경이다.

10 이장우, 《창발경영》, 21세기북스, 2015.

11 박진형, 〈[이건희 별세] 삼성전자로 본 경영성적 … 주가 100배, 시총 500배↑〉, 《연합뉴스》, 2020. 10. 25.

12 삼성 신경영 출판위원회, 《삼성신경영》, 2017.

13 김병완, 《이건희 경영정신》, 《머니플러스》, 2013.

14 홍하상, 〈삼성의 운명을 바꾼 이건희의 프랑크푸르트 선언〉, 《조선일보》, 2015. 11. 16.

15 김태진, 〈일본 기업들 "삼성전자 배우자" 벤치마킹 경쟁〉, 《중앙일보》, 2004. 3. 4.

16 이병철, 《호암자전: 삼성 창업자 호암 이병철 자서전》, 나남, 2014.

17 〈테스형!〉(Tes Bros!)은 나훈아가 작곡 및 작사하고 부른 트로트 노래다. 2020년 8월 20일 발매된 나훈아의 정규 9집 앨범인 〈아홉 이야기〉에 수록되었다. 소크라테스에게 '형'이라 부르며 인생과 사랑, 그리고 흐르는 시간과 세월에 대한 고민을 묻는 내용으로 이루어져 대중의 화제를 불러 모았다. 나훈아는 2020년 추석 때 비대면 콘서트인 〈대한민국 어게인 나훈아〉에서 이 곡을 처음으로 대중 앞에서 불렀다.

18 안병욱, 《사람답게 사는 길》, 자유문학사, 1999.

19 조현, 〈왜 나훈아와 잡스는 소크라테스를 불렀나〉, 《한겨레》, 2020. 10. 2.

20 https://www.youtube.com/watch?v=B_X7n0AaLqA

21 임마누엘 페스트라이쉬, 《한국인만 모르는 다른 대한민국》, 21세기북스, 2013.

22 마이클 브린, 《한국인을 말하다》, 홍익, 1999; 오피니언뉴스, 〈영국 기자 마이클 브린이 본 대한민국〉, 2017. 3. 13 재인용. 마이클 브린은 《더 타임스》, 《가디언》, 《워싱턴 타임스》 등에서 한국과 북한 담당 기자로 활약했으며, 특유의 날카로운 시각과 지적인 분석과 통찰로 한국 사회를 추적해온 저명한 저널리스트다. 자신의 고국인 영국에서보다 한국에서 살아온 날이 더 많은 마이클 브린은 한국과 북한에 대해 한반도에 살고 있는 한국인보다 더 잘 아는 외국인이라고 해도 과언이 아니다. 가장 오래된 민주주의 국가인 영국 출신의 기자 마이클 브린의 눈에 비친 가장 어린 민주주의 국가인 대한민국의 모습이 흥미롭다. 대중의 정서가 야수가 되어 법치를 위협한다는 경고, 한국의 국제적 명성이 발전의 곡선을 앞서기 시작했다는 분석, 통일보다 세계적 보편화에 더 신경 쓰라는 애정 어린 충고, 건강한 저항 정신이 한국인의 위기 극복 DNA로 기능하려면 공정한 경쟁 체제가 유지되어야 한다는 저자의 조언은 깊은 공감을 불러온다.

23 케네스 로고프, 카르멘 라인하트(최재형 · 박영란 역), 《이번엔 다르다》, 다른세상, 2010. 미국 경제계를 뒤흔들었던 케네스 로고프와 카르멘 라인하트의 《이번엔 다르다(*This time is different*)》에는 과거부터 현재까지 전 세계에서 일어난 모든 금융위기가 담겨 있다. 로고프와 라인하트는 800년 동안 66개국에서 반복된 호황과 불황의 역사를 통해 금융 흐름의 일정한 패턴을 발견했다. 그들은 이 패턴을 통해 과도한 부채로 이루어진 호황은 늘 금융위기로 막을 내린다는 사실을 깨달았다. 하지만 사람들은 호황기 때마다 '이번에는 다르다'라는 착각을 한다. 당대의 정치가나 금융 전문가들은 과거의 실수에서 이미 많은 교훈을 얻었으며, 가치 평가에 대한 과거의 규칙들이 더는 유효하지 않다고 주장하지만, 이것이 완전히 잘못된 생각임을 밝히고 있다.

24 고 백선엽 장군이 쓴 책 제목이다.

25 옥철, 〈베조스 "파이어폰은 실패작… 때때로 수십억 불 날릴 수도"〉, 《연합뉴스》, 2019. 4. 12.

26 신태균, 《인재의 반격》, 쌤앤파커스, 2020, 222-223쪽. 이 책은 삼성의 '인재 사

관학교'라 불리는 삼성인력개발원에서 최고학습책임자(CLO, Chief Learning Officer)를 지낸 신태균 전 부원장의 첫 저서다. '문명과 산업', '기업과 개인'이라는 크고 작은 줄기들을 촘촘하게 엮어 다가올 거대한 변화의 시대에는 어떤 인재가 필요할지, 기업은 어떤 인재를 통해 지속 가능한 혁신과 생존을 모색할 수 있을지 이야기한다. 인공지능과 기계가 인간의 자리를 대체할 것이라는 우울한 예측이 난무하는 시대에 어떤 사람이 대체 불가능한 자리를 차지할까? 4차 산업혁명의 격랑 속에서 기업을 이끌어갈 인재는 어떤 역량을 갖추어야 할까? 기업은 혁신과 생존을 위해 어떻게 인재를 확보하고 양성할 것인가? 기업과 개인 모두에게 변화의 방향을 구체적으로 알려준다.

27 신태균, 앞의 책. 8-9쪽.

28 디팍 초더리, 〈진정한 혁신은 실패에서 싹튼다〉, 《한국경제신문》, 2019. 11. 2.

29 손대범, 《농구의 탄생》, 살림출판사, 2007.

30 김진홍, 2020년 6월 24일 수요예배 설교, 〈새로운 출발〉 중에서.

31 《안나 카레니나》(러시아어: Анна Каренина, 문화어: 안나 까레리나)는 러시아의 작가 레프 톨스토이의 장편소설이다. 1873년부터 집필을 시작했으며, 1875년부터 잡지 《루스키 베스뜨니끄(러시아어: Ру́сский ве́стник, 러시아 메신저)》에 연재했다. 1877년 단행본 초판이 발행됐다. 《전쟁과 평화》와 함께 톨스토이의 대표작이며, 현대에 이르기까지 지극히 높은 평가를 받고 있다.

32 필립 얀시, 《내 영혼의 스승들》, 좋은씨앗, 2002.

33 《카라마조프의 형제》는 러시아 소설의 대가로 칭해지는 표도르 도스토옙스키의 마지막 소설로, 도스토옙스키가 평생 고민해온 인간 존재의 본성과 다양한 사회적 · 윤리적 문제에 대한 사고가 집약된 도스토옙스키 문학의 정수다. 또한 당시 러시아 사회의 모순을 정확하게 투영한 내용으로 베테랑 작가의 사회 비판을 엿볼 수 있는 작품이기도 하다.

34 마틴 셀리그만(김인자 역), 《마틴 셀리그만의 긍정심리학(개정판)》, 물푸레, 2020. 이 책은 '진정한 행복'을 위한 긍정심리학의 놀라운 비밀을 밝힌다. 1998년 당시 미국심리학회 회장이었던 펜실베이니아대학교 심리학 교수인 마틴 셀리그

만에 의해 창시된 '긍정심리학'은 누구나 행복을 배울 수 있음을 과학적으로 증명함으로써 새로운 희망의 메시지를 던져준다. 마틴 셀리그만에 따르면 행복은 바이올린 연주나 자전거 타기의 '기술'과 마찬가지로 꾸준히 연습하면 얻어질 수 있는 것으로, 사람마다 다섯 가지의 대표 강점을 지니고 있어 자신의 강점과 미덕을 찾아 발휘한다면 '진정한 행복'이 깃든 삶을 살 수 있다는 것이다. 저자는 책에 연습 도구와 다양한 검사지를 수록하여 독자들이 자신의 강점을 키워 삶의 만족감을 높일 수 있도록 도와준다.

35 김준혁, 《리더라면 정조처럼》, 더봄, 2020. 이 책은 정조의 리더십을 49가지 정책과 실천 사례로 풀어서 이야기하고 있다. 어찌 그의 리더십과 백성을 위해 한 일이 49가지만 있겠는가? 물론 그도 인간인지라 때로는 실수하고 때로는 격한 언어를 쓰기도 했다. 한편으로 노회한 정치가라는 소리도 듣고 보수적인 군주라는 소리도 듣기도 했다. 그럼에도 우리 역사에서 정조만 한 인물을 만나기는 쉽지 않다. 그래서 이 땅의 개혁을 위해 매진하는 리더들은 반드시 이 책을 읽어보기 바란다. 조선 후기의 개혁 군주 정조는 아버지 사도세자의 죽음 이후 자신에 대한 반대 세력들의 온갖 음모와 폐출 위기를 겪었으나 비극적인 개인의 삶을 뛰어넘어 역사에 이름을 남긴 훌륭한 군주로서의 삶을 살았다.

36 오정선, 〈제임스 허드슨 테일러(1832~1905)〉, 《순복음가족신문》, 2012. 4. 8.

37 신태균, 앞의 책, 110-132쪽.

38 관중(關中), 《관자(管子)》, 제6편 7.

39 벤저민 프랭클린(Benjamin Franklin, 1706년 1월 17일~1790년 4월 17일)은 미국 '건국의 아버지(Founding Fathers)' 중 한 명이자 미국의 초대 정치인 중 한 명이다. 그는 특별한 공적 지위에 오르지 않았지만, 프랑스군(軍)과 동맹에서 중요한 역할을 했고, 미국 독립의 중추였다. 그는 계몽사상가 중 한 명으로서 유럽 과학자들에게 영향을 받았으며 피뢰침, 다초점 렌즈 등 발명했다. 달러화 인물 중 미국 역대 대통령이 아닌 인물은 알렉산더 해밀턴(10달러)과 벤저민 프랭클린(100달러) 두 명뿐이다.

40 하형록, 《P31》, 두란노, 2015.

41 곤도 마리에, 《정리의 힘》, 웅진지식하우스, 2020.

42 김장환, 《여호와께로 돌아가자》, 나침반, 2021.

43 윤선영, 〈조직이 잘 나갈수록… '좋았던 관행'도 과감히 바꿔라〉, 《매일경제》, 2018. 1. 13.

44 이해인, 《고운 마음 꽃이 되고 고운 말은 빛이 되고》, 샘터, 2017. 이 책은 거창한 구호나 이론이 아닌, 일상 속에서 그리고 주변 사람들과의 관계 속에서 실천할 수 있는 일상 매뉴얼로, 저자가 직접 경험한 일들, 만난 사람들, 그 속에서 깨달은 것들을 생생하게 전달한다. 고(故) 김수환 추기경을 비롯한 명사들, 가까운 친지들과의 사연도 독자의 가슴을 따뜻하게 두드린다.

45 로빈 드리케, 캐머런 스타우스(고영훈 역), 《FBI 사람예측 심리학》, 코리아닷컴, 2020. 이 책은 사람을 예측할 수 있다면 인간관계의 선택이 바람직해진다는 전제에 서 있다. 그래서 FBI 행동 분석 전문가가 수십 년간의 풍부한 현장 경험과 연구를 통해 사람을 예측하는 매뉴얼을 작성했다. 독자들이 인간관계에서 상대방의 내면을 읽음으로써 세계 최대이자 최고의 수사기관에 소속된 요원처럼 사기꾼을 분별할 수 있고 심리를 조종하려는 세력에 저항할 수 있게 되는 것이 이 책의 목적이다. 친구, 동료, 연인, 상사와의 관계에서 또는 비즈니스 관계에서 상대방이 나의 아군이 될 것인지, 적군이 될 것인지, 상대가 중요한 상황에서 어떻게 행동할지, 왜 그런 행동을 하는지 예측하는 방법을 배우는 것은 매우 긴요한 일이다.

46 장자(莊子)의 가르침; 김용호, 〈여덟 가지의 잘못〉, 《전북중앙》, 2012. 5. 20. 재인용.

47 임상옥(林尙沃, 1779~1855)은 조선 중기 무역 상인이다. 어릴 적에 역관이 목표였던 아버지가 거듭된 낙방을 했는데, 그 아버지 아래에서 중국어를 배웠다. 결국 임상옥의 아버지는 역관 시험을 포기하고 당시 만상인 대금업자한테 돈을 빌려 금수품을 챙기고 밀무역에 나서서 돈을 벌었으나 비참한 상황을 맞이한다. 임상옥 일가는 모두 관노로 끌려간다. 후에 만상 사환으로 들어간 임상옥은 만상 도방으로부터 그 능력을 인정받기에 이른다. 만상 도방은 그에게 밀무역을 시키기 시작하면서 상업에 종사하기 시작한다. 1810년 순조 10년에는 국경 지방에서 인삼의 무역권을 독점했다. 1821년 변무사의 수행원으로 청에 갔을 때, 베이징 상인들의 불매 동맹을 교묘한 방법으로 깨뜨리고 원가의 수십 배로 매각하는 등 막대한 재화를 벌었다.

48 김승호, 《돈의 속성》, 스노우폭스북스, 2019. 이미 몇 권의 저술 경험이 있는 김승호 회장은 여전히 책 쓰기가 가장 어렵다고 토로한다. 그러면서도 다시 한번 펜을 잡기로 결심했다. 그것은 그의 내면에 깃든 사람에 대한 애정 때문이었다. 모두에게 정말 필요하고 중요하지만 아무도 말하지 않는 진짜 돈 버는 방법, 진짜 돈을 벌어본 사람은 그 누구도 방법을 공유하지 않기에 이 일이 자신에게 주어진 것이라 받아들였다. 젊은 날의 자신의 모습이 투영되기에. 돈이 가진 속성과 75가지 돈에 대한 가르침을 통해 현재 200만 원을 벌고 있는 직장인, 마이너스 생활 중인 누군가, 직장이 없는 청년, 가용 자금이 있고 투자처를 찾고 있는 사람이나 그 너머까지 돈을 운용할 수 있는 재력가와 투자가, 사업가 또는 "우리 아이들에게만큼은 더 이상 가난을 물려줄 수 없다"라는 부모…. 그 누구라도 자신에게 꼭 필요한 조언을 찾을 수 있다는 점이 이 책의 가장 큰 장점이다.

49 김승연, 〈돈은 개같이 벌어서 정승같이 쓰라?〉, 《전북중앙신문》, 2012. 10. 12.

50 하워드 막스(이주영 역), 《하워드 막스 투자와 마켓 사이클의 법칙》, 비즈니스북스, 2018. 워런 버핏조차 존경하는 전설적인 월스트리트의 투자자 하워드 막스는 이 책을 통해 주식시장을 지배하는 사이클을 설명하고, 어떻게 이런 패턴을 읽고 이익을 얻을 수 있는지 그 방법을 알려준다. 남다른 혜안으로 쉽게 풀어낸 그의 설명은 우리에게 변화하는 투자 환경에 잘 적응할 수 있는 통찰력을 준다. 다른 사람들이 예상치 못한 사건들에 의해 좌절하고 두려움과 탐욕에 사로잡혀 갈피를 잃는 동안 당신은 투자와 시장의 사이클 변화를 인식하고 준비할 수 있을 것이다. 우리 모두는 시장이 오르내린다는 사실을 잘 알고 있다. 그러면 시장에서 언제 철수해야 하고 언제 머물러야 하는가? 답은 사이클의 리듬 뒤에 숨겨진 원인을 잘 이해함으로써 찾을 수 있다. 우리가 경제, 시장, 기업의 움직임뿐 아니라 투자자의 심리 그리고 이 모든 것으로부터 영향을 받아 결정되는 투자 행동의 패턴을 익히면, 지금 우리가 사이클의 어디쯤 위치하는지 확신할 수 있고, 이를 투자에 적용해 승률을 높일 수 있다.

51 오건영, 《부의 대이동》, 페이지2, 2020. 이 책은 이와 같은 위기 속 돈이 계속 풀려나오는 상황에서 세계의 돈이 지금 어디로 흘러가고 있는지, 또 앞으로 어디로 흘러갈 것인지 변화된 돈의 흐름을 추적하고 있다. 그리고 이러한 인사이트를 바탕으로 어떻게 하면 나의 포트폴리오 자산을 보호하고 장기적 안목에서 투자할 수

있을지 그 방법을 제안한다. 다양한 경제 전문가들이 모여 여러 경제 현안을 다루는 유튜브 〈삼프로TV_경제의 신과 함께〉에서 흥미진진하게 세계 경제의 흐름을 짚어주는 오건영 저자는 급변하는 시장 상황 속에서 우리가 가장 주목해야 할 자산으로 달러와 금을 꼽는다. 모두가 부동산과 주식시장으로 달려가는 이때, 왜 우리는 지금 달러와 금에 주목해야 하는 것일까? 전례 없는 격동기를 겪고 있는 지금, 글로벌 시장 분석에 관해 남다른 안목을 보여주는 저자가 전망하는 코로나 이후 달라질 부의 흐름을 함께 살펴볼 필요가 있다.

52 존 클리프턴 보글(John Clifton Bogle, 1929~2019)은 미국의 기업인, 투자자. 자산운용사 뱅가드그룹의 창립자 겸 1대 CEO이며, 인덱스펀드 창시자다. 미국 경제가 대공황을 맞은 1929년 뉴저지의 가난한 가정에서 태어난 보글은 인덱스펀드를 최초로 만들어 이른바 '개미'들은 물론이고 기관투자자들에게 투자의 새 지평을 열었다. 그가 세운 인덱스펀드 업체 뱅가드는 1975년 세계 최대 뮤추얼펀드 업체로 자리매김했고, 현재 자산 규모 5조 달러의 거대 투자회사로 성장했다.《뱅가드 스토리와 인덱스 혁명》을 포함해 10여 권의 서적을 낸 그는 생전 투자자들에게 금과옥조 같은 조언을 남겼다.

53 최치원(崔致遠, 857~908 이후)은 신라 말기의 문신, 유학자, 문장가다. 본관은 경주이고 자는 고운(孤雲), 해운(海雲), 해부(海夫)이며, 시호는 문창(文昌)이다. 868년 당나라로 건너가 과거에 급제한 후 당나라의 관료로 생활했다. 신라 말 삼최(三崔) 중 한 사람으로, 문묘에 종사된 해동 18현 중의 한 사람이다. 6두품 출신으로 12세의 나이로 당에 유학하여 6년 만에 당의 빈공과에 장원으로 급제했으며, 황소의 난이 일어나자 절도사 고병의 막하에서《토황소격문(討黃巢檄文)》을 지어 당 전역에 문장으로 이름을 떨쳤다. 귀국하여 헌강왕으로부터 중용되어 왕실이 후원한 불교 사찰 및 선종 승려의 비문을 짓고 외교 문서의 작성도 맡았으며, 시무 10여 조를 올려 아찬(阿湌) 관등을 받았다.

54 말콤 글래드웰(김규태 역),《다윗과 골리앗》, 김영사, 2020. 이 책의 제목은 성경의 인상적인 기록에서 따왔다. 3천 년 전 팔레스타인에서 양치기 소년이 돌팔매질 하나로 위대한 거인 전사를 쓰러뜨렸다. 이 이야기는 이후 '다윗과 골리앗의 전투'로 불리며 거인과 약자의 싸움에 곧잘 비유되었다. 다윗과 골리앗의 결투는 현실에서 재현된다. 전쟁, 스포츠, 정치, 그리고 일상생활의 모든 분야에서 유리한 고

지를 차지한 강자들이 항상 이기는 것은 아니라는 것이다. 이 책은 거인을 이겨낸 이 시대의 다윗 아홉 명의 이야기를 전하고 있다.

55 클레이튼 크리스텐슨 외, 《성장과 혁신》, 세종서적, 2005.

56 구학서 전 신세계 대표이사가 이화여자대학교 강연에서 한 이야기. 내가 그룹 비서실에서 근무하며 보았던 이건희 회장의 면모로 볼 때 개연성이 크다고 생각한다.

57 정조[正祖, 1752년 10월 28일~1800년 8월 18일, 재위: 1776년 4월 27일(음력 3월 10일)~1800년 8월 18일(음력 6월 28일)]는 조선 제22대 왕이며, 대한제국의 추존 황제다. 성은 이(李), 휘는 산 또는 성(祘), 본관은 전주(全州), 자는 형운(亨運), 호는 홍재(弘齋)다. 11세 때 아버지 장조(사도세자)가 죽었으며, 할아버지인 영조가 요절한 효장세자의 양자로 입적해 왕통을 계승하게 했다. 1775년부터 1776년까지 할아버지 영조를 대신하여 대리청정했다. 1776년 영조 승하 후 즉위하여 1800년까지 조선의 제22대 국왕으로 재위했다. 재위 초기 홍국영에게 막강한 실권을 주는 세도 정치를 했으나, 1780년 홍국영을 실각시킨 뒤로는 친정을 했다.

58 수원 화성(水原 華城) 또는 화성(華城)은 경기도 수원시 팔달구와 장안구에 걸친 길이 5.52km의 성곽이다. 1963년 사적 3호로 지정되었으며, 1997년 유네스코 세계문화유산으로 등록되었다. 수원 화성은 한국 성의 구성 요소인 옹성, 성문, 암문, 산대, 체성, 치성, 적대, 포대, 봉수대 등을 모두 갖추어 대한민국의 성곽 건축 기술을 집대성했다고 평가된다. 지형에 맞추어 읍성과 산성의 구조가 모두 존재하도록 축조되었다.

59 〈일한 만큼 받는 화성 건설의 성과급제〉, 《지역N문화》 웹사이트(https://www.nculture.org), 한국문화원연합회.

60 정약용[丁若鏞, 1762년 8월 5일(1762년 음력 6월 16일)~1836년 4월 7일(1836년 음력 2월 22일)]은 조선 후기의 문신이자 실학자 · 저술가 · 시인 · 철학자 · 과학자 · 공학자다. 본관은 나주, 자는 미용(美庸), 호는 다산(茶山) · 사암(俟菴) · 탁옹(籜翁) · 태수(苔叟) · 자하도인(紫霞道人) · 철마산인(鐵馬山人) · 문암일인(門巖逸人), 당호는 여유당(與猶堂)이며, 시호는 문도(文度)다. 조선 근대 공학의 기반을 마련하는 데 큰 기여를 했다. 또한, 정약용은 유형원 · 성호 이익을 통해 내

려온 실학사상을 한 몸으로 집대성했다. 성리학 · 천문 · 지리 · 역상(曆象) · 산학(算學) · 의복(醫卜)에 관련된 저서는 물론《경세유표》와《목민심서》,《흠흠신서》 등은 모두 '다산학'의 귀결이라고 할 수 있는 사회 · 경제 · 사상의 총괄 편으로 정박명절(精博明切)하며 탁견(卓見)이 아님이 없다.

61 박석무,《다산 정약용 평전》, 민음사, 2014. 232쪽.

62 김준혁,〈'바람과 구름(정조와 정약용)' 운명적 만남, 단비의 꿈 못이루고…〉,《한겨레》, 2012. 5. 30.

63 애덤 스미스(Adam Smith, 1723년 6월 5일~1790년 7월 17일)는 스코틀랜드 출신의 영국의 정치경제학자이자 윤리철학자다. 후대의 여러 분야에 큰 영향을 미친《국부론(*An Inquiry into the Nature and Causes of the Wealth of Nations*)》의 저자다. 고전 경제학의 대표적 이론가인 스미스는 일반적으로 경제학의 아버지로 여겨지며, 자본주의와 자유무역에 대한 이론적 심화를 제공했다.

64 유성운,〈영화와 달리 내뺀 김상헌…〉,《중앙일보》, 2019. 8. 19.

65 장하준,〈영국에서 자동차회사가 '멸종'된 까닭은?〉,《참여와 혁신》, 2005. 6. 10.

66 홍한주(洪翰周),〈지수염필(智水拈筆)〉; 정민,《미쳐야 미친다》, 푸른역사, 2004 재인용.

67 사피 바칼(이지연 역),《룬샷》, 흐름출판, 2020.

68 박지환,〈韓 보험 시장, 상위 10개국 중 나홀로 역성장〉,《아시아경제》, 2019. 9. 17.

69 바울로(바울, 바오로, 바울로스, 고대 그리스어: Παυλος 파울로스, 라틴어: Paulus 파울루스)는 초기 기독교의 사도로, 신약성경의 주요 부분인 바울 서신을 저술한 인물이다. 신약성경 사도행전에 따르면 그는 예수를 믿는 자들을 앞장서서 박해했으나, 예수의 음성을 들은 이후 회심하여 이후 기독교의 초기 신앙에 막대한 영향을 끼쳤다. 회심하기 전의 이름은 '큰 사람'이라는 뜻의 '사울(שָׁאוּל)'로 불렸다. 고대 로마의 속주였던 소아시아 키리키아 지방(현재의 터키)의 중심 도시 타르수스(다소) 출신이다. 천주교 및 정교회에서는 성인으로 기리며, 축일은 베드로와 같은 6월 29일(천주교), 7월 12일(정교회)이다.

70 로버트 마우어,《오늘의 한걸음이 1년 후 나를 바꾼다》, 더난출판사, 2006.

71 《해리 포터(*Harry Potter*)》는 1997년부터 2016년까지 연재된 영국의 작가 J. K. 롤링의 판타지 소설 시리즈다. 이모네 집 계단 밑 벽장에서 생활하던 열한 살 소년 해리 포터가 호그와트 마법학교에 가면서 겪게 되는 판타지 이야기를 그리고 있다. 1997년 6월 첫 번째 책인 《해리 포터와 마법사의 돌》이 출판되었으며, 2007년 7월 일곱 번째 책인 《해리 포터와 죽음의 성물》이 출판되었다. 《해리 포터》 시리즈가 큰 성공을 거두면서 전 세계적으로 인기를 얻었으며, 영화를 비롯한 다양한 상품이 제작되었다. 《해리 포터》는 역사상 성경 다음으로 가장 많이 팔린 책이다. 작가 롤링에 따르면 그녀는 맨체스터에서 런던으로 가는 기차 안에서 처음 이 이야기를 떠올려 에딘버러에 있는 작은 카페에서 어린 딸을 어르며 연작의 첫 권을 썼다고 한다.

72 네이버 포스트, 〈두려움을 이기는 유일한 방법은?〉. https://m.post.naver.com/viewer/postView.nhn?volumeNo=6633873&memberNo=873528